**스타워즈에서
미래 사용자를 예측하라**

스타워즈에서
미래 사용자를 예측하라

SF 영화에서 배우는
UI · UX 디자인

네이선 셰드로프 · 크리스토퍼 노에셀 지음 | 정지훈 옮김

티움

현실이 될 수 있는 꿈의 이야기

최근 개봉한 「스타워즈 에피소드 7: 깨어난 포스」가 SF 영화계에서
최대의 화제다. 특히 SF 최고의 걸작으로 꼽히는 이 작품에 새로 등
장한 조연이 가장 눈에 띈다. 바로 눈사람처럼 생긴 드로이드 로봇
BB-8로, 영화가 개봉되기도 전에 제품으로 출시되어 이미 수많은
사람이 소장하려고 해외에서도 직
구 열풍이 일었다. 그런데 굴러다니
는 모습이 귀여운 BB-8은 사실 미
국의 스타트업 기업인 스페로Sphero
가 수년 전 개발한 당구공처럼 생긴
로봇을 발전시켜 구현한 것이다. 비
록 SF지만 실현 가능한 기술이라는
점에서 의의가 있다.

　SF는 이처럼 미래와 떼려야 뗄 수 없는 관계다. SF는 미래를 추동
하기도 하고, 많은 사람이 SF를 보고 미래를 대비하거나 미래에 미리
적응하도록 유도하기도 한다.

　최초의 SF 소설은 1818년에 발표한 메리 셸리Mary Shelley의 「프
랑켄슈타인」으로 알려져 있다. SF 소설과 영화는 20세기 이후 미국
의 과학기술 발전에 대한 사람들의 인식을 바꾸는 견인차 역할을 했
다. 예를 들어 「쥬라기 공원」은 과학자나 과학의 힘을 이용한 기업이

대자연과 생명을 무분별하게 조작할 때 나타나는 불확실성과 파괴적인 결과에 대해 인지하는 계기를 만들었고, 「마이너리티 리포트」는 2054년 미래의 워싱턴 DC를 배경으로 감각적인 연출과 뛰어난 영상, 그리고 정교한 세트와 설정으로 미래 사회의 다양한 모습을 보여 준 최고의 수작으로 인정받았다. 특히 「마이너리티 리포트」에서 홍채 인식으로 신원을 파악하는 시스템을 피하기 위해 안구이식을 하는 장면, 거미 형상 로봇이 수술 직후의 주인공을 추적하여 검사하는 장면, 멀티터치와 홀로그램 디스플레이 등으로 묘사한 도시 모습 등은 현재의 정보기술을 바탕으로 발전한 미래 사회의 모습을 현실적으로 그리고 있어 널리 회자되었다.

설득력이 있는 스토리는 대부분 그것을 현실로 만들려는 사람들이 실체화한다. 미래는 예측하는 것이 아니라 공감하는 수많은 사람이 만들고 이루기 위해 도전하는 것이란 분위기가 최근 형성되고 있다. 미래를 창조한다는 개념이 확산되고 있는 것이다. 이처럼 SF 소설이나 영화에 나온 내용이 미래에 영향을 주고, 실제로 이루어지는 현상을 'SF 효과'라고 한다.

SF 영화의 제품화 사례를 가장 극적으로 보여 준 것이 모토로라의 최대 베스트셀러 휴대폰 스타택StarTAC이었다. 이 사례는 이 책에서도 자세히 다루었는데, 스타택은 「스타워즈」와 함께 미국에서 가장 유명한 SF 시리즈의 양대 산맥인 「스타 트렉」이 1966년 오리지널 드라마 시리즈에 등장한 무선휴대용 단말기를 30년 뒤에 그대로 형상화한 것이다. 그래서 「스타트렉」의 이름을 따서 스타택이라고 공식적으로 명명했다.

이처럼 SF 영화는 수많은 기술 발전에 큰 영향을 미친다. 하지만 영화에 등장한 기술이나 제품을 현실에 반영할 때에는 주의해야 할 것이 많다. 예를 들어 SF에서는 안개나 거울, 다양한 특수 효과를 이용할 수 있고, 사용성, 비용, 지원 인프라 등과 관계없이 뭐든지 보여 줄수 있으며, 보통 몇 초 동안만 보여 주면 된다. 그렇지만 이런 제품이 실제로 구현되어 시장에 나온다고 했을 때 과연 팔릴까? 시장은 냉혹해서 너무 복잡한 제품에 반응하지 않는다. 그리고 SF 영화와는 달리 제품이나 서비스는 꽤 많은 시간을 지속적으로 사용해야 하고, 수년간 두고두고 사용해야 하므로 내구성이 중요하다.

이런 현실적 제약이 존재하지만, 가능성 있는 미래 제품에 관한 새로운 아이디어를 놓친다면 후발주자로 전락할 수 밖에 없다. 지금은 '퍼스트 무버First Mover'의 시대이기 때문이다. 따라서 SF 시나리오를 비판적으로 분석하고, 현실적으로 사용 가능하면서도, 가치가 높은 부분을 선택하여 제품화해 나가는 지혜가 필요하다.

이 책은 SF가 보여 주는 미래 지향적 기술을 실제로 구현할 수 있는지 실질적인 질문을 던지고 그에 대해 답한다. 이미 유명한 인터랙션 디자이너인 저자 네이선 셰드로프와 크리스토퍼 노에셀은 주로 인터랙션 디자인 또는 HCIHuman-Computer Interaction 측면에 초점을 맞추고 있다. 미래학에서는 사회적 이슈, 법률과 제도의 변화, 가치관과 윤리 등을 다루는 것도 중요하지만 미래 기술을 실제로 어떻게 사용할 것인지를 생각하는 것이 무척 중요하다. 이 책은 그런 고민을 고스란히 담아냈다.

나는 이 책이 교육적으로도 매우 쓸모가 많다고 생각한다. 나는 경희사이버대학교 IT·디자인융합학부의 미디어모바일 전공 교수로서 'IT·모바일 기술의 미래'라는 과목을 강의할 때 이 책을 주교재로 쓴다. 이 책은 미래 지향적인 면에서도 훌륭하지만 내용 자체가 대단한 흥미를 유발하고 재미가 있기 때문에 「스타워즈」를 재미있게 본 사람이라면 누구나 편하게 읽을 수 있다. 역자의 수업을 듣는 학생들도 만족도가 매우 높다.

1984년의 작품 「뉴로맨서Neuromancer」는 SF 소설 중에서도 가장 영향력이 크고, 미래 모습을 잘 그려냈으며, 실제 기술 개발에도 크게 관여한 소설이다. 저자 윌리엄 깁슨William Gibson은 이 작품으로 사이버 펑크라는 새로운 장르를 열었고, 이후 일본의 애니메이션 업계와 미국의 할리우드는 수많은 아류작을 만들기도 했다. 「뉴로맨서」에는 사이버스페이스Cyberspace라는 개념이 등장한다. 아직 인터넷이 대중화되기 이전에, 네트워크로 연결된 무수한 컴퓨터를 대학과 연구소가 활용하는 것을 보고 만든 개념이다. 이렇게 수많은 컴퓨터가 연결된 가상의 공간에 접근하여 제어하는 미래의 모습을 상상하고 매우 현실감 있게 표현한 것이다.

윌리엄 깁슨이 「뉴로맨서」를 집필하던 1980년대는 처음으로 전 지구적으로 양극화가 진행되던 시기이고, 첨단 기술이 보급되자 자연스럽게 미래에는 첨단 기술에 대한 반란이나 저항이 나타날 수 있다고 상상하던 시기였다. 그런데 윌리엄 깁슨이 「뉴로맨서」에서 보여 준 많은 장면이 이제 실제로 나타나고 있다. 예를 들어 미국이 국가안보국NSA, National Security Agency을 통해 선 세계를 감시하려고 시도하다가 발각된 사건이나, 몇몇 거대 기업이 개인의 수많은 정보에 대한 접근성을 바탕으로 막강한 권력을 휘둘렀던 상황 등은 이미 널리 알려졌다. 이런 상황에 반발해서 보다 자유로운 인터넷과 공유 문화를 퍼뜨리기 위한 사람들도 늘었고, 동시에 약간은 파괴적(?)인 접근 방법을 통해 자유를 획득하려는 해커그룹도 실재한다.

이 작품은 이후 활성화된 인터넷 개념을 정립하는 데에도 큰 영향을 주었다. 여기에 등장하는 매력적인 기술은 여전히 앞으로 발전 가능성이 높은 것도 있다. 소설에 자주 등장하는 심스팀simstim은 원격지에서 다른 사람의 감각을 그대로 느끼게 하는 장비로 주로 파트너인 몰리에게 케이스가 사용했다. 2014년 페이스북이 23억 달러라는 거액에 인수한 오큘러스 리프트Oculus Rift의 가상현실VR, Virtual Reality 헤드셋을 필두로 이것이 저렴하게 상용되면서 가상현실 헤드셋과 유사한 상황이 곧 실제 구현될 것으로 보인다.

이처럼 SF 영화와 소설이 실제 기술 개발이나 미래 사회상을 반영하는 데 도움이 되고 대중성도 갖추게 되자, SF 영화와 소설을 적극적으로 활용하려는 움직임이 활발하다. 이 책은 그런 SF의 영향력을 학문의 영역으로 끌어들이려 시도했으며 나아가 이 부문에 중요한 획을 그은 교과서다. MIT는 2013년 'SF를 과학적 만들기로Science Fiction to Science Fabrication'라는 교과 과목을 정식으로 개설하고, SF 영화와 소설에 등장한 기술과 제품을 실제로 한 학기 동안 만드는 수업을 진행한다. 또한 첨단 기술과 관련한 뉴스를 정리해 발표하는 『MIT 테크놀로지 리뷰MIT Technology Review』는 2013년 「12개의 미래Twelve Tomorrows」라는 SF 작가들의 단편집을 발표했다. 이는 2013년 한 해의 행사로 기획한 프로젝트로, 유명한 SF 작가들과 협업하여 실제 가까운 미래에 있을 것 같은 12가지 다른 미래를 스페셜 이슈로 발표하고 동시에 출간한 것이다. 그런데 이 작품이 대중적으로 폭발적인 인기를 얻자, 이제는 매년 발행하는 고정 프로젝트가 되었다.

그렇다면 우리나라 상황은 어떨까? SF 영화와 HCI 분야의 연관성 연구 결과를 꾸준히 발표해온 에런 마커스Aaron Marcus는 최근 미국과 유럽 이외의 SF 영화와 텔레비전 드라마 시리즈를 분석하여 일본과 중국, 인도 SF 영화에 대한 연구 결과를 발표하였다. 그러나 여기에 한국 작품은 하나도 포함되지 않았다. 일본과 중국, 인도는 SF를 주제로 한 영화와 애니메이션이 상당수 있어 에런 마커스의 작업에 포함될 수 있었다. 그러나 우리나라는 '한류'로 대표되는 영화와 텔레비전 드라마만 각광을 받을 뿐, 정작 과학기술과 '한류' 콘텐츠 산업의 융합으로 돋보일 수 있는 SF 영화나 텔레비전 드라마는 겨우 명맥만 유지하고 있기 때문이다.

2014년 국립과천과학관에서 최초로 'SF 어워드' 시상식을 개최하고, SF 영상(영화, 드라마, 애니메이션), SF 장편소설, SF 중단편소설, SF 만화(웹툰, 도서) 등 네 부문에서 우수 작품을 선정하여 시상했다. SF 소설과 만화 부문에서는 웹소설과 웹툰의 활성화 덕분에 우수한 경쟁 작품이 출품되었지만, SF 영상 부문은 대상 작품이 부족하여, 단지 주인공이 외계인이라는 이유만으로, 텔레비전 드라마 「별에서 온 그대」가 우수작에 포함되어 시상될 정도로 부족한 저변을 드러냈다.

이처럼 우리나라는 가장 중요한 융합 분야인 과학기술과 문학, 콘텐츠를 결합하는 SF 영화와 소설 장르의 활성화, SF를 분석해 미래의 과학기술 개발 기획을 연결하는 연구가 매우 부족한 상황이다. 따라서 앞으로 이 분야에 대한 보다 적극적인 관심이 필요하다.

이 책이 단순히 대학에서 교재로 쓰거나 그냥 읽기에 재미있는 책이라는 평을 넘어서서 보다 많은 사람이 읽고 우리나라에서도 SF를 재평가했으면 좋겠다는 소박한 꿈을 꾸어 본다. 우리는 흔히 "말도 안 된다"라는 말로 배격하고, 다소 이상한 생각을 하는 사람을 "공상한다"라고 표현한다. 내가 굳이 SF를 과거에 많이 쓰던 '공상 과학'이 아닌 SF로 표현하는 것도 이유가 있다. '공상'이라는 말에는 은연중 비하하는 뉘앙스가 있기 때문이다. 우리에게 필요한 것은 이제 더 이상 누군가를 모방하거나 주어진 일을 정확하게 수행하는 능력이 아니다. 엉뚱한 생각을 많이 하고, 이것을 단지 꿈이 아니라 실제로 만들 수 있다는 믿음을 갖고, 여기에 도전하는 사람이 많아야 한다.

이 책은 꿈에 대한 책이다. 그리고 단순한 '공상'이 아니라 현실로 만들 수 있는 'SF'에 많은 관심을 불러일으키기 위한 책이다. 현실이 될 수 있는 꿈은 우리 모두에게 강렬한 '포스'를 불러일으킨다. 많은 사람이 이 책을 읽고 내재된 '상상력'이라는 '포스'를 깨울 수 있기를 바란다.

「스타워즈 에피소드 7: 깨어난 포스」가 개봉하는 달에

정지훈

그들이 그렇게 만들었다They Made It So

이 책은 디자인과 SF를 같이 이해했다는 측면에서 가치 있고 소중한 성취를 이루어냈다. 이 책은 디자인 책이다. 즉, 디자이너를 위해서 썼다는 말이다. 그러면서도 SF 영화 그 자체를 다룬다. 그리고 그 목적을 능숙하고 사려 깊게 공감하는 방식으로 구성했다.

이 책은 SF가 절대 '과학적scientific'이어야 한다고 주장하지 않는다. 또한 SF가 '소설적fictional'일 필요가 있다고 주장하지도 않는다. 대신 이 책은 기획자나 디자이너가 SF를 볼 때 어떤 장점이 있는지 충분히 이해시키려 하고 있다. 엄청나게 많은 부분이 해당하는 것은 아니지만, 상당 부분이 그렇다. 이것은 우리가 생각해 보지 못한 것을 생각하게 만든다. 우리처럼 SF를 좋아하는 사람들은 이런 것을 '인지적 별거Cognitive estrangement'라 부른다.

이 책은 디자이너와 기획자에게 SF를 디자이너의 무드보드mood board(스토리보드에서 표현하지 못하는 디자인적인 요소를 표현하는 보드, 사용하려는 색감이나 비슷한 이미지의 느낌을 보여 줄 수 있도록 여러 개의 이미지를 캡처해서 모아 놓거나 디자인의 추세를 정하여 표현하기도 한다)로 사용하라고 가르친다. 이렇게 SF를 디자인 도구로 쓰는 것은 매일 질문을 던지고, 이상하게 보이는 것을 실용적으로 만들 때 매우 유용한 개념적 접근방식이다. 이것은 SF가 의도한 바는 아니지만, 디자이너가 이런 접근 방식을 통해 굉장히 흥분되는 디자인적 영감을 얻을 수 있다.

이 책의 저자들은 어떻게 이것을 가능하게 만들었을까? 고전적인 인간 중심의 디자인 시각에서 보면, 그들은 보고 들었다. 그들은 세계를 바라보는 SF 영화 창조자의 시각을 이해했기 때문에 쉽게 교감했다. 조르주 멜리에스Georges Méliès를 생각해 보자. 그는 초창기 무성영화 시대의 마에스트로였다. 그는 프랑스 무대 마술사이자 영화의 판타지를 만든 사람movie fantasist이기도 하다. 대부분의 사람은 오래된 역사적 인물 멜리에스의 프랑스 이름을 정확하게 적기 어려울 것이다. 셰드로프Shedroff와 노에셀Noessel은 실제 존재했던 그를 즉시 이용했다.

우리와 같은 SF 작가는(서문을 쓰고 있는 나는 소설을 쓴다) 우리의 먼 영적 조상 조르주 멜리에스에게서 일관된 영감을 도출하기가 어렵다. 그런데 셰드로프와 노에셀은 멜리에스의 개념적 우주에 들어가서 디자이너가 사용자에게 흔히 그렇게 하듯이 주의를 기울여 많은 것을 고려하였다. 그래서 이 책의 저자들은 조르주 멜리에스의 대표작 「달세계 여행Le voyage dans la lune」에 인터페이스가 존재하지 않는다는 것을 알았다.

이것은 진실이다. 확실히 1902년의 무성영화에 등장하는 우주선에는 아무런 인터페이스가 없다. 왜냐하면 1960년대 때까지는 '인터페이스'라는 제대로 된 개념이 없었기 때문이다. 그렇지만 이들은 디자인 관점에서 정신없는 실버 스크린 시대를 지나, 이런 변화를 지적할 수 있어야 했다. 멜리에스는 미디어 분야의 선구자이만, 그는 인터페이스를 몰랐다.

더 나아가서 이것은 SF 작가에게도 매우 흥미롭고 신선한 이야기다. 셰드로프와 노에셀은 이 책을 SF와 관련한 창작자를 위해 쓰지 않았다고 하지만 내가 감히 이야기할 수 있는 것은 여기에 등장하는 것 전부가 SF작가에게도 매우 유용하다는 사실이다.

멜리에스는 인터페이스를 갖고 있지 않았다. 이 놀라운 이야기는 멜리에스 시대의 먼지를 깨끗하게 날려버리고, 시대를 뛰어넘은 매혹적이고도 불가사의한 그의 매력을 다시 생각하게 만든다. 나는 이 책을 옆에 두고 1902년에 제작한 멜리에스의 영화를 유튜브에서 보았다. 저자들이 옳았다. 여러분도 한번 해보라! 멜리에스 영화를 보면 기술을 대하는 주인공의 태도는 우리와 다르다. 그들을 잘 지켜보면 모루(대장간에서 달군 쇠를 올려놓고 두드릴 때 받침으로 쓰는 쇳덩이)와 칠판으로 대별되는 기계적인 디자인 패러다임에 빠져 있는 것이 분명하다. 그들은 어떤 버튼도, 가변 저항도, 다이얼도, 스크린도, 열쇠도 이용하지 않는다. 이 영화에는 이들을 둘러싼 힘에 대한 체계적 추상이, 책과 종이를 제외하면, 아무 것도 나타나지 않는다. 그들은 달에 가서 외계인을 만나지만 마치 철로 만든 카누를 타는 것처럼 행동한다. 이런 현실적 접근이 얼마나 우리의 마음을 열게 만드는가?

이에 더해 셰드로프와 노에셀은 부드럽게 제안한다. "이 책은 디자이너가 썼고, 그래서 매우 세련되고, 자세하며, 서비스 기반의 시각이 보인다." 인터페이스 디자이너로서 멜리에스의 우주선을 바라보는 가장 좋은 방법은 앞으로 나아가기 위한 가능성을 보는 것이다. 마치 호박 속의 화석처럼 오래된 영화 속에 남아 있는 물건을 역사적 호기심으로 바라보는 것이 아니라, 인터페이스 디자인이 가진 가능성 있는 미래로 바라보자고 제안한다. 얼마나 환상적인 표현인가? 미래 우주선이 정말 자연스럽고 직관적이며 눈에 보이지 않는 통제 시스템을 갖는다면 멜리에스의 우주선처럼 마술과도 같은 단순함을 갖게 될 것이다.

어째서 이런 장면에 대해 SF 작가가 쓴 글은 없을까? 동작인식, 증강현실, 유비쿼터스 환경ubiquitous environment(미국 제록스 팰러앨토 연구소의 마크 와이저가 유비쿼터스 컴퓨팅을 차세대 컴퓨터의 비전으로 제시하여 널리 알려진 용어. 사물에 컴퓨터 칩을 내장하여 상호 의사소통함으로써 생활환경을 최적화하는 것)의 SF 세트는 어디에 있는가? 가끔은 이런 궁금증이 생기지만 개인적으로 이런 생각을 하기가 쉽지 않으면, 실제로 사용 가능한 시나리오를 스케치하는 것도 어렵다. 나는 멜리에스의 판타지 영화 같은 느낌으로 정형화하고, 동작인식이 가능하며, 모든 것이 밀접하게 짜인 그런 하이테크 상황을 경험할 기회가 없었다. 이런 개념이 무척이나 멋진 것임에도 말이다.

이런 시각은 먼 미래를 바로 가능하게 만들 것 같은 그런 충격을 준다. 왜일까? 바로 형태가 있고 만질 수 있기 때문이다.

흔히 사람들은 SF가 예측해 주기를 바란다. 셰드로프와 노에셀은 자신의 이름을 걸고 이런 실수를 피했다. 나는 SF가 간혹 미래를 예측한다고 믿었다. 만약 1960년대를 살고 있는 당신이 1975년을 예측하는 글을 성공적으로 썼다고 하자. 그렇다고 해서 그 사실을 중요하게 생각하는 사람들이 반드시 있어야 하는 것은 아니다. 오랫동안 사랑받는 SF 작품은 절대로 미래를 정확하게 예측한 것이 아니다. 그런 작품은 시각적으로 기괴하거나 펀하우스 거울(보통 과학관 등에 설치되어 있는데 사물을 괴상하게 왜곡해서 보여 주는 거울)과 같이 사람들의 주의를 환기할 뿐이다. 이런 펀하우스 거울은 절대로 정확할 필요가 없다. 그렇지만 단순히 사람들을 속이기만 하는 것도 아니다. 물론 언제나 놀라움에 대한 인간의 의도, 상상력을 담고 싶어 하는 내재적 필요성 등을 담고 있지만 말이다. SF가 아무리 분석적이고 기계적이더라도 결국에는 유령과 같고, 암시적이며, 난해하다. SF는 로르샤흐Rorschach 검사(검은색, 회색 또는 다양한 색상으로 이루어진 10장의 잉크 무늬를 보여 주고 자신이 보는 물체가 무엇인지 묘사하여 피험자의 성격을 기술하는 테스트)를 집의 크기로 키워 놓은 것 같다.

이 책은 SF 영화에 대한 평론과 같다. 그런데 완전히 새로운 종류의 것으로, 친절한 선생님이 리모트컨트롤을 가지고 프레임 하나하나를 보면서 이야기하는 듯하다. 이들은 SF 영화를 디자인 요소의 원자로 해체했다. 저자들이 전형적인 주인공, 줄거리, 정치적인 함의 등 SF 비평에 시간을 들이지 않은 것도 매우 멋지다. 셰드로프와 노에셀이 투명하고 잘 디자인이 된 책을 내놓았기에 다른 비평가들이 아마도 이들의 뒤를 따를 것이다. 나는 이 책을 실제 교과서로 사용하기를 권한다. 나는 이 책이 학생들에게 매우 많은 것을 알려주고 감명을 줄 것이라는 것을 추호도 의심하지 않는다.

SF와 디자인은 관계가 있다. 멀지도 가깝지도 않은 그런 관계다. 디자인이 SF의 판타지를 현실화하지는 못한다. SF는 디자인에 내재한 많은 현실적 문제들을 포괄하지도 못한다. 디자인과 SF는 같은 시기에 탄생했지만 이들은 가족이 아니다. 마치 학급 친구와 비슷한 관계다. 이들은 기질이 다르다. 가끔 디자인은 그의 학급 친구인 SF와 동기화하여 시각적으로 뭔가를 보여 주려고 한다. 또 이띤 경우에는 SF가 창문 바깥을 응시하면서 감정을 잡는 동안 디자인은 안전이나 활용도, 유지 보수, 비용 따위의 이슈를 고민한다. 그런데 기술 발전이 빠르고 그 변화의 폭도 커지면서 디자인과 SF가 협력해야 하는 시대가 되었다.

인터페이스 디자인이 바로 그런 영역 중 하나다. 꽃병의 형태를 만들 때는 SF가 큰 도움이 안 된다. 하지만 인터페이스 디자인은 모험적 추상을 만들 때 중요한 정신적 습관을 요구한다. 이것이 SF는 아니지만, 그리 멀리 떨어진 이야기도 아니다. '인터랙션 디자인'은 '인터페이스 디자인'과 꽤 비슷하다. 인터랙션 디자이너는 찰흙이나 폼코어formcore(유리섬유를 겹겹이 쌓아올린 재질)보다 박스나 화살표 등에 더 집착한다. 디자인이 순수하게 개념적이거나 추상적일 필요가 있을 때 SF는 힌트를 준다. SF는 이를 구체화하고 글로 표현할 수 있으며, 스토리로 이야기할 수 있다.

이는 컴퓨터 게임과 스릴라이드thrill rides(테마파크에 설치한 스릴 넘치는 탈 것을 통칭하는 용어) 그리고 「스타트렉」의 가상적인 홀로덱(「스타트렉」에 등장하는 가상현실 시뮬레이션 공간이다. 이 책에서 여러 차례 다룬다) 을 연결하는 것과 관련이 있으며, 미래의 흐릿하고 포스트-사이버네틱post-cybernetic(노버트 위너가 도입한 개념으로 기계와 살아 있는 생물체의 커뮤니케이션과 통제체계에 관한 연구를 사이버네틱스라고 한다. 흔히 네트워크에 연결된 사회 전반을 사이버 사회라고 부르면서 사이버 공간 등과 같이 그 의미가 확대되었다. 그러므로 포스트 사이버네틱은 이렇게 모든 것이 연결된 사이버 사회 이후의 미래 세계로 해석한다)한 환경과 관련이 있다. 이처럼 애매모호한 미래의 유령과 씨름하고 있으면 디자인과 SF는 마스크를 쓴 태그팀 레슬링 경기에 나선 듯한 입장이 된다. 우리는 아마도 이런 유령을 증강되고 유비쿼터스한 매트에 눕히고 언젠가 핀을 칠 것이다(레슬링은 매트에 상대를 눕히고 커버를 한 다음에 심판이 매트를 세 번 쳐야 승리한다. 이렇게 승리한 것을 '핀을 땄다. 핀을 친다'고 표현한다). 그렇지만 처음에는 땀도 많이 나고, 멍도 들 것이다. 일부는 현대의 막대한 SF 예산으로 이미 구현되기 시작했다. 「마이너리티 리포트」, 「아이언 맨」 등에서 값비싼 인터페이스 스릴을 여러분에게 보여 준 것처럼 풍부하게 구현하고 있다. 하지만 재미있게도 대작 영화에서조차 반드시 필요한 개념적 작업은 잘 나타나지 않는다. 이런 작업은 되레 소규모이고 아틀리에(예술가의 작업실) 스타일의 디자인이 중심이 되는 비디오에 잘 나타난다. 그런 내용은 커다란 은막(은색 스크린. 흔히 영화산업 전반을 말하는 용어)에 나타나는 것이 아니라, 내가 이 책을 읽으면서 일반에게 공개한 멜리에스의 영화를 같이 떠워 놓고 보듯이, 인터랙티브하고 잘 디자인된 스크린을 볼 때 나타난다. 이는 우연이 아니다.

나는 이런 작은 규모로 잘 만든 작품을 '디자인 픽션design fiction'이라고 부르고 싶다. 디자인 픽션은 '영화 속 프로토타입diegetic prototyping'(다이어제틱diegetic은 영화 속의 액션과 연관된 음악으로, 배경 음악과 대비해서 말하는 용어다. 영화 속의 장면에 대한 프로토타입이라는 의미로 영화 속 프로토타입으로 해석하였다)을 열심히 사용해서 변화에 대한 불신의 정도를 낮추어 준다. 현재 진행 중인 '영화 속 프로토타입'은 그 종류와 수가 상당히 많고 이런 상황이 아마도 인터페이스 디자인 덕분에 실제로 등장할 것이다. 이는 과거 '텍스트'와 '영화'라는 이름으로 소비하고 창조했던 인터페이스의 결과다. 영화, 텔레비전, 아날로그 산업, 20세기 광고업계 등은 미래 지향적 제품이나 서비스에 대한 모험적 비디오가 바이러스처럼 진 세계로 퍼져 나가는 상황을 상상하지 못했을 것이다. 이것은 그들의 비즈니스 모델과 잘 맞지 않는다. 이는 그들과 관계없이 형성된 외부 패러다임이다.

심지어는 SF 작가도 이런 현상을 상상하지 못했다. 그렇지만 디지털 미디어를 이용해 사람들에게 확신을 주고, 개념으로만 존재했던 것을 실제로 만들어 내는 이런 시도는 앞으로 큰 변화의 중심이 될 것이다. 나는 이런 것을 매일 본다. 인터페이스 디자인은 대단하다. 그것은 나의 생활을 바꿨고, 아마도 미래의 생활을 더욱 극적으로 바꿀 것이라 기대한다. 이 책을 읽는 사람은 아마도 이런 노력을 더 잘 받아들일 수 있을 것이다. 나는 한 번도 이런 식으로 책을 읽을 것이라 상상하지 못했다. 그리고 이렇게 읽는 것을 좋아할 것이라고는 더욱 생각하지 못했다.

이탈리아 토리노에서

브루스 스털링

PART 2 　　　 SF 인터페이스와 인간의 활동

이 책을 어떻게 이용할 것인가

인터랙션 기획자나 디자이너가 되었다면 SF를 보는 방식이 달라야 한다. 물론 하이퍼스페이스, 레이저 발사, 컴퓨터 해킹 같은 다양한 액션을 좋아할 수도 있다. 그러나 이것들을 보면서 인터페이스를 평가하지 않을 수 없을 것이다. 만약 트랙터 빔(「스타워즈」에 등장하는 제국의 데스스타가 외부 우주선 등을 끌어당기는 빔)을 제 시간에 무력화할 수 있을 것이란 호기심이 생길 수 있고, 동시에 다음과 같은 궁금증이 생길 수도 있다 "정말로 저런 일이 일어날 수 있을까?" "실제 가능하다면 저런 방식일까?" "더 나은 방법은 없을까?" 물론 자신이 디자인한 인터페이스가 이렇게 멋지거나, 이 보다 더 멋지면 좋겠다고 생각할지도 모르겠다.

우리는 새로운 텔레비전 드라마나 영화를 볼 때도 이런 질문을 던진다. 그리고 기술적으로 상상을 초월하는 장면이 나오면 정말 배울 게 많다는 것을 느끼곤 한다. 이것은 100년도 넘은 SF 영화와 텔레비전 시리즈의 예술적 인터페이스에서 배울 수 있는 실질적인 교훈이기도 하다. 그리고 이런 것들을 최대한 많이 보고 난 뒤 무엇을 배울지 궁금하기도 하다.

이 책은 이런 질문에 답하기 위해 SF 영화와 텔레비전 시리즈에 나오는 각종 인터페이스를 분석하고, 해당 인터페이스 자체와 인터랙션 기획자 혹은 디자이너가 실제 세계에서 이것들을 사용할 때 얻을 수 있는 교훈을 정리한 것이다. 우리는 이 책을 쓰면서 정말 많이 배웠고, 그렇게 배운 것을 여러분과 나누고자 한다.

누가 이 책을 읽어야 하는가?

우리는 SF에 등장하는 최고의 사례에서 배우고, 디자인 역사에서 SF 역할을 이해하며, SF 인터페이스를 이용해서 자신의 작업을 발전시키려는 인터페이스 기획자와 디자이너를 위해 이 책을 썼다. 또한 인터페이스 디자인에 관심이 있는 SF 팬이 이 책을 읽는다면 좋아하는 영화와 텔레비전 드라마를 보다 깊게 이해하고, 새로운 것을 발견할 수 있을 것이다.

만약 SF를 만드는 사람이 이 책을 읽는다면 자신이 만든 인터페이스가 관객에게 어떻게 평가받고, 실세계의 개발자에게 어떤 영향을 미치는지 알 것이다. 이와 비슷하게, SF 관점에서 미디어 이론에 관심이 있는 사람들도 다양한 영감을 얻을 수 있다.

어떤 내용이 담겨 있는가?

누구나 쉽게 접근할 수 있도록 전체 내용을 두 섹션으로 나누었다. 먼저 SF의 사용자 인터페이스 요소를 살피고, 그다음 인터페이스가 커뮤니케이션이나 학습 같은 인간의 기본적 행동을 어떻게 돕는지 알아보았다.

인터페이스 요소를 먼저 살펴본 이유는 각각의 사용자 인터페이스 요소와 연관된 정보와 사례, 그리고 레슨을 어디서 찾을 것인지 명확히 하기 위해서다. 이는 입력, 출력과도 관계가 있다. 특히 SF에서 많은 사례를 찾을 수 있는데 우리는 그중에서도 가장 재미있고 독특한 것만을 골랐다.

두 번째 섹션은 사람이 하는 일에 초점을 맞추었다. 이런 콘텐츠는 행위의 흐름 그리고 사용자의 목적 달성을 위해 지원하는 시스템 인터랙션으로 구성된다. 심지어 섹스와 관련된 시스템 부분도 있다. 이 책을 읽으면 처음에 생각한 것보다 더 많은 것을 발견하고, 매일매일 놀라운 교훈을 찾아 활용할 수 있다. 이 책 본문에 기록한 '레슨'과 '기회'는 독자가 좀 더 빨리 찾아볼 수 있게 '부록'에 따로 모아놓았다.

이 책과 함께 소개하는 것

이 책에서 다룰 수 있는 내용은 아주 광범위하지만, 그 모든 것을 다룰 수는 없었다. 출판사가 우리에게 정말 많은 공간을 제공했음에도, 여전히 담지 못한 것이 너무 많다. 그래서 그중의 일부를 잘 정리해서 이 책과 함께하는 웹사이트 www.scifiinterfaces.com에 올려놓았다. 앞으로 새로운 영화나 텔레비전 시리즈가 나오면 바로바로 내용을 추가할 것이다. 현재까지 리뷰한 작품 리스트는 이미 공개해 놓았으며, 해당 작품을 사거나 빌릴 수 있는 곳, 또는 클립을 볼 수 있는 곳도 링크해 놓았다. 우리는 특정 SF 인터페이스를 좀 더 자세하게 리뷰하고 태그 클라우드, 책에서는 다루지 못한 훨씬 큰 이미지 등 더 많은 것을 제공하려고 노력하고 있다.

자주 묻는 질문

이 책의 주제는 '재미있는 아이디어'다. 그런데 어떻게 SF와 디자인이 연관이 있는가?

디자인과 SF는 비슷한 점이 상당히 많다. SF는 줄거리 속에서 가능한 미래를 설명하기 위해 캐릭터를 활용하고, 디자인 프로세스에서는 가능한 인터페이스를 설명하기 위해 페르소나(어떤 제품 혹은 서비스를 사용할 만한 목표 인구 집단 안에 있는 다양한 사용자 유형을 대표하는 가상의 인물)를 시나리오에 활용한다. 이들은 모두 소설이다. 인터페이스는 제품을 출시해야 마침내 현실이 된다. 이들의 가장 큰 차이점은 디자인의 경우 주로 최선의 것을 제안하고 SF는 가장 재미있는 것을 제안한다는 것이다. 그렇지만 SF는 현실에 놓인 제약을 넘어서는 기술의 미래를 보여 주고 있어, 디자인을 통해 현재 어떤 것이 가능한지 영감이나 아이디어를 얻을 수 있다. 1장과 14장을 참고하라.

SF 소설과 SF(sci-fi)를 구별하는가?

1997년 할란 엘리슨Harlan Ellison은 'SF 소설'이란 용어를 과학 그리고 '영원한 질문'과 관련한 스토리 장르라고 선언하였다. 이는 문학에 초점을 맞추어 이야기한 것이다.[1] 우리는 인터페이스를 보고 싶었다. 그는 '붕괴debasement'되거나 '단순하면서 펄프픽션의 시각으로

---

1) Ellison, Harlan.(1997, April 7). "Strangers in a strange land". Newsweek.

본 세계'로 특징되는 다른 카테고리의 스토리를 포함해서 'Sci-fi(이 책에서는 그냥 SF로 쓰기로 한다)'라고 부른다. 우리는 이 설명에 전적으로 동의하지는 않지만, 이 프로젝트를 위해 문학작품을 들여다보지 않은 것은 사실이다. 우리는 단지 SF(sci-fi)를 SF 소설의 약어로 썼다. 바라건대 엘리스 씨가 너무 화를 내지 않았으면 좋겠다.

SF에 나온 사례를 얼마나 다루었는가?

더글러스 애덤스Douglas Adams의 말을 인용하면 SF는 크다. 정말 크다. 우리는 모든 것에 접근할 수 없고, 우리가 가진 모든 것을 포괄할 공간도 없다. 다행히 많은 SF 사례가 비슷한 아이디어를 바탕으로 구축되었다. 가끔은 널리 알려진 사례를 통해 하나의 사례를 이해하는 경우가 있다. 또한 어느 정도 관련 있는 것에 대해서는 언급 없이 넘어가는 것을 허용하기도 한다. 우리가 리뷰한 대부분의 SF는 미국에서 만든 것이지만, 다른 나라에서 제작한 SF도 일부 포함했다. 우리가 달성한 것은 사실 정말 아주 작은 일부분에 불과하다. 추가 콘텐츠는 다음 웹사이트 www.scifiinterfaces.com를 참고하라.

영화나 전자책으로 만들었다면, 비디오 클립을 볼 수도 있으므로 더 좋지 않았을까?

이 책의 레슨과 설명은 영화와 텔레비전 영상에서 포착한 순간을 담고 있다. 그런 면에서 이런 인터페이스가 실제로 어떻게 작동하는지를 상세하게 보여 주지 못하는 문제를 안고 있다. 그렇지만 우리 목적은 인터페이스를 공부하고, 교훈을 얻는 것이기 때문에 나중에 참고자료로 활용하기 적합한 전통적인 책과 전자책, 웹사이트로 시작했다. 만약 이런 인터페이스가 어떻게 동작하는지 정말 보고 싶다면 오리지널 영화나 텔레비전 드라마를 다시 보거나, 이런 주제를 다루는 워크숍과 강의를 들으며 관련 영상을 공유하는 것이 좋다. 그리고 대안 미디어를 지속적으로 탐구하고 있다는 사실을 확실히 밝힌다.

이들 인터페이스는 애당초 학습이나 실세계 사용자를 위해 디자인된 것이 아니다. 이런 접근 방법이 옳다고 생각하는가?

실제로 그렇다. 우리는 실세계에서 쓰는 범주criteria를 실세계에 존재하지 않는 인터페이스에 적용하는 셈이다. 그리고 이들 중 대부분은 앞으로도 실세계에서 사용되지 않을 수 있다. 그러나 팬이나 디자이너로서 SF를 비판적으로 보지 않을 수 없다. 또한 시간이 흐르면서 기술적으로 가능한 것이 점점 많아지고, 관객도 그것을 이해하게 될 것이다. 인터페이스 창조자들은 실제로 많은 실수와 비전을 동시에 제공하고 있어 이것만으로도 인터페이스 학습의 충분한 이유가 된다. 인터페이스에는 '외부자outsider'와 같은 속성이 있다.

이 책을 쓰면서 가장 재미있게 생각한 것은 무엇인가?

우리는 '나쁜' 인터페이스를 조사하는 일이 아주 생산적이라는 사실을 깨닫고 깜짝 놀랐다. '좋은' 인터페이스는 우리가 이미 잘 알고 있는 원칙을 다시 일깨워주는 역할을 하지만 '나쁜' 인터페이스는 어쨌든 줄거리 수준에서 동작하기 때문에 1장에서 언급한 '변증apology' 프로세스를 통해 놀라운 통찰을 제공하고 있다.

책에 미처 담지 못한 것은 무엇인가?

처음 이 책을 기획할 때에는 여러 SF 제작자와 과학자의 인터뷰를 포함하려고 했는데 마지막 편집 때 기획이 바뀌어 싣지 못했다. 그렇지만 이 분들, 더글러스 콜드웰Douglas Caldwell, 마크 콜러란Mark Coleran, 마이크 핑크Mike Fink, 닐 헉슬리Neil Huxley, 딘 케이멘Dean Kamen, 조 코스모Joe Kosmo, 데이비드 레빈도브스키David Lewindowsky, 제리 밀러Jerry Miller, 마이클 라이먼Michael Ryman, 르핀 수와나스Rpin Suwannath, 그리고 리 와인스타인Lee Weinstein에게 그동안 나눈 시간과 생각에 대한 감사의 표시로 개별적으로 특별한 감사의 말을 남긴다.

또한 초기에는 문doors, 화학적 인터페이스, 무기, 그리고 우주복과 우주선에 대한 장도 있었다. 그렇지만 초기 리뷰 때 우리는 정말 어려운 선택을 했다(리뷰 후 책이 너무 두꺼워 조금 줄이자는 의견이 많았던 것으로 추정한다). 아마도 이런 콘텐츠는 좀 더 기다렸다가 현재보다 미래에 좀 더 발전시켜 다루어야 할 것이다.

어째서 더 많은 영화나 드라마를 언급하지 않았는가?

몇몇 영화나 텔레비전 드라마는 시대에 한 획을 그었고 문화적으로도 믿을 수 없을 정도로 큰 영향을 끼쳤다. 특히 「스타트렉」, 「마이너리티 리포트」, 「2001: 스페이스 오디세이」 등이 머릿속에 떠오른다. 그러나 우리는 너무 많은 영화나 드라마에 의존하고 싶지 않았다. 그보다는 뭔가 명확하게 보여 주는 유명한 작품을 주로 이용하고, 주제가 결정되면 여기에서 가지치기를 하듯이 대상 작품과 사례를 확장해 나갔다.

비디오 게임이나 미래 지향적인 광고, 산업용 영화에 등장하는 모험적 기술은 어떻게 다뤘나?

하드코어 장르를 좋아하는 사람들과 대화하다 보면 이들은 SF의 범위를 사변소설Speculative Fiction(약자가 SF로 Sci-Fi와 똑같다. 실제로 존재하는 현실과 다른 세계에 대한 사색을 핵심 내용으로 전개하는 이야기를 말하는데, SF뿐만 아니라 환상 소설, 공포 소설, 초자연현상 소설, 슈퍼영웅 소설, 대체역사 소설, 마술적 리얼리즘 소설까지 포함한다)까지 넓혀서 이야기한다. 하지만 이것은 이 프로젝트의 초점이 아니다. 이런 연관 미디어에 관심이 있는 사람들은 14장을 꼭 읽기 바란다.

일러두기

• 본문에서 역주는 괄호 안에 별색으로 표시했습니다.
• 영화제목은 국내에서 발표된 제목으로 표기했습니다.
  따라서 '외래어 표기법'과 다른 표기도 있습니다. 예)쥬라기 공원, 수퍼맨 리턴즈

PART 1
SF 유저 인터페이스 요소

CHAPTER 1

SF에서 배우다

SF와 인터페이스 디자인은 서로 밀접한 관련이 있다. SF는 인터페이스라는 기본 도구를 이용해 주인공이 사용하는 현란하고 예측하기 어려운 기술을 이해한다. 인터페이스 디자인은 현실 세계에 놓인 제약에서 벗어난 자유로운 신기술 아이디어에 열광한다. 물론 이것에는 흥미진진한 스토리가 있어야 한다.

이것이 현실 세계의 인터페이스가 SF에서 나타나는 인터페이스와 재미있으면서도 좀 더 발전된 관계를 맺을 수 있는 이유다. 기술은 점점 빠르게 발전하기 때문에 SF 제작자는 좀 더 새롭고 흥미 있는 인터페이스를 이용하여 환상적인 기술을 창조하려고 끊임없이 노력해야 한다. 세계의 모든 관객은 새로운 기술을 점점 더 빠르게 익혀 간다. 따라서 SF 제작자는 자신이 표현한 인터페이스가 신뢰할 만하고 충분히 매력적인지 신중하게 생각하여 관객에게 다가가야 한다. 그리고 사용자는 SF와 매일 사용하는 인터페이스를 비교하면서, SF에서 보여 준 신기술이 언젠가 마술과 구별하기 어려운 시기가 올 것이라고 기대한다.

그러나 이들 사이의 관계는 불공정하다. SF는 연기, 거울, 컴퓨터 그래픽 등을 이용해 모든 것을 환상적으로 만들 수 있지만, 현실에서는 타당성과 사용성, 비용과 지원 인프라에 이르는 다양한 제약 조건을 무시할 수 없다. SF 인터페이스는 대개 수초 이상 노출되지 않지만, 현실 세계의 인터페이스는 워드프로세서나 스프레드시트 소프트웨어에서 보듯이 하루 사용 시간이 수시간에 이르고, 수년 이상 지속적으로 사용한다. 현실 세계의 인터페이스는 냉혹한 시장에서 사용자의 평가를 받기 때문에 질이 낮은 인터페이스는 매우 빠르게 도태된다. 그러나 SF 영화는 조금 다르다. 영화의 인터페이스는 수준이 낮아도 대부분의 사람이 아무런 질문도 하지 않고 관대하게 넘어간다.

이들은 또한 서로 영향을 주고받는다. 현실 세계의 인터페이스는 사용자가 '현재' 생각하는 내용에 관심을 가지면서, 한 걸음 더 나가 있는 SF 인터페이스 제작자와 경쟁한다. 또한 기술에 대한 사용자의 이해는 점점 빨라지고 있으며, SF에 등장하는 인터페이스에 갖는 기대와 신뢰 또한 점점 높아지고 있다. SF 창작자는 이런 인터페이스의 개연성에 보다 많이 신경 써야 한다. 인터페이스의 개연성이 떨어지면 관객은 '현실성'을 의심할 것이며, 이는 스토리 전체의 신빙성을 떨어뜨린다. 현실 세계의 인터페이스 디자이너는 이런 역학 관계를 잘 이해할 만큼 현명한데, 이는 SF 관객의 기대가 인터페이스 디자인에 대한 기대와 같기 때문이다.

이 책은 "현실 세계의 인터페이스 디자이너는 SF에 나오는 인터페이스에서 무엇을 배우는가?" 하는 질문에 실질적인 답을 찾기 위해 이들의 다양한 관계를 조사했다.

이 질문에 답하려면 먼저 '인터페이스'와 'SF'가 무엇인지 정의해야 한다.

인터페이스란 무엇인가?

인터페이스라는 용어는 다양한 의미를 갖고 있다. 소프트웨어 세계에서도 마찬가지다. 이 책에서는 인터페이스를 인간-컴퓨터 상호작용human-computer interaction(이하 HCI로 표기)에서 사용자 인터페이스user interface를 지칭하는 의미로 사용한다. 사람들은 대부분 휴대

전화와 노트북 컴퓨터, 데스크톱 컴퓨터 등으로 컴퓨터를 경험한다. 예를 들어 키보드, 마우스, 터치스크린, 청각 피드백audible feedback, 그리고 이런 물체들의 스크린 디자인 정도다. 우리는 일반적으로 SF에서도 모험적 기술speculative technology(추측에 근거한 기술로 해석할 수도 있지만 투기적이라는 의미도 있으므로 여기서는 '모험적 기술'로 번역한다)의 입력과 출력을 참고하여 전반적으로 비슷한 경험을 한다. 예를 들어 홀로그램이나 볼륨 프로젝션volume projection을 스크린으로 간주할 수 있을까? 「스타트렉」의 트리코더tricorder 키보드는 어디에 있는가?

훨씬 추상적인 정의는 우리가 마치 소설과 같은 기술을 보고, 적절한 부분을 취한다는 것이다. 반면 우리가 사용하려는 인터페이스를 실용적으로 정의한다면 '사용할 수 있는 모든 부분의 것들all parts of a thing that enable its use'이다. 이렇게 정의하면 라이트세이버(「스타워즈」에 나오는 광선검)의 손잡이에 달려 있는 버튼 하나도 자신 있게 인터페이스라고 할 수 있다. 독자는 이러한 정의를 명확히 기억하고 이 책을 읽어야 한다.

이 정의는 우리가 알고 있는 스크린-마우스 중심의 인터페이스를 넘어서는 것이다. 예를 들어 3D 블라스터의 핸들은 그 자체로는 아무것도 하지 않지만, 만약 그것이 뭔가를 쥐는 방법이라면 인터페이스다. 이는 우리가 산업 디자인industrial design 영역을 다룰 것이라는 것을 의미하기도 한다.

이와 유사하게 우리는 SF 스크린에서 정보 구조와 관련한 문제를 바라볼 수 있다. 이 역시 '사용할 수 있는 것'이다. 스크린의 글자를 이해하는가? 이 질문은 결국 정보 디자인information design도 다루어야 한다는 것을 의미한다.

또한 주인공의 액션과 그가 보는 출력물 사이의 연결고리(의도와 결과)도 살펴야 한다. 지속되는 인터랙션은 인터페이스의 핵심 요소이고, 우리는 인터랙션 디자인interaction design도 평가해야 한다.

'인터페이스'란 우리가 가장 우아하고 근원적이며 중요한 것에 초점을 맞춘다 하더라도, 기본적으로는 이런 여러 요소를 조합한 것이다.

어떤 SF가 대상인가?

SF는 거대한 장르다. 이 장르의 작품을 모두 읽고, 보고, 들으려면 시간이 오래 걸린다. 또한 마음 먹고 연구를 진행하는 동안에도 계속 관심을 끄는 새로운 작품이 등장한다. 다행히 SF에서 인터페이스에만 집중하기로 하여, 조사에 필요한 후보 수가 많이 줄어들었다. 우선 SF의 미디어를 한정했다. 인터페이스를 평가하려면 보고 들을 수 있어야 한다. 사용자가 반드시 고려할 점은 우리가 이해하기 위해서 필요한 것인데, 문학이나 책에 기술된 인터페이스는 자세히 설명하기 어렵고, 독자마다 상상하는 내용이 다를 가능성이 크다. 다시 말해 서술형으로 기술된 인터페이스는 평가할 수 없다. 예를 들어 H. G. 웰스Wells의 1895년 작품 『타임머신The Time Machine』을 살펴보자.

시간 여행자가 팔꿈치를 테이블에 걸쳐 놓고, 손으로 기기를 누르며 말했다.

"이 작은 기계는 시간 여행을 하기 전에 만든 모델입니다. 당신은 이것이 묘하게 기울어져 있다는 것을 알 수 있을 것이고, 마치 비현실적인 느낌이지만 이상하게 깜빡거리기도 하지요."

그는 손가락으로 부품 하나를 가리키며 말했다.

"여기 작고 하얀 레버가 있고, 저기에도 하나 있습니다."

의사가 의자에서 일어나서 그 물체를 들여다보며 말했다.

"정말 아름답네요."

"이것을 만드는 데 2년이나 걸렸습니다."

시간 여행자는 의사의 동작을 흉내 내더니 덧붙였다.

"이 레버에 대해 설명하지요. 이걸 누르면 미래로 갑니다. 그리고 저것은 반대로 움직이죠. 말안장처럼 생긴 이것은 시간 여행자가 앉을 자리입니다. 이 레버를 눌렀다가 손을 떼면 기계가 동작합니다. 미래로 가면서 기계는 사라지지요. 이것을 잘 들여다보세요. 테이블도요. 여기에는 어떤 속임수도 없습니다. 저는 이 모델을 버리고 싶지 않아요. 그러면 저는 돌팔이라는 소리를 듣겠죠."

이렇게 상세한 인터페이스 설명은 분명 도움이 된다. 그렇지만 불완전하다. 레버의 위치가 손이 닿기 쉬운 곳에 있는지, 레버 길이는 1미터인지 단지 몇 센티미터에 불과한지, 누를 때 시간 여행자의 바깥으로 움직이는지 아니면 몸 쪽으로 움직이는지, 그도 아니면 가슴과 평행하게 움직이는지, 어떤 라벨이 붙어 있는지를 알 수 없다.

시간 여행을 하는 동안 기계를 어떻게 조작할지는 아마도 독자가 상상하는 기계의 전형적인 모습을 바탕으로 이야기를 이해하면 큰 문제가 없다. 그러나 실제로 이를 평가하고 거기에서 무언가를 배우려고 한다면 훨씬 자세한 설명이 필요하다. 그래서 우리는 SF 소설에 나오는 인터페이스는 다루지 않기로 했다.

비슷한 이유로, 우리는 주인공이 인터페이스를 사용하는 장면을 시간을 두고 살펴보았다. 단지 한 장의 그림만 보고 평가한다면 그런 것을 알 수 없기 때문이다. 예를 들어 정보가 스크린에 나타나는 방식이나 피드백을 주는 소리의 종류, 그리고 버튼이 잠깐 눌린 것인지 아니면 눌린 상태로 있는 것인지 파악할 수 없다.

그런 측면에서 만화책이나 콘셉트 아트(상상의 개념을 그려낸 예술 작품), 그래픽 소설(그림 또는 만화가 주가 되어 이야기가 전개되는 소설) 등도 일부 정보를 제공하기는 하지만 자세한 설명과 그림을 창작자가 제공하지 않으면 인터페이스가 어떻게 동작하는지 정확하게 이해하기 어렵다. 이런 문제 때문에 만화책이나 그래픽 소설, 콘셉트 아트 역시 조사 대상에서 제외했다.

마지막으로 시간에 따른 시각적 묘사가 존재하기는 하지만, 애니메이션은 장면과 장면 사이에 인터페이스의 일관성이라는 문제가 있다. 「퓨처라마Futurama」(일본 애니메이션을 많이 방영하는 유튜브 채널) 등의 애니메이션에 등장하는 손으로 그린 인터페이스는 SF 소설과 마찬가지로 혼란을 줄 우려가 있어서 이 역시 제외했다. 물론 이런 문제는 영화나 텔레비전, SF 드라마에도 있지만 대부분의 3D 애니메이션이나 라이브 액션 인터페이스 등은 묘사가 단일 시스템으로 평가하기에 충분한 일관성이 있다.

미디어가 시청각적audiovisual으로 작동해야 하고, 시간에 기반하며 time-based, 일관consistent되어야 한다는 세 가지 필수 조건 때문에 우리는 3D 애니메이션 또는 라이브 액션 SF 영화, 텔레비전 드라마 시리즈를 디자인을 배울 수 있는 매체로 한정하였다.

어떤 것을 SF로 볼 것인가?

다소 까다로운 질문이지만 SF란 무엇일까? 물론 몇 가지는 분명하다. 예를 들어 우주선을 몰고 행성 사이를 왕래하는 사람들의 이야기, 악당에게 광선총을 쏘고, 예쁜 외계인과 잘 지내는 이야기 등은 분명 SF다. 그러나 스파이 장르는 어떨까? 저절로 파괴되는 가방과 펜처럼 생긴 총, 리모트컨트롤로 움직이는 애스턴 마틴Aston Martins(영국제 고급 승용차 브랜드) 등은 모두 모험적 기술이다. 스팀펑크steampunk(증기 기관의 증기steam와 정보기술의 영향으로 바뀌는 미래에 대한 장르인 사이버펑크 cyberpunk의 합성어. 증기기관과 같은 빅토리아 시대 영국의 기술이 크게 발달한 가상의 과거 또는 그런 과거에서 발전한 가상의 현재나 미래를 배경으로 하는 장르) 소설이나 슈퍼히어로 영화는? 또는 「스페이스볼Spaceballs」(1987년에 개봉한 영화로 멜 브룩스가 「스타워즈」 시리즈를 코믹하게 패러디한 영화) 같은 슬랩스틱 코미디 SF는 어떤가? 이들 장르에는 모든 종류의 특이한 물건이 인터페이스로 등장하므로 충분히 검토할 가치가 있다.

이런 질문도 좋지만, 궁극적으로 SF를 정의하는 데 지나치게 학술적인 접근보다는 의도적으로 불가지론자의 입장을 취하고자 한다. 일반적으로 인터넷 영화 데이터베이스 IMDB(www.imdb.com)에서 SF로 분류한 영화나 텔레비전 쇼를 대상으로 취급하였다.

간혹 SF 이외의 작품도 비슷한 목표와 기능이 있는 실제 세계 시스템의 인터페이스나 제품들, 프로토타입(본격적인 생산에 앞서 제작해 보는 원형) 등을 적절하게 사용했다면 지면이 허용하는 한도 내에서 다루었다. 또한 기업이 제작한 유명한 산업용 영화에 등장하는 모험적 인터페이스도 찾아보았다. 아니, 모험적 픽션speculative fiction을 대상으로 하였다는 것이 더욱 정확할 것이다. 그렇지만 사람들은 대부분 이런 용어를 들어본 적이 없을 것이므로 책 전반에는 SF(sci-fi)라는 용어를 활용했다.

SF의 많은 속성을 탐구하고 분석했지만 모든 것을 다룰 수는 없었다. 우리는 디자인과 문화 부문에서 큰 영향을 끼친 가장 유명하고 영향력 있는 특성을 담고자 노력하였다. 그럼에도 모든 독자가 관심 있어 하는 것들 중 다루지 못한 것이 일부 있을 수 있다. 그 아쉬움을 이 책과 함께하는 웹사이트 www.scifiinterfaces.com에 주註를 추가하고 보다 광범위한 분석 등을 제공했다. 지속적으로 업데이트하고 있으니 많은 독자가 관심 있게 봐주기 바란다.

왜 SF를 봐야 하는가?

SF 카테고리 중에서 무엇에 초점을 맞출 것인지 결정한 다음에 해야 하는 질문은 이것이다. 왜 디자인과 관련하여 SF를 봐야 하는가? 논픽션이 어떻게 실제 세계의 디자인에 정보를 준다는 것인가?

하나의 답변은 SF를 좋아하든 좋아하지 않든 관객은 SF에 등장하는 허구의 기술을 보고 미래에 어떤 흥미로운 것이 나올 것이라고 기대한다는 것이다. 대표적인 사례가 「스타트렉Star Trek」의 커뮤니케이터다. 1960년대 후반에 관객은 이미 워키토키walkie-talkie(무전기,

그림 1.1 「스타트렉 오리지널 시리즈」 (1966), 모토로라 스타택 (1996)

무선주파수를 이용해 번갈아서 송수신을 하는 방식으로 소통하였다.)와 벽걸이형 유선 전화기라는 기술 패러다임을 보고 휴대전화를 기대했다. 사용 방식은 전화보다 워키토키에 가까웠지만, 당시 황금 시간대에 텔레비전을 시청하던 시청자에게 다가올 미래의 휴대 통신 가능성을 보여 주었다. 그러고 나서 정확히 30년 후, 모토로라는 엔터프라이즈 호 승무원이 그랬던 것처럼 플립을 열어서 사용하는 제품을 출시하였다(그림 1.1). 이 둘 사이의 관계는 스타택StarTAC이라는 제품 이름을 보면 더욱 명확하다. 이 제품은 상업적으로 대성공을 거두었는데, 「스타트렉」에 등장하는 한 에피소드의 영향을 받아 판매가 증진되었다는 것을 확인할 수 있다. 이미 수십 년 전부터 SF 영화 시장에서 영업을 시작한 것이다.

또 다른 답변은 미디어 채널이 많아지고 특성화가 진행되어, 공통으로 참고할 만한 문화에 접근하기가 점점 더 어려워졌다는 것이다. 공통의 시금석은 디자인을 떠올리기 쉽고 아이디어를 토론할 수 있다. SF는 매우 인기 있는 장르이므로 모험적 기술이 나타나면 간혹 이런 것들이 시금석 역할을 한다. 현재 기술에 대해 토론하고 싶다면 실제 세계의 인터페이스를 참고하면 된다. 그러나 미래 기술에 대해서 토론하려면 영화를 참고하여 이야기하는 것이 쉽다. 예를 들어 이렇게 이야기할 수 있다. "키넥트Kinect는 「마이너리티 리포트」에 나오는 인터페이스와 같은 종류의 게임이다."

마지막 답변은 실세계의 인터페이스 제작자나 SF의 인터페이스 제작자는 본질적으로 같은 일을 한다는 점이다. 둘 다 새로운 인터페이스를 만든다. 어찌 보면 만들어서 사용자와 고객이 사용하기 전까지 모든 디자인은 픽션fiction이다.

디자이너가 실재가 아닌 것을 만들었을 때, 이들은 모험적 인터페이스를 픽션으로 만드는 셈이다. 각각의 와이어프레임wireframe(컴퓨터 그래픽에서 3차원 물체의 형상을 나타내기 위해 물체의 형상을 수많은 선의 모임으로 표시하여 입체감을 나타내는 것인데, 마치 철사를 이어서 만든 뼈대처럼 보이므로 와이어프레임이라고 한다. 그런데 최근 UX 디자인 분야에서는 웹페이지나 모바일 앱의 정보구조를 제안하기 위한 설계도 또는 비주얼 가이드를 일컫는 용어로 사용한다), 시나리오, 연필 스케치, 스크린 모크업mockup은 모두 "여기에 어떻게 될 것인지가 나와 있어요" 또는 "여기에 있는 방식대로 해야 해요"라고 말하는 것이나 다름없다. 각 분야의 디자이너는 비슷한 질문을 던진다. "이것을 이해할 수 있나요?" "이 액션에 필요한 올바른 제어방식은 뭔가요?" "무엇이 멋진가요?" 이들이 비록 서로 다른 관객을 위해 일하고, 예산도 다르며, 미디어 옵션. 목표와 제약사항이 모두 달라도 일의 본질은 비슷하다. 이들은 서로에게서 배운다.

데이터베이스

우리는 일단 리뷰할 영화와 텔레비전 목록을 정했다. 전체 목록은 www.scifiinterfaces.com에서 확인할 수 있다. 이제 이것을 보고 평가해야 한다. 우리는 스크린샷과 설명을 데이터베이스에 입력하고 이것을 이용해서 조사 대상을 정했다. 이 데이터베이스는 온라인으로도 접근할 수 있으며, 책에는 없는 많은 콘텐츠를 볼 수 있고, 또한 독자도 참여할 수 있다.

디자인 레슨 찾아내기

이런 도구를 가지고 인터페이스에서 무엇을 배울 수 있는지 확인하기 시작했다. 크게 네 가지 방법을 이용했다.

상향식Bottom Up

상향식 방법으로 배우기 위해 각각의 인터페이스를 상세하게 조사했다. 이를 위해서 우리가 이해할 수 있는 인터페이스와 입력 내용을 충분히 분석할 수 있는 스크린에서의 시간, 출력 비교, 사용자가 목표를 달성하기 위해 무엇을 했는지 평가하는 과정이 필요했다. 만약 제대로 할 수 없었다면 그것도 일종의 반면교사와 같은 교훈이었을 것이다. 그리고 작업을 할 수 있으면 이를 실제 세계에 구현할 수 있는 비슷한 인터페이스와 비교해서 무엇이 다른지도 찾아보았다. 유사하게 구현된 것들은 캡처해서 학습에 활용했고, 나중에 이를 지지하거나 반발하는 다른 예는 설문조사를 실시하여 알아보았다.

설명: 조John는 카메라에 나타난 그롯Grot의 불안함을 보고 자신이 올바른 채널을 보고 있는지 확인한
다. 조는 자신이 올바른 장소에 전화를 걸려고 한다는 것을 확신한 뒤 수화기를 들어서 오른쪽 컨트롤
을 눌렀다. 그 반응으로 그롯의 비디오폰 조명이 깜빡이기 시작하였고 아마도 (이 영화는 무성영화다)
소리를 내고 있을 것이다.

태그들: analog, calling, communication, dial, dials, filmmetaphor, hangingup,
　　　　hangup, messages, printedoutput, telephone, telephony, tickertape,
　　　　tuning, turningoff, videophone, wristroll, wallmounted, wristtwist

그림 1.2 「메트로폴리스」(1927)

하향식Top Down

　하향식으로 조사하기 위해 데이터베이스의 의미 있는 속성마다 각
각의 설명에 태그tag를 붙였다. 그림 1.2는 「메트로폴리스Metropolis」
에 나온 벽걸이형 비디오폰에 대해 쓴 태그 세트다.

　태그된 데이터베이스의 인터페이스는 나중에 모아서 태그 클라우
드를 만들면 어떤 것이 두드러지는지 확인할 수 있다. 태그를 분석한
결과 가장 많이 나타난 단어는 반짝임glow, 스크린screen, 빨강red, 파
랑blue, 비디오video, 홀로그래피holograph였다(그림 1.3). 다음으로 어
째서 이런 태그가 자주 나타나는지 확인하기 위해 비슷하게 태그된
인터페이스와 비교하고 이들의 공통점과 차이점, 그리고 실세계 인
터페이스와도 비교했다.

그림 1.3 이 태그 클라우드는 Wordle.net이라는 도구를 이용하여 만들었다. 주요 하향식 테마들을 나타낸다.

유사점 추적Chasing Similarities

또 한 가지 방법은 개인적으로 관찰하여 유사한 것을 알아내 추적해서 묶는 것이다. 예를 들어 동작 인식 기술의 팬이라면 동작 인식 인터페이스에서 컨트롤하는 동작이 서로 다른 작가와 다른 스튜디오에서 제작된 영화나 텔레비전 드라마이더라도 비슷하게 나타난다는 것을 알 것이다. 어떤 일이 벌어진 것일까? 샷을 찍을 때 동작 관련 부분에 관여하는 절대자라도 있는 것일까? 이런 유사점들 사이에 어떤 비밀이 숨어 있는 것일까? 기존의 인터페이스나 상식 또는 어떤 이유가 있을까? 이런 종류의 질문을 하며 접근하는 것은 하향식 접근과 유사하다. 그러나 이는 태그해서 질문을 끄집어내는 것이 아니라 특정한 추적 질문을 해서 진행한다(동작 인터페이스와 관련한 질문과 답변은 5장 참조).

그림 1.4 「2001: 스페이스 오디세이」(1968)

변증학Apologetics(헬라어 '아폴로기아Apologia'에서 유래한 것으로 '방어' 또는 '변호한다'는 뜻. 기독교인이 교회 밖의 사람들에 대해 신앙을 방어하고 변호하려는 목적으로 발전시킨 학문)

마지막으로 가장 효과적인 기법이 변증학이다(신학에서 차용했다). 보이는 것처럼 동작할 수 없는 인터페이스를 발견하면, 우리는 왜 그런지 변명할 거리를 찾았다. 인터페이스가 그려진 대로 동작할 수 있는 방법을 생각하는 것이다. 몇몇 사례에서는 기술이 어떻게 동작해야 하는지 흥미로운 인사이트를 찾을 수 있었다.

그 예는 「2001: 스페이스 오디세이2001: A Space Odyssey」에서 볼 수 있다. 플로이드 박사는 지구를 도는 우주 정거장에서 비디오폰으로 지구에 있는 딸과 통화한다. 해당 장면을 보면 어린 딸이 손으로 전화기 키패드를 눌러도 통화가 끊어지지 않는다(그림 1.4). 이것은 아마도 감독이 의도한 것이라기보다 간과한 것일지도 모르지만, 시스템이 제대로 동작한 것으로 간주해 보자. 만약 시스템이 어린아이가 조작하고 있다는 것을 알았고, 버튼을 누른 것이 의도적이 아니라면 그런 입력은 무시하고 통화를 중단하지 않는다. 이런 가정은 영화 제작자가 생각하지 못한 매우 복잡한 기술과 인터페이스 아이디어다. 이런 식으로 원칙을 현실 기술에 적용할 수도 있다.

이런 기법은 다른 방법과 달라 실용적인 독자라면 뭔가 의문이 들 것이다. SF 인터페이스 디자이너가 과연 여기에서 검증하는 것처럼 꼼꼼하게 생각했을까? 디자이너는 그렇게까지 상상하지 않았을 것이다. SF 인터페이스는 기본적으로 순수한 영감의 산물이다. 그리고 충분하게 연구하지도 못하고, 조심스럽게 고민할 시간이 많지 않은 상황에서 마감 시간에 임박해 만들곤 한다. 그러나 우리는 마치 디자이너가 의도한 대로 만들었다고 생각하고 검사해야 한다. 비평할 때는 작가의 의도를 파악하는 것이 중요하다. 우리는 의도를 역공학하지 않고 인터페이스를 보지만, 이렇게 하지 않으면 계속 또 다른 예측을 해야 하는 악순환에 빠질 수도 있다.

우리는 이런 다양한 기법을 이용해서 이 책을 집필했다. 상향식 접근은 개별적으로 많은 레슨을 제공하며, 하향식 접근은 검토해야 하는 수많은 작품에서 신뢰성 있는 주장을 펼칠 때 도움이 된다. 그리고 이 책의 구조를 잡았다. 유사점 추적 기법은 볼륨 프로젝션(4장), 동작(5장) 등에서 쓰였다. 변증학은 인간의 관점과 이야기의 관점에서 새로운 인터랙션 아이디어의 가능성을 탐구할 수 있었기에 결과가 충분히 만족스러웠다.

레슨의 형태

우리의 목적은 다양한 레슨을 찾아내서 유용한 포맷으로 제공하는 것이다. 우리는 독자가 책을 읽으면서 그런 부분을 쉽게 포착하고, 건너뛰면서 읽더라도 빨리 찾을 수 있도록 하기 위해 레슨을 녹색 글꼴로 정리했다. 레슨 제목은 의미를 확실히 전달하려고 명령어로 정하였다.

가끔 조사와 상관없이 분석하기도 했다. 이런 종류의 레슨은 Opportunity(기회)라고 표현했고, 레슨과 비슷한 형태로 표시하였다. 마지막으로 우리는 하나하나의 레슨을 찾기 쉽고 세트로도 볼 수 있게 본문 뒤에 다시 정리해 놓았다.

SF에서 영감 찾기

2000년 어느 날, 더글러스 콜드웰Douglas Caldwell은 10대 아들과 「엑스맨」을 보았다. 더글러스는 SF를 즐기지 않지만 아들과 함께 시간을 보내기로 한 약속 때문이었다. 그는 영화를 보고, 매일 골머리를 싸맸던 2000년 묵은 문제의 해결책을 찾아내고는 너무나 놀랐다.

거의 클라이맥스에 다다른 시점이었다. 엑스맨들이 둥근 금속 재질로 만든 커다란 디스플레이 탁자 근처에 모여 있었다. 키클롭스Cyclops(「엑스맨」의 주요 등장인물로 눈에서 강력한 레이저 광선을 뿜기 때문에 항상 커다란 선글라스를 끼고 다닌다)가 그들에게 임무를 설명하자 수백 개의 작은 핀이 아래위로 움직이더니 탁자 위에 지도가 나타나고 테이블 위의 모양이 바뀌었다(그림 1.5).

더글러스가 이 기술을 그토록 중요하게 생각한 이유는 미국 육군 지형공학센터US Army Topographic Engineering Center에서 일하기 때문이다. 그의 임무는 전장에서 장군들이 전투 극장theater of battle(전장을 브리핑하는 상황판 등을 통칭)을 정확하게 연구하고 전술을 숙고할

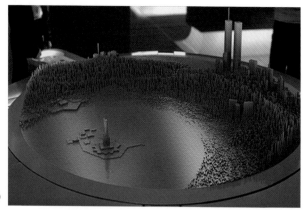

그림 1.5

「엑스맨」 (2000)

그림 1.6

미국 린던 존슨 Lyndon Johnson 대통령이 베트남 전쟁 동안 케산Khe Sanh 기지에서 모래 탁자를 이용해 보고를 받았다.

수 있도록 3D 지도를 효과적으로 만드는 것이다. 이런 지도를 수천 년 전에는 장군들이 모래를 뿌려서 만들었다고 해서 '모래 탁자sand table'라고 불렀다. 군대 지휘관들은 그때까지도 더 좋은 지도가 없어서 같은 방식으로 전장을 파악하였다(그림 1.6).

현대의 3D 모래 테이블의 가장 큰 문제점은 매우 정확하지만 무척 비싸고, 정적이며, 옮기기 어렵고, 지형을 잘못 예측하면 쓸모가 없었다.

「엑스맨」에 등장한 애니메이션 핀 보드animated pin board는 이런

그림 1.7
뚜껑이 개방된 제노트랜 마
크Ⅱ 다이내믹 샌드 테이블.

문제를 한번에 해결했다. 이 테이블은 세계의 모든 지역과 지형을 표현하고 척도의 변환도 자유로우며 언제든지 볼 수 있다.

그는 출근하자마자 영화 장면을 참조한 제안요청서를 작성했고, 군계약자들도 이를 보고 비슷한 영감을 받았다. 제안요청서를 보고 제안서를 작성한 제노비전Xenovision이 개발 계약을 따낸 뒤 4년 뒤에 실제로 모델을 개발하여 납품했는데, 이것이 제노트랜 마크 Ⅱ 다이내믹 샌드 테이블Xenotran Mark Ⅱ Dynamic Sand Table이다(그림 1.7).

마크Ⅱ는 독립적으로 움직이는 작은 금속 막대가 새로운 표면을 구성하는데, 그 양상은 「엑스맨」에 나오는 것과 유사하다. 물론 개발 팀은 이 개념에서 한발 더 나아갔다. 그들은 핀을 얇은 흰색 고무 시트로 덮어서 핀 사이의 표면을 더욱 부드럽게 표현하였고, 위에서 표면에 영상을 투사해서 지형이 항상 최신 위성 영상으로 표현되며 데이터가 그 위에 표시되도록 했다(그림 1.8). 시간과 함께 지형이 바뀌기도 하며, 현실과 더욱 유사하게 움직이는 표면을 구현했다. 그 결과 바다에서 쓰나미가 몰려오거나 오랜 시간에 걸쳐 변하는 풍경도 보여 줄 수 있었다.

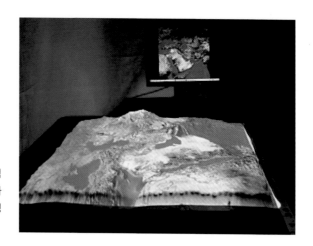

그림 1.8

제노트랜 마크 Ⅱ 다이내믹 샌드 테이블 영상의 정지 화면. 활성화한 지형과 위성 영상이 투사되어 있다.

이 이야기에서 가장 중요한 교훈은 더글러스가 이 영화를 보지 않았다면 이 기술을 개발하지 못했을 것이라는 사실이다.

LESSON SF를 활용하라

SF는 즐기는 수준 이상을 서술하기에는 제약이 있지만 분명 생각할 수 있는 기술을 제시한다. SF는 무엇이 가능하고, 무엇이 이상적이며, 어떤 것이 멋진지 영감을 준다. 이 책은 당신이 SF를 보고 많은 영감을 받아 세상을 바꿀 수 있게 준비하도록 북돋는다.

이제 시작이다

이제 우리는 우리의 한계와 의도를 전체적으로 설명했으며, 어떻게 진행하면 될 것인지 내비게이션 컴퓨터에 좌표를 입력하였다. 이제 빛의 속도로 여정에 합류하는 일만 남았다.

CHAPTER 2

기계적 컨트롤

SF는 언제나 현재라는 뿌리에서 태동하고, 언제나 현재의 패러다임을 반영한다. 이런 현상은 디바이스와 상호작용하는 기계적 인터페이스와 기계적 컨트롤에서는 그다지 명확하지 않다. 버튼이나 노브knob(둥그런 다이얼 형태의 손잡이), 스위치는 현재에도 수준이 더 높은 기계적 또는 가상 컨트롤을 구현할 수 있는데도 현실 세계에서나 SF에서 인터랙션 컨트롤의 주류로 자리 잡았다. 그 이유는 역사와 전통 때문이다. 현재 터치스크린 같은 디지털 컨트롤은 기술적으로 사용할 수 있다. 또 다른 이유는 인간의 손가락 촉각은 매우 민감한데 이런 미세한 감각을 이용한 점도 무시할 수 없다. 그러면 1902년으로 돌아가서 이런 기계적 컨트롤이 어떻게 등장했고 어떤 역할을 했는지 알아보자.

처음에는 기계적 컨트롤이 없었다

SF 영화의 효시라고 하는 「달세계 여행Le voyage dans la lune」을 보면 인터페이스라고 할 만한 것이 하나도 보이지 않는다는 사실에 놀랄 것이다. 천문학자들은 로켓의 문을 단지 밀고 들어갈 뿐 그 흔한 핸들조차 보이지 않는다(그림 2.1). 로켓을 발사할 때에도 대포에 장전한 포탄처럼 그냥 달로 발사한다. 이 짧은 영화가 보드빌리언 vaudevillian(16세기 중엽 프랑스에서 발생하여 유행한 풍자적인 노래가 무대 예술적인 요소와 결합한 희극. 풍자 정신으로 18세기 프랑스 연극이나 가극에 많은 영향을 끼쳤고, 미국에서도 19세기 말에 유행하며 대규모로 발전한 희극 장르) 코미디 스타일을 따른 것을 감안하면 인터페이스가 없는 것 자체가

그림 2.1
「달세계 여행」 (1902, 수작업으로
컬러 복각한 화면)

그리 놀라운 사실은 아니다. 그렇지만 이 영화가 20세기로 막 전환한
시기에 개봉했고, 당시 실제로 현대적 감각의 인터페이스가 매우 적
은 현실을 반영한 점도 있다. 관객과 영화제작자는 산업시대 패러다
임으로 바라보았다는 점에서 비슷했다. 당시에는 기계적 컨트롤이 매
우 적었는데, 레버를 잡아당기거나 버튼을 누르고 노브를 돌리는 등
의 물리적 힘을 가해서 인터랙션하는 것이 대부분이었다.

'직접'보다 더 직접More Direct Than 'Direct'

산업시대 때 사용자는 자신이 이용하던 직접적이고 기계적인 피드백의 인터페이스만 경험했
다. 예를 들어 레버를 밀면 기계는 적절하게 움직였다. 그러므로 원인과 결과 사이에 추상적인
것은 거의 없었다. 그런데 컴퓨터 시대가 되자, 원인과 결과 사이에 기계 회로가 연결되어 추
상화가 가미된 피드백이 생겼다. 버튼을 누르면 사실 다양한 형태의 반응이 나타났다. 심지어
는 아무 반응이 없을 때도 있다. 이런 추상화는 훗날 DOS 프롬프트를 개발하는 발판이 되었다.
　그래픽 사용자 인터페이스, GUI 개발은 일부 물리적 세계의 원칙을 컴퓨팅 경험에 접목한
것이다. 예를 들면 파일 아이콘을 끌어다가 폴더 아이콘에 놓는 것은 해당 데이터를 옮기거나
복사하는 행위다. 디자이너는 이와 같이 사용자 액션과 인터페이스 요소 사이의 밀접한 관계
를 과거의 텍스트 인터페이스에서 명령어를 입력하던 것보다 더욱 직접적이기 때문에 '직접
조작direct manipulation'이라고 부른다. 이런 물리적인 은유가 숨어 있음에도 기계적 조작은 '직
접 조작'보다 훨씬 직접적이다.

1920년대를 지나 1930년대에 들어서자 선진국은 전기 시대가 되었다. 버튼과 스위치, 노브 등을 산업 기계와 소비자 상품 등에 도입하여 매일 사용하기 시작했다. 그 결과 기계적 컨트롤이 SF에도 등장했다. 1927년 디스토피아를 그린 영화 「메트로폴리스」의 로어시티 Lower City에는 컨트롤 패널이 등장하는데, 이 패널의 인터페이스는 많은 전기 출력 계기와 컨트롤로 빼곡하다(그림 2.2). 이러한 버튼이나 슬라이더(라디오의 볼륨 조절 장치처럼 상하·좌우로 왔다 갔다 하는 부분), 노브 등의 기계적 컨트롤은 한동안 대세를 이어나간다.

제1차 세계대전도 SF 인터페이스의 물리적 형태에 영향을 미쳤다. 군대에서 기술을 배운 사람들이 사회로 복귀하여 소비자이자 관객, 그리고 SF 제작자로 활동했기 때문이다. 1939년에 등장한 「벅 로저스 Buck Rogers」 시리즈에 이런 경향이 특히 잘 나타난다. 버튼은 이 시점에 이미 일상적으로 쓰였고, 몇 개의 노브로 컨트롤할 수 있는 '텔레비Tele-vi'라는 벽걸이 뷰어는 오늘날의 텔레비전과 유사하다(그림

그림 2.2
「메트로폴리스」(1927)

그림 2.3a - c 「벅 로저스: 토성의 비극」 (1939)

2.3a). 랭킨 선장과 휴어 교수가 포착한 킬러 케인Killer Kane의 우주선 가운데 하나를 벅이 조종한다고 추측한 그들은 옆에 있는 '무선실radio room'로 가서 호출한다(그림 2.3b, c). 현대의 관객은 이 장면을 보고 어리석다고 생각할 것이다. 왜 그들은 원래 있던 자리에서 호출하지 못할까? 하지만 당시 군사 기술 수준에서는 이런 무선실이 당연했다. 잠망경이나 바깥을 보는 다른 디바이스와 멀리 떨어져 있어도 무선실에 설치한 장비를 이용해서 통신해야 하는 그런 관행을 반영한 것이다.

SF는 우주여행을 바다 여행의 메타포Metaphor(원래 문학에서 나온 것으로 은유를 의미한다. 표현하고자 하는 대상을 다른 대상에 비겨서 표현하는 것을 말한다)를 확장해서 많이 이용했다(우주 비행사를 의미하는 astronaut라는 단어도 원래는 '별 항해사star sailor'라는 뜻이다). 1940년대와 1950년대에 제작한 SF 영화 「금지된 세계Forbidden Planet」가 전형적인 예다. 이 영화에서는 우주선 인터페이스를 제2차 세계대전 때 사용한 커다란 배 안의 제어실control room 유형을 기계적 컨트롤의 뱅크(기계가 둑처럼 길게 늘어선 것들)로 묘사했다(그림 2.4).

그림 2.4 「금지된 세계」 (1956)

LESSON 사용자가 이미 알고 있는 것을 토대로 구축하라

「메트로폴리스」나 「벅 로저스」의 사례에서 알 수 있듯이 새로운 인터페이스는 사용자가(그리고 관객이) 이미 알고 있는 내용을 토대로 구축해야 이해하기 쉽다. 인터페이스가 너무 낯설면 사람들은 동작 방법을 이해하려다가 포기하고 만다. 특히 초보 사용자거나 기술에 별 관심이 없는 사람에게 중요한 이야기다. 또한 가끔 이용하거나 관심이 분산될 때에도 흔히 일어나는 상황이다.

따라서 인터페이스에 익숙한 대로 순서를 정하고, 요소가 어떤 것인지, 이것이 어떻게 결합하는지 쉽게 배울 수 있어야 한다. 이것은 현재 인터페이스 전통이나 물리적 세계에 잘 적용하는 컨트롤을 구축하라는 의미다. 메타포는 이런 종류의 학습에서 사람들이 이미 알고 있는 것과 새롭게 직면할 인터페이스 요소 사이를 연결하는 다리 역할을 한다. 다만 메타포를 너무 과도하게 이용하면 초점이 없는 스큐어모피즘skeuomorphism(그리스어로 용기나 도구를 의미하는 Skeuos와 형태를 의미하는 morphe라는 단어를 합성한 것으로 '원래 도구의 형태를 그대로 따라가는 양식'을 말한다. 쓰임새 또는 재료에 따라 자연스럽게 발전한 도구의 형태와 요소 등이 재료나 매체가 변하더라도 그 형태와 요소를 의도적으로 유지하도록 하는 것을 의미한다. 아이폰의 iOS 초기 인터페이스가 이런 철학에 근거하여 디자인된 것으로 유명하

다)이 될 수 있고, 사용자가 메타포와 인터페이스의 간극을 느끼면 혼동할 수 있으므로 조심해서 이용해야 한다.

가끔 초기 SF의 기계적 컨트롤은 「금지된 세계」의 이미지처럼 디스플레이와 따로 떨어져 열을 지어 장치된 것을 알 수 있다. 일부에서는 1951년 작품인 「세계가 충돌할 때When Worlds Collide」에 나타난 것처럼 프로덕션 디자이너가 디스플레이 주변에 컨트롤을 배치하기도 한다. 이 경우 사용자의 액션과 시스템의 결과가 조금 더 연결되어 보인다. 그림 2.5와 같이 V와 F 노브는 각각 우주선의 궤도를 컨트롤하는데, 디스플레이에 하얀색 점이 빨간색과 녹색 라인을 따라 나타난다.

「벅 로저스」에서는 커뮤니케이션 인터페이스의 두 부분이 분리된 방에 나타난다. 휴어 교수가 벅에게 이야기하고 싶다면 교수는 무선실로 달려가서 구두 명령으로 입력을 하고 다시 텔레비로 돌아와서 벅이 진행하는 것(출력)을 봐야 한다(그림 2.3b, c). 「벅 로저스」 시나리

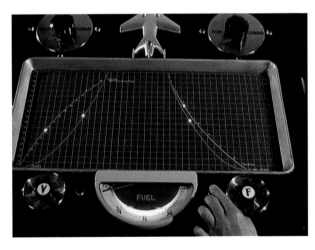

그림 2.5
「세계가 충돌할 때」 (1951)

오는 효과적인 피드백 루프라는 측면에서 거쳐야 하는 과정이 너무 많다. 「세계가 충돌할 때」의 내비게이션 인터페이스는 훨씬 밀접해서 컨트롤을 돌리면 출력 스크린과 연료 게이지에 바로 결과가 나타나기 때문에 항해사는 일이 훨씬 줄어든다. 만약 V와 F 컨트롤이 다른 방에 있다면 이 얼마나 끔찍한 재앙이겠는가?

LESSON 피드백 루프를 강화하라

인터랙션 디자인에서 입력과 출력 사이의 사이클이 어떤 원하는 상태를 향해 나아갈 때 이를 피드백 루프feedback loop라고 한다. 이 루프가 더 빠르고, 자연스러울수록 사용자는 시스템에 집중하고 원하는 상태로 나아가기 쉽다. 모든 컨트롤이 스크린에 있고 기계적이지 않더라도 디자이너가 이 루프를 잘 관리한다면 보다 효과적인 사용자 인터랙션을 만들 수 있다.

이 당시 SF는 현실주의에 입각한 미래를 그려냈다. 「데스티네이션 문Destination Moon」은 실질적인 과학을 바탕으로 이야기를 구성하여 달로 가는 여정을 사실적으로 묘사했는데 아폴로 11호가 발사되

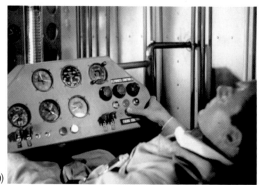

그림 2.6
「데스티네이션 문」(1950)

그림 2.7
「꿈의 디자인」(1956)

기 19년 전 일이다. 유명한 SF 작가 로버트 하인라인Robert Heinlein 이 이 영화에서 기술을 조언했는데, 당시 경쟁 작품들은 많은 버튼 과 스위치, 그리고 동그란 손잡이를 최대한 많이 배치해서 뭔가 있 어 보이려는 것에 주력했다면 「데스티네이션 문」은 심각하고 현실 적인 스토리를 살리기 위해서 실제 상황을 최대한 고려한 컨트롤과 디스플레이를 나타냈다(그림 2.6). 당시로서는 완전한 소설이고 허구 임에도 현실을 최대한 반영한 영화였다. 이 인터페이스는 실제 우주 선의 프로토타입과 크게 다르지 않게 디자인되었다.

1950년대까지 SF 영화에서 버튼과 스위치, 노브는 골치 아픈 내용 을 해결하는 만병통치약이었다. 예를 들어 GM이 1956년 개최한 모 토라마 오토 쇼는 가장 유명하다. 기업이 브랜드 가치를 높이기 위해 처음으로 진지한 픽션speculative fiction을 시도한 사례로 꼽히는데(기 술적으로는 SF가 아니지만 여기에 언급하기 충분한 내용이다), 멜로드라마 같 은 산업 영화 「꿈의 디자인Design for Dreaming」도 그렇다. 내용은 가 까운 미래에 주부가 춤을 추면서 부엌에서 음식을 준비하는 것이다

(그림 2. 7). 케이크를 굽고, 접시를 나르고, 청소하는 일이 단지 버튼만 누르면 해결되었다.

1950년대부터 1980년대까지 기계적 컨트롤 트렌드는 지속되었으며, 가끔 새로운 인터페이스 패러다임도 소개되었다. 1951년 「지구 최후의 날The Day the Earth Stood Stil」)에 나오는 로봇 고트Gort와 1979년 텔레비전 시리즈 「별들의 전쟁Buck Rogers in the 25th Century」에는 테오폴리스 박사와 트위키(로봇의 이름)를 연결하는 음성 인터페이스가 나오고, 「스타트렉」이나 「2001: 스페이스 오디세이」에는 인공지능이 등장한다. 「지구 최후의 날」에는 동작 인터페이스도 등장하는데, 이에 대해서는 5장과 6장에서 다룬다. 그렇지만 이런 대안적인 인터페이스는 여전히 드물었다. 패러다임이 바뀌는 이유는 의외로 부족한 예산 때문이었다.

한때 사라진 기계적 컨트롤

1980년대 중반 「스타트렉: 넥스트 제너레이션」을 제작하기로 했을 때 준비된 예산은 「스타트렉 오리지널 시리즈」의 보석 같은 버튼을 제작할 수준에도 미치지 못했다(그림 2.8a). 이에 제작 디자이너 마이클 오쿠다Michael Okuda와 스태프는 버튼 대신 비용이 훨씬 저렴하면서도 우아해 보이는 대안을 찾아냈다. 바로 플라스틱 필름에 백라이트를 적용하여 컨트롤을 나타내는 그래픽을 인쇄하는 것이었다(그림 2.8b). 그 결과 미래를 잘 나타내는 것처럼 보이면서도 비용 효율도 매우 높았는데, 이때를 기점으로 우리가 요즘 보는 SF 장르의 인

그림 2.8a, b
「스타트렉 오리지널 시리즈」(1968), 「스타트렉: 넥스트 제너레이션」(1987), LCARS 인터페이스

터페이스 패러다임이 바뀌었다. 「스타트렉」에서는 이 인터페이스를 LCARSLibrary Computer Access and Retrieval System라고 불렀다. 영화 속의 어느 누구도 이 용어를 말하지 않지만, 온-스크린 인터페이스 일부에 나타난다(이 부분은 다음 장 비주얼 디자인 케이스 스터디에서 보다 자세히 다룰 것이다).

오쿠다의 새로운 인터페이스가 등장하기 전인 첫 번째와 두 번째 「스타트렉」 시리즈 사이에 실험적인 인터페이스가 등장한다. 그중 하나가 1982년 네덜란드 컴퓨터 회사인 클라에센스Claessens가 발표한 그래픽 워크스테이션 에스테데스Aesthedes 컴퓨터다(그림 2.9). 이 컴퓨터의 기능은 테이블 상단 표면에 가지런히 정렬되어 있다. 각각의 기능은 분리된 버튼으로 표현했고, 논리적인 그룹에 맞추어 배열했다. 그래서 컨트롤의 데스크톱이라고 말할 정도로 표면이 넓은데, LCARS 인터페이스와 같이 버튼에는 요철이 없고, 전체 표면이 연결된 막의 일부로 구성되어 있으며 라벨과 경계가 인쇄되어 있다. 그리고 이들 버튼 아래에는 간단한 접촉 센서가 있어서 버튼의 눌림을 감지했다. 이것은 과도적 기술인데, 특성을 보면 아직도 기계적 컨트롤이지만 과거에 활용하던 버튼과는 매우 달랐다. 이들은 LCARS와 같은 인터페이스로 나아가기 위한 중간 단계지만, LCARS와는 달리 고정되어 있고 디스플레이도 아니다. 이런 유형의 기계적인 인터페이스와 가상 인터페이스의 경계에 해당하는 기계적 인터페이스는 결국 많이 채택되지 않았지만, 주로 실험적으로 활용되었고 「스타트렉: 넥스트 제너레이션」과 같이 하나의 옵션이 되었다.

적은 것은 많기도 하고, 적기도 하다Less is More and Less

모드는 적지만 컨트롤이 많은 것보다 컨트롤의 수가 적고 모드가 여러 개인 것이 나을까? 그림 2.8과 그림 2.9의 「스타트렉」과 에스테데스의 예에서 알 수 있듯이 각각의 버튼 컨트롤은 단지 하나의 기능만 수행한다. 반면 최근 컴퓨터 시스템은 보통 컨트롤이 여러 임무를 수행한다. 예를 들어 키보드의 A 키는 대문자 A와 소문자 a를 다 표현하는 식이다.

이 질문은 디스플레이에도 적용된다. 모드의 수는 적고 디스플레이 수가 많은 것보다 적은 디스플레이에 여러 모드가 있는 것이 나을까? 「스타트렉」은 서로 다른 정보와 같은 정보의 서로 다른 장면을 몇몇 스크린에 나타내지만, 에스테데스에서는 정보의 종류가 다르면 스크린이 달라지기 때문에 스크린의 수가 많다.

쉽게 사용하는 것과 컨트롤 사이의 긴장감은 인터랙션 디자인에서 가장 중요한 요소다. 하나로 모든 것을 제어하는 해법이 있는지는 확실하지 않지만, 핵심은 사용자의 인터페이스 경험이 가장 중요한 결정 요인이 되도록 해야 한다. 훈련을 받지 않은 사용자 또는 가끔 사용한 사람도 쉽게 배울 수 있고, 단기 기억에 대한 부담을 줄이기 위해서는 더 많은 컨트롤에 명확한 라벨과 함께 적은 모드를 제공하는 것이 낫다. 그러나 전문적인 사용자에게는 적은 컨트롤에 쉽게 접근할 수 있는 기억 가능한 모드를 제공하는 것이 속도와 효율을 높이는 데 도움이 된다.

이 이슈는 또한 디자인의 제약과 비용과도 연관이 있다. 「스타트렉: 넥스트 제너레이션」에 구현된 LCARS 인터페이스는 커다란 백라이트 컨트롤 패널을 이용해서 많은 기계적 스위치를 가진 「스타트렉 오리지널 시리즈」의 제어 패널을 구성하는 데 들어가는 비용을 줄였다. 또한 에스테데스는 더 적은 수의 컴포넌트 부품으로 구성되어 저렴한 IBM PC XT와 경쟁해서 이길 수 없었다. 산업 디자인업계에서 일하는 디자이너는 이런 제약 사항과 사용성, 그리고 학습의 용이성 등에 균형을 잘 맞추어야 한다.

다른 인터페이스와 공존

최첨단 디지털 컨트롤이 등장하는데도 현대 SF에서는 여전히 기계적 컨트롤을 사용한다. 새로 시작한 「스타트렉」 영화에도 엔터프라이즈호 인터페이스에 터치스크린과 기계적 컨트롤을 혼용했다. 우주선 키의 제어판이 기계적 컨트롤로 바뀌면서 배나 비행기 등에서 비슷한 컨트롤을 본 관객은 친밀감을 느낀다.

기계적 컨트롤의 장점은 터치스크린 컨트롤과 달리 단지 손가락 끝에 맞춘 것이 아니라 전체 손에 딱 맞도록 디자인하여 인체공학적인 형태를 띠며 촉각적 피드백이 풍부하다. 또한 기계적 컨트롤은 사용자가 미세한 작동까지 제어할 수 있고 산업 디자인 자체도 사용 방법을 알 수 있다. 즉 버튼이나 둥그런 손잡이 형태는 최적의 위치 그리고 이느 정도 힘을 가해야 하는지 사용자와 훨씬 쉽게 커뮤니케이션 할 수 있다.

둥그런 손잡이의 지름과 이를 돌릴 때 필요한 손가락의 힘을 미세하게 조절하거나 반대로 어렵게 할 수도 있다. 이는 컨트롤을 쉽고 편안하게 만들기도 하지만, 어떤 행동을 하기 쉽게 만들며, 물리적인 형태를 이용해 기능과 소통하도록 한다. 이런 속성을 인터랙션 디자이너는 '어포던스affordance'라고 부른다.

▶ LESSON 미세한 운동 조작이 필요하면 기계적 컨트롤을 써라

기계적 컨트롤은 미세한 운동 조작이 필요할 때 더 적합하다. 스크린 컨트롤은 미세한 동작을 제어할 수 없으며, 많은 사용자가 트랙패드나 터치 인터페이스는 어떤 것을 움직이거나 특정한 위치를 잡고 있을 때 지나치게 민감하다고 느낀다. 즉 손가락으로 둥그런 손잡이를 잡고 있다면 그 위치가 쉽게 흔들리지 않지만, 터치스크린 컨트롤로 위치를 변경하려면 매우 민감하게 느낀다. 사용자가 누르지 않고 단지 버튼 위에 손가락을 올려놓을 수 있는데, 이때 스크린 버튼은 의도하지 않았는데도 활성화한다.

▶ LESSON 신기술에 좌우되지 말고 용도에 맞게 사용하라

마이크로소프트의 키넥트 같은 동작 인식 기술이 발전하고 있지만 어떤 조작에는 아직도 기계적 컨트롤이 편안하고 쉽다. 키보드 타이핑을 키넥트로 하는 것은 굉장히 불편하고, 일부 간단한 컨트롤러로 하는 것은 어느 정도 괜찮지만, 이 또한 목적에 최적화한 물리적 키보드가 가장 좋다. 음성 컨트롤은 키보드를 구식으로 보이게 하지만 이 또한 사용에 제약점이 많다.

스크린 기반 컨트롤은 적절한 위치를 클릭할 때 반응하고, 버튼을 공통적으로 배열해 기계적 컨트롤의 일부 기능을 흉내 낸다. 그리고 스크린 기반 컨트롤은 기계적 컨트롤이 할 수 없는 것도 한다. 예를 들어 애니메이션 효과나 필요할 때만 나타나

그림 2.10 「스타트렉」(2009)

거나 맥락에 맞게 변하는 기능 등이다. 작업에 적절한 컨트롤을 찾는 것이 중요한 이유는 아직도 최신 고성능 스마트폰에서 볼륨이나 홈버튼, 전원버튼 등에 기계적 버튼을 이용하기 때문이다.

기계적 컨트롤은 실제 디자인이나 공학적으로 재질 비용과 희소성 트렌드와 밀접한 연관이 있다. 한때 버튼이나 다른 컴포넌트는 상대적으로 저렴했는데, 이것은 재질과 제조 공정과 연관이 있다. 재료나 설치, 관리 비용 등이 오르면 그런 컨트롤은 수요가 감소한다. 최근 많이 활용하는 터치스크린 인터페이스는 특별한 추가 비용 없이 다양한 기능을 포함하기 때문에 기계적 컨트롤 사용이 많이 줄었다. 또한 버튼이 너무 많으면 구별이 잘 안 되어 혼동이 가중된다.

예를 들어 「스타트렉」 인터페이스의 계보를 살펴보자. 오리지널 시리즈에는 빛나는 수많은 버튼이 나타나 때때로 사용자를 원형으로 감싼다(이는 사각형 배열보다 더 복잡하다). 다음 시리즈 「스타트렉: 넥스트 제너레이션」은 예산이 그다지 많지 않아서 컨트롤 인터페이스에서 기계적 버튼이 거의 사라지고 평면 터치스크린으로 대체되었다. 인터페이스가 이렇게 바뀐 이후 텔레비전 시리즈 전반과 후속 영화에서도 유지되었는데, 최근 상영된 「스타트렉」에서는 기계적 인터페이스와 터치스크린 인터페이스를 미적으로 잘 조화한 컨트롤 패널을 선보였다.

　주의할 점은, 하이브리드 컨트롤이 잘못된 위치에 있는 것처럼 보이거나 심지어는 우스꽝스럽게 보인다는 것이다. 가장 우스운 예는 「스타트렉: 최후의 반격Star Trek: Insurrection」 클라이맥스에 나온다. 「스타트렉」 시리즈의 유명한 상징인 터치스크린 인터페이스 LCARS를 이용해서 우주선의 대부분을 제어하는데, 라이커는 우주선의 컴퓨터에 자신이 엔터프라이즈호를 적 앞에서 조종하기 위해 수동 조종간에 접근해야 한다고 말한다(그림 2. 11). 그리고 그는 조이스틱을 이용해서 메트레온 가스metreon gas를 분사하고 폭발하는 덫을 놓는다. 사실 이 인터페이스가 이 상황에서 나쁜 인터페이스라는 것이 아니라 이보다 더 나을 수 있었다는 말이다. 웃기는 것은 영화에서 이 상황이 될 때까지 우주선을 조종하고, 무기를 이용하는 상황에서 한 번도 이 인터페이스를 사용한 적이 없다는 사실이다. 만약 이 인터페이스가 무기 조종에 그렇게 유용하고 더 좋았다면, 어째서 스토리상의 전투에서 한 번도 쓰지 않았을까?

그림 2.11
「스타트렉: 최후의
반격」 (1998)

기계적 컨트롤은 몇몇 분야에서는 쓰임새가 더 좋지만 다양한 기능을 수행하기는 쉽지 않다. 터치스크린 버튼 같은 비기계적인 컨트롤은 다른 컨트롤로 변화가 쉽지만 단일한 종류의 촉각 피드백을 줄 수 없으며, 보지 않고서 변화를 확인할 수 없다. 또한 이들의 동작 여부에도 의문이 생긴다. 그러므로 다양한 상황과 분야에 맞도록 적절하게 조합한 인터페이스를 디자인하는 것이 좋다.

기계적 컨트롤과 무드의 관계

SF에서 기계적 컨트롤은 분위기를 조성하는 용도로도 활용한다. 기계적 컨트롤만을 활용하면 전체적으로 스팀펑크 또는 대체 역사물 alternate-history("인류의 지난 역사가 기존 사실과는 다르게 전개되었다면 어떻게 되었을까?"라는 가정에서 출발하는 일련의 소설 장르)의 분위기를 풍길 수 있다. 영화 「브라질」을 보면, 여러 시대의 다양한 요소를 조합하여 강압적이고 익명적이며, 초관리hyper-administrative(빅 브라더와 같은 강력한 독재권력이 세세하게 관리하는 것)적인 미래의 위험성을 알리고 있다(그림 2. 12). 관객이 친숙한 컨트롤에 편안함을 느낀다면, 디스토피아적인 정보 시대의 악몽을 표현하는 데 어려움이 있었을 것이다.

LESSON 게슈탈트gestalt는 사용자에게 중요하다

「브라질」에 등장하는 인터페이스는 실제로 사용할 수 없을 것처럼 보인다(그림 2. 12). 그것은 그냥 함부로 버려진 프로토타입처럼 보인다. 그리고 사용하기 어렵고 쉽게 부서질 것만 같다. 테리 길리엄Terry Gilliam 감독은 영화 전반에서 디스토피아의

그림 2.12 「브라질」(1985)

분위기를 풍기는데, 그런 의미에서 우리는 이런 컴퓨터 인터페이스를 실세계 시스템에서 만들면 안 된다고 생각할 수 있다. 시스템 인터페이스는 사용자가 자신감을 갖고 걱정 없이 사용할 수 있도록 화합이 잘되고 전반적으로 일치감이 들도록 디자인하여 완성도를 높여야 한다.

기계적 컨트롤: 제자리로 돌아올 것인가?

오늘날 SF와 현실 세계에서 사용하는 기계적 컨트롤과 가상의 컨트롤은 공존을 넘어 미래에도 계속 이어질 것이다. 이는 각각 우리 시스템에 중요한 요소로 작용하기 때문이다. 손은 촉감과 위치, 미세한 움직임이 가능한 물리적 특징을 갖고 있어서 더 나은 인터페이스를 만들어 낸다. 여기에 복잡하고 많은 인터페이스는 태블릿이나 휴대전화 같은 작은 디스플레이에 나타나기 때문에, 이렇게 작은 공간에 모든 컨트롤을 보여 주기 위해서는 요소를 바꿀 수 있어야 한다. 이는 결국 유형과 방향이 스크린마다 달라질 때 기계적인 버튼을 쓸 수 없다는 것을 의미한다. 그러므로 이들은 공존해야 하는데, 이런 공존은 놀라운 일이 아니다. 따라서 인터페이스 디자이너는 어떤 기능을 어떤 상황과 목적에 맞게 이용할 것인지 이해하고 결정해야 하며, 이들을 모두 같이 활용할 수 있어야 한다.

최근에 유행한 동작 인터페이스나 음성 컨트롤은 우리가 시스템의 일부를 누르거나 만지는 대신 우리를 보고 들으면서 반응하는 상황의 미래 컴퓨터 시스템에 대한 힌트를 제시한다. 이런 기술이 처음에는 거칠고 부정확해 보여도, 훗날 완벽한 기술이 되어 널리 이용되고 정확해지면 기계적 컨트롤은 사라지게 될까? 아니면 조르주 멜리에스Georges Melies가 「달세계 여행」에서 그렸던 것처럼 우주선 문을 단지 밀기만 해도 열리는 그런 세계로 돌아가는 걸까?

CHAPTER 3

비주얼 인터페이스

영화 「쥬라기 공원」의 팬이라면 공원에 남아 있던 방문자가 무서운 벨로시랩터 두 마리를 피해 컴퓨터실에 숨던 장면을 기억할 것이다. 어른 두 명은 필사적으로 문을 막고, 아이 둘은 컴퓨터 터미널로 달려가던 장면 말이다. 그때 렉스Lex는 스크린을 보면서 이렇게 외친다.

"이거 유닉스UNIX 시스템이야. 나 이거 알아."

정말 잊기 힘든 괴짜geek 같은 장면이다(그림 3.1).

렉스는 터미널에서 빌딩 제어 부분을 찾아 잠금장치 기능을 복구하여 벨로시랩터가 들어오지 못하게 한다. 여기서 왜 문을 잠그는 컨트롤이 문 근처에 없는지 의문이지만 일단 묻지 않기로 한다. 렉스가 워크스테이션을 쓸 때 입체적으로 생긴 독특한 사용자 인터페이스가 나타난다. 실제 당시 구할 수 있었던 실리콘 그래픽스 제품으로 3D 파일 시스템 내비게이터다.

카메라는 아이들과 컴퓨터 화면, 문을 막고 있는 어른들을 돌아가며 비춘다. 영화 제작자는 조심스럽게 렉스가 손으로 마우스를 움직

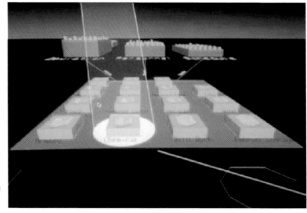

그림 3.1
「쥬라기 공원」
(1993)

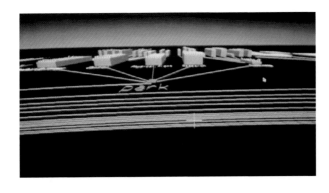

그림 3.2
「쥬라기 공원」
(1993)

이는 것을 보여 준다. 요즘과 달리 1993년에는 많은 관객이 그래픽 사용자 인터페이스graphical user interface, GUI와 윈도우 시스템, 마우스 등에 익숙하지 않았기 때문에 가능한 장면이다.

그런데 렉스가 컨트롤에 접근해서 문을 닫으려는 장면이 좀 이상하다. 처음에 수평으로 나타난 작은 블록이 3D 지도를 다시 그릴 때마다 조금씩 앞으로 나왔다(그림 3.2). 렉스는 선택한 블록이 스크린 중앙에 왔을 때에 클릭해서 컨트롤에 접근한다. 긴장을 고조시키는 음악이 흐르고 상황은 점점 더 심각해진다. 과연 렉스는 공룡이 들어오기 전에 작업을 끝낼 수 있을까? 이상한 점은 만약 그녀가 스크린의 '수평선'에 위치한 블록을 볼 수 있다면, 왜 단순하게 그 블록을 클릭해서 바로 문을 잠그지 않고 기다렸을까? 왜 그녀(그리고 관객)는 블록이 스크린 중앙에 올 때까지 기다려서 커다란 타겟이 되도록 해야 했을까?

정답은 감독과 작가가 해당 장면을 좀 더 긴장감 있게 연출하기 위해서라는 것이다. 멋진 연출 덕분에 영화의 완성도는 높았다. 하지만 굳이 그럴 필요가 있을까, 긴장감 있는 순간을 만들기 위해 신뢰를 저버린 것인데 사실 실제 이런 일이 생활에서 발생한다면 이런 인터페이스는 쉽고 빠르게 이용할 수 있어야 한다.

공간의 메타포는 위치 데이터를 조직하는 손쉬운 방법이다. 데이터가 공간적으로 정확하지 않은 상황에서도 유용하다. 예를 들어 몸이나 자동차의 공간 지도가 이에 해당한다. 「쥬라기 공원」의 3D 공간 파일 시스템은 인터페이스의 멋진 아이디어가 영화나 텔레비전 등에서 이야기로 전개될 때 얼마나 잘못 사용될 수 있는지 보여 준다. 더 중요한 포인트는 멋진 비주얼 스타일의 인터페이스가 미래 같은 느낌을 주기 위해 선택되었다는 사실이다. 감독이나 디자이너는 떠다니는 윈도우 버튼이 정렬되어 있는 당시의 표준 비주얼 인터페이스에 만족할 수 없었던 것이다. 고대 DNA 조각으로 공룡을 길러 낼 정도로 발전된 고도의 기술 시스템을 믿음직하게 표현할 수 있어야 했다.

LESSON 비주얼 디자인은 인터페이스의 근본적인 부분이다

인터랙션 디자이너는 보통 목표 지향적이고, 사용자가 목표 달성을 위한 복잡한 시스템을 다룰 수 있게 만들고자 한다. 시스템 형태는 부차적으로 중요하지만, 비주얼 디자인은 사용자의 시스템을 경쟁 시스템과 비교할 뿐만 아니라 사용자 편의성에 대한 첫인상을 형성한다는 점에서 결코 간과해서는 안 된다.[2]

간혹 디자이너는 자신과 사용자의 위험을 각오하고 겉모습을 무시한다.

---

2) Kurosu, M., & Kashimura, K. (1995). Apparent usability vs. inherent usability: Experimental analysis on the determinants of the apparent usability. In J. Miller, I. R. Katz, R. L. Mack & l. Marks (Eds.), CHI '95 conference companion on human factors in computing systems: Mosaic of creativity (pp. 292–293). New York: ACM.

무엇을 대상으로 하였나?

텔레비전과 영화는 시청각 미디어다. SF의 모든 비주얼 요소와 스타일 목록을 만드는 일은 굉장히 방대한 작업이다. 그렇기 때문에 우리는 정보나 컨트롤을 포함한 그래픽과 텍스트 사용으로 요소를 제한했다.

텍스트 기반 인터페이스

처음에 컴퓨터 인터페이스의 비주얼 디자인은 단순했다. 스크린에 간단한 텍스트와 추가 기호를 약간 보여 주는 정도였다.

커맨드 라인 인터페이스

초기 컴퓨터 인터페이스는 입력 프롬프트와 명령어, 그리고 그에 대한 반응, 시스템 상태에 이르는 모든 것을 텍스트로 표시하였다. 에니악ENIAC과 같은 최초의 저장 프로그램 컴퓨터stored-program computer(최초의 컴퓨터는 오늘날처럼 외부에서 프로그램을 입력해서 동작하는 것이 아니라 하드웨어에 프로그램을 내장한 방식이었다)는 출력물을 종이로 된 펀치 카드로 내보냈고, 프로그래머는 이것을 읽어내야 했다. 이후 시분할 시스템이 나오면서 원격지에서 접속해서 통신할 수 있는 원격 텔레타이프 터미널을 이용하였고, 시스템 상태나 명령어를 텍스트 기반 종이 롤paper roll에 찍어 넣었다. 음극선을 이용한 CRTCathode Ray Tube 디스플레이가 가능해진 다음에야 비로소 스크린이 주된 디스플레이 기술로 올라섰는데, 이때 스크린에 텍스트 기반의 인터페이스로 이용된 것이 커맨드 라인 인터페이스Command-Line Interfaces, 즉 CLIs다. 이후 CRT가 빠르게 보급되었는데, 이렇게 실세계에서의 사용이 정착되기까지 할리우드는 영화 화면에 CLI를 보여 주지 못했다(보통 다른 기술은 SF가 선행했지만 CLI은 후행하였다).

1950년대부터 시작된 커맨드 라인 인터페이스의 타이포그래피 typhography(조판으로 번역할 수도 있지만, 서체의 배열과 문자 디자인 등을 포괄하는 의미로 사용되기 때문에 적절하다고 판단하기 어려워서 그냥 타이포그래피로 번역하였다)는 비트맵으로 표현된, 언제나 폭이 일정한 대문자로 구성되었다. 1960년대 ASCII 인코딩에 소문자가 있었지만, 당시 인기 있던 플랫폼인 CDCControl Data Corporation나 DECDigital Equipment Corporation는 소문자를 사용할 수 없었다.

이 텍스트 출력 기반의 인터페이스를 처음 사용한 것은 1976년 「로건의 탈출Logan's Run」이다. 하지만 CLI가 주류가 된 때는 1979년 「에일리언Alien」부터다. 달라스 선장이 우주선의 컨트롤 시스템인 마더Mother와 통신할 때 등장하는데, 마더의 경고는 조용하고도 감정이 없는 분위기 때문에 과소평가된다(그림 3.3). 이 인터페이스는 당시 30년이 지난 컴퓨터 시스템의 형태를 보여 주지만 그로부터 수십 년 동안 같은 스타일을 확립하였다.

보다 정제된 글꼴을 갖춘 첨단 GUI가 등장하면서 이렇게 거친 비트맵이나 고정 폭fixed-pitch 글꼴(일부에서는 커맨드 라인 인터페이스에 이용)은 오래된 시스템이거나 주인공이 시스템 깊숙한 곳에 침투했다는 것을 알리기 위한 용도로 활용되었다. 대문자만 쓰거나 그림 문자가 몇 개 없는 초기 컴퓨터 글꼴도 점차 사라졌다. 이제 이런 스타일은 「위험한 게임War Games」이나 「브레인스톰Brainstorm」과 같이 매

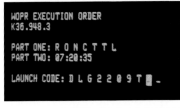

```
PRIORITY ONE
INSURE RETURN OF ORGANISM
FOR ANALYSIS.
ALL OTHER CONSIDERATIONS SECONDARY.
CREW EXPENDABLE.
```

그림 3.3 「에일리언」 (1979)

그림 3.4a, b 「위험한 게임」 (1983), 「브레인스톰」 (1983)

우 특별한 시간대를 떠올리게 한다(그림 3.4).

LESSON 대문자나 고정 폭 글꼴은 초기 컴퓨터 인터페이스라는 느낌을 준다. 모두 대문자로 표기하는 것은 피하라

많은 대문자와 숫자, 드문 구두점, 악센트가 없는 것 등은 연대를 파악할 수 없으며 비트맵 글꼴이 많을수록 오래되어 보인다. 이런 비주얼 인터페이스는 스크린 해상도가 낮고, 컴퓨터 글꼴이 윤곽선 대신 픽셀에 기반을 둔 시절을 연상시킨다. 사람은 단어보다 글꼴을 먼저 본다. 사실 고정 폭 글꼴이나 대문자로 표기한 글은 읽기 힘들기 때문에 글자의 리듬과 모양에 적절한 변화를 주면 단어의 개성이 살아나고 빨리 인지될 수 있다. 하지만 이런 글꼴은 집단적 비주얼 언어의 일부이며 덜 세련되어 보이고, 읽기도 쉽지 않다. 그럼에도 수준 높은 전문가들이 쓴다는 이미지를 주기도 한다.

커맨드 라인 인터페이스는 스타일을 확립한 후 거의 50년 동안 주류 인터페이스로 군림하였으며 아직도 일부가 남아 있다. 그 이유는 프로그래머 대부분이 아직도 텍스트 기반의 인터페이스로 프로그램을 배우고, 코드가 텍스트 기반 인터페이스보다 빠르고 효율적이기 때문이다. 1980년대 들어서 2D GUI가 급부상하였지만, 아직도 SF에서 많은 커맨드 라인 인터페이스를 볼 수 있다. 감독이나 작가, 디자이너 들이 오늘날에도 커맨드 라인 인터페이스를 이용하는 것은 다음과 같은 두 가지 상황을 이야기하고 싶을 때다.

하나는 시스템이 오래되었다는 것을 보여 주고 싶거나, 사용자가 뛰어난 컴퓨터 실력이 있다는 것을 알리고 싶을 때다. 가끔은 주인공이 기술전문가라서 멋진 그래픽 인터페이스에 창을 따로 띄워서 커맨드 라인 인터페이스를 표현하기도 한다. 가장 대표적인 사례가 「매트릭스 2: 리로디드The Matrix Reloaded」에서 트리니티가 전력회사 컨트롤 센터에 침투했을 때의 상황이다. 트리니티는 보안 시스템을 깨고 도시의 파워그리드를 셧다운하기 위해 멋진 그래픽 인터페이스를 사용하지 않고 커맨드 라인 인터페이스를 이용해서 작업한다(그림 3.5).

커맨드 라인 인터페이스는 특정한 줄이나 명령을 구문 분석하고 스캔하는 것이 어렵다. 특히 모두 똑같아 보일 때는 더욱 그렇다. 이것이 일부 실제 시스템이 과거의 영화에 나왔던 시스템 성능을 능가했던 이유다.

어도비Adobe의 드림위버에 적용된 코딩 인터페이스를 보면 컬러를 HTML 코드에 적용해서 구문 분석하기가 쉬웠다(그림 3.6). 태그는 파란색, 링크는 녹색, 기능은 보라색이다. 다른 코딩 환경은 다른 색깔

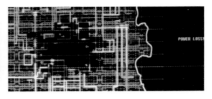

그림 3.5a – c

「매트릭스 2: 리로디드」(2003)

```
<script src="/ui/script/rm-base.js?t=071012-1400"></script>
        <script src="/ui/script/section-homepage2.js?t=071012-1400"></script>
<script src="http://use.typekit.com/ntv1fpz.js"></script>
<script>try{Typekit.load();}catch(e){}</script>
        <link rel="Shortcut Icon" type="image/ico" href="http://www.rosenfeldmedia.com/favicon
        <link rel="alternate" type="application/rss+xml" title="RSS" href="http://feeds.rosenf
</head>
<body id="rosenfeldmedia-com" class="section-home layout-content with-sidebar" data-curren
<div id="accessibility">
        <a href="#main-nav">Skip to Navigation</a>  |
        <a href="#content-area">Skip to Content</a>
</div>
<div id="container"><div class="c">
        <header>
            <div class="account-bar style-paper"><div class="wrap">
                <ul>
                        <li class="total"><a href="/checkout/cart.php">Your cart is empty</a></li>
                        <li><a href="/checkout/login.php">Login</a></li>
                        <li class="last"><a href="/contact/">Contact</a></li>
                </ul>
            </div></div><!-- /account-bar -->
            <div class="banner"><div class="wrap">
                <div class="logo-type">
                    <a href="/"><span>Rosenfeld Media</span></a>
                </div>
```

그림 3.6 어도비 드림위버 CS6 코드 인터페이스

을 쓴다. 그렇지만 이 시스템은 '코드의 벽wall of code'을 색깔 때문에 망치지 않도록 한 것으로 아주 드문 시스템이다. SF에서 이런 것은 약간의 힌트 수준으로 나타난다. 아마도 인터페이스를 사용하는 것보다 내부에 줄거리를 담아내는 것이 더 중요하기 때문일 것이다.

해커는 초보자가 알 수 없는 복잡한 인터페이스로 굉장히 빠르게 작업하기 때문에 "와, 멋진데!" 하는 순간이 나타날 수 있다. 실제 세계의 전문가는 이처럼 자신이 어떤 도구를 마스터하고 굉장히 복잡해 보이는 작업을 초보자에게 과시하는 것을 즐긴다. 전문가는 이런 순간을 경외감respect으로 보상 받게되고, 서비스에 대한 전문가의 필요성은 더 커진다. 이런 순간을 보여 주려면, 디자이너는 이해하기 쉽게 만들기보다는, 전문가가 자신의 실력을 더 잘 보여 줄 수 있고 과시할 수 있는 방법을 포함할 필요가 있다.

그래픽 사용자 인터페이스

커맨드 라인을 넘어선 인터페이스는 그래픽 사용자 인터페이스 Graphical User Interfaces, 일반적으로 GUI로 불리는데 여기에는 WIMP 인터페이스 요소들(창을 의미하는 윈도우window, 아이콘icon, 메뉴 menus, 포인팅 디바이스pointing device의 머릿 글자)과 그림자, 정교해진 타이포그래피, 계층 구조, 버튼과 같은 그래픽 컨트롤 등을 포함한다. GUI는 고려할 요소가 매우 많기 때문에 이 섹션에서는 이들 인터페이스를 컴포넌트별로 다루었다.

타이포그래피

우리는 주로 사용하는 글꼴을 검토했다. 모든 것이 그렇지만 이것 또한 쉬운 작업이 아니다. 글꼴의 경우 Identifont.com과 같은 곳 에서 도움을 받지만 언제나 확인할 수 있는 것은 아니다. 그리고 간혹 어떤 것이 주된 글꼴인지 확인하기 어려울 때도 있다. 이런 여러 제약 상황에서 우리가 찾아낸 것을 공개하면 다음과 같다.

타이포그래퍼Typographer(활자 서체를 인쇄판에 배치하거나 고정하고, 레이아웃 등을 정하는 전문가)들은 아마도 산세리프sans serif 글꼴이 SF에서 가장 많이 선택되는 글꼴이라고 해도 별로 놀라지 않을 것이다. 그에 비해 세리프serif 글꼴은 생각보다 많이 등장하지 않는다. 이 책을 집필하며 확인한 영화와 텔레비전 쇼를 조사한 결과 일곱 작품에서만 세리프 글꼴이 사용되었다. 「에일리언」(그림 3.3), 「블레이드 러너 Blade Runner」, 「갤럭시 퀘스트Galaxy Quest」, 「가타카Gattaca」, 「매트릭스 The Matrix」, 「맨 인 블랙Men in Black」, 「스타트렉 오리지널 시리즈」(그림 3.7)다. 「스타트렉」과 「블레이드 러너」는 그림에 보여 준 장면의 인터페이스를 제외한 모든 인터페이스에서 산세리프를 쓴다. 전체에 세리프 글꼴을 쓴 것은 「가타카」가 유일하다. 이를 염두에 두고, 산세리프와 세리프 글꼴의 비율을 측정하면 100 대 1 정도다.

특정한 글꼴까지 좁혀 들어가면, 가장 많이 사용한 글꼴은 헬베티카Helvetica, 아리알 같은 파생 글꼴 또는 유로스타일Eurostile이나 마이크로그래마Microgramma와 같은 모듈러 글꼴이다. 그다음으로 퓨처라Futura, OCR A, LED 등으로 이어진다. OCR B, 시카고Chicago, 쿠리어Courier 등은 적어도 한 편 이상에서 등장했다. 스위스 911 울트라 컴프레스드Swiss 911 Ultra Compressed는 「스타트렉」 LCARS 인터페이스에 등장하는데, 그곳에서만 유일하게 나타나므로 이 그래프에는 표시하지 않았다. 스크린에 등장한 시간을 기준으로 한다면 이 글꼴이 다른 글꼴을 압도할 것이다. 전체적으로 조사한 결과는 그림 3.8과 같다.

그림 3.7a - e

「스타트렉: 오리지널 시리즈」(1968),

「가타카」(1997),

「블레이드 러너」(1982),

「이 세상 끝까지」(1991),

「매트릭스」(1999)

LESSON 산세리프체가 미래형 글꼴이다

SF에서 압도적으로 산세리프 계열의 글꼴을 많이 사용하는 이유는 디자이너가 미래 지향적이거나 SF 느낌을 줄 때 이 글꼴을 선호하기 때문이다. 만약 디자이너가 SF를 위해 글꼴을 선택할 때 관객이 익숙한 것으로 선택한다면 헬베티카나 유로스타일 등을 많이 쓸 것이다.

인터페이스의 타이포그래피는 하나의 커다란 예외를 제외하면 현실 세계 시스템을 흉내 내고 표준을 대체적으로 잘 반영한다. 영화의 인터페이스는 관객이 실세계 속 상황보다 훨씬 빠르게 사태를 읽을 수 있어야 한다. 그 때문에 비주얼 계층의 줄거리를 이해하기 쉽

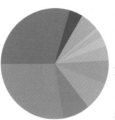

Helvetica 32%
Eurostile 28%

4% Misc Serif
4% Misc Sans Serif
1% Swiss 911 Ultra Compressed
2% Courier
3% Chicago
4% OCR B
7% OCR A
8% Futura
8% 7-Segment

그림 3.8 **조사 대상의 글꼴에는 산세리프체가 압도적으로 많았다**

고 중요한 내용에 사람들이 주의를 집중하도록 훨씬 과장되게 표현
한다(그림 3.9).

현실 세계에서도 정말로 치명적인 상황을 설명하고 초보를 위해 설
계했다면 이해가 되는 상황이다. 그러나 사용자가 전문가라면 이렇게
과도하게 큰 텍스트 메시지는 보고 싶지 않을 것이다.

1990년대 들어 데스크톱 출판이나 GUI가 점점 세련되면서 SF에
도 더욱 우아한 타이포그래피가 등장하기 시작한다. 종이 위에 올라
간 타이포그래피는 수백 년 동안 진화했고 고해상도 미디어에 최적
화되었다. 스크린 기반의 타이포그래피는 특정한 요구 사항이 있다.
그런데 1990년대 들어 스크린 해상도가 꾸준하게 높아지자 인쇄 기
반의 타이포그래피 특징이 점점 스크린에서도 가능해졌다. 예를 들어
「아일랜드The Island」에서 텍스트가 등장하는 화면을 과거의 커맨드
라인 인터페이스와 비교해 보라. 「아일랜드」의 인터페이스가 훨씬 세
련되고 읽기도 쉽다는 것을 알 수 있다. 그 이유는 다양한 글꼴의 크
기와 형태가 정보를 잘 드러내 보여 주기 때문이다(그림 3.10)

특히 중요한 것은 처음에 읽는 정보를 크게 보여 주는 동시에 대문
자와 소문자를 적절하게 잘 섞었다. 또한 반복적이거나 덜 중요한 정

그림 3.9a-i 「로건의 탈출」(1976), 「터미네
이터 2: 심판의 날」(1991), 「인디펜던스 데이」
(1996), 「스타쉽 트루퍼스」(1997), 「제5원소」
(1997), 「미션 투 마스」(2000), 「엑스맨 2」(2003),
「인크레더블」(2004), 「이글 아이」(2008)

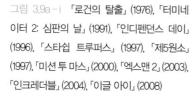

보는 대문자로 표시하되 글자 크기가 작다. 그보다 낮은 수준의 정보
는 대비가 덜 되는 색상을 선택해서 잘 드러나 보이지 않도록 하였
고, 중요도가 가장 낮은 데이터는 매우 작게 표시했다. SF 디자이너
는 스크린 기술을 최대한 활용해서 디스플레이 기술이 얼마나 발전
했는지 보여 주려고 한다.

그림 3.10 「아일랜드」(2005)

인쇄에서 타이포그래피 원칙을 통합하라

초기 GUI의 그래픽 스타일 중 일부는 제한된 기술 때문에 나타난 결과다. 이제는 고해상도 기술이 일반화되었고 상세한 그래픽 컨트롤을 활용하는 것 또한 정상이 되었다. 스크린 기반 디자인의 원칙인 시간과 움직임, 모드 등과 같은 것에서 배울 수 있는 새로운 원칙을 정확하게 지키면서 동시에 이제는 디자이너가 과거의 것이라고 무시했던 인쇄를 기반으로 한 좋은 사례의 원리를 도입하면 더욱 나은 인터페이스가 나온다. 물론 모든 것을 받아들일 수는 없다. 그렇지만 몇몇 명확한 것은 가슴에 새길 필요가 있다. 강한 비주얼 계층을 사용해서 사람들의 시선을 잡아끌고, 대소문자를 잘 조합해서 사용하며, 그래픽적으로 알맞은 간격을 유지하고, 구별할 수 있는 식별 기호나 연결선 등을 활용한다. 이런 원칙은 스크린에 표현되는 텍스트를 보다 쉽게 읽을 수 있고 아름답게 보이게 한다.

반짝임glow

사색적 기술speculative technology(SF 등에 나오는 상상력을 동원한 기술이라는 의미로 저자가 사용하는 용어)의 가장 시각적인 특징은 반짝이는

그림 3.11a – c
「스타트렉」(2009),
「디파잉 그래비피」(2009),
「아바타」(2009)

glow 것이 많다는 점이다.「스타워즈」의 라이트세이버에서 블라스터 blasters, 홀로그램 그리고 순간 이동을 하는 텔레포터teleporter에 이르기까지 대부분의 SF 기술의 비주얼 표현을 보면 빛을 방출하는 것이 많다. 1장에서 제시한 태그 클라우드에서도 반짝임이 가장 흔한 태그로 꼽혔다는 것을 알 수 있다(그림 1.3).

　이 효과는 스크린적인 요소도 함께 들어 있다. 예를 들어 유형이나 그래픽 요소 등인데, 지도에 나타나는 선이나 다이어그램 등을 어두운 배경에 밝은 색으로 표현하여 연출한다. 이런 요소들 주변은 다소 흐릿하게 처리해서 반짝이는 효과를 더 높인다. 이런 인터페이스의 기술적인 측면을 강조하려면, 다이어그램이나 이미지의 내부를 채우는 것이 아니라 와이어프레임wireframe(선으로 연결한 형태로 입체를 표현한 것)으로 표현해야, 반짝이는 효과를 보다 극대화할 수 있다(그림 3.11).

LESSON SF에서 빛나는 반짝임

왜 SF에서는 반짝임이 많을까? 우리는 자연계에서 관찰할 수 있는 반짝임의 힘에 그 이유가 있다고 생각한다. 번개나 태양, 불과 같은 것들이다. 그리고 비록 어두울 때만 보이기는 해도 별이나 행성, 달과 같은 천체도 반짝인다. 간혹 생명체도 반짝이는데, 그런 것들은 우리의 눈을 사로잡는다. 반딧불이, 반짝이는 벌레, 버섯, 그리고 심해의 물고기 등이 그렇다. 실제 세계의 기술에서 보여주는 것과는 달리 SF에서 반짝이는 것이 많은 이유는 관객이나 SF 제작자가 이를 중요한 비주얼 효과로 여기기 때문이다. 어쨌든 디자이너는 이런 원칙을 이해하는 것이 좋다. 만약 당신의 인터페이스나 새로운 기술이 미래 지향적으로 보이려면 반짝이는 효과를 이용하는 것도 한 방법이다.

색깔Color

그림 3.12의 히스토그램은 조사 대상 SF의 스크린 기반 인터페이스에 쓰인 대표 이미지를 선택한 뒤에 인터페이스 요소와 관계가 없는 부분을 잘라내고 포토샵 분석으로 색상의 분포를 본 것이다. 각 연도를 대표하는 컬러 칩을 만들기 위해 같은 이미지는 하나의 픽셀로 압축하고 색상 포화도는 100퍼센트를 적용하였다.[3]

재미있는 접근이지만, 이런 접근 방법으로 얻은 결과를 과학적이라고 이야기하기에는 콘텐츠나 프로세스 모두 부족함이 많다. 그렇지만 그런 한계를 감안하더라도 이 차트에서 재미있고 명확한 사실 하나를 발견할 수 있는데, 바로 SF 인터페이스는 주로 파란색이라는 점이다(그림 3.13).

LESSON 미래의 스크린은 대체로 파란색

어째서 SF 스크린에는 파란색이 많을까? 많은 영화에서 프로덕션 디자이너를 맡았

---

3) 이 그래픽을 본 거의 대부분의 사람들은 1991년에 무슨 일이 있었는지 묻는다. 8장의 「터미네이터 2: 심판의 날」의 사이보그 비전과 관련한 내용을 참고하라.

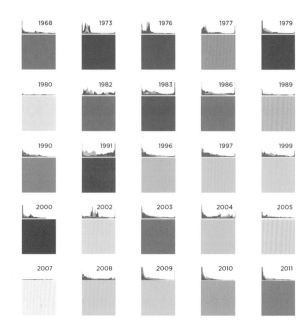

그림 3.12
이 책의 데이터베
이스에 있는 SF
의 색상은 푸른색
이 주도하는 강한
경향을 보인다

던 마크 콜러란Mark Coleran은 기술적인 이유가 가장 크다고 말한다. 세트에서 조명으로 가장 많이 사용하는 텅스텐 불빛은 색상이 따뜻한 느낌이기 때문에 영화제작자는 색상 보정 작업을 한다. 이때 파란색이 보정의 영향을 가장 덜 받는다. 또한 이 작업에 다소 영향을 받더라도, 인간의 눈은 기본적으로 파란색–노란색 컬러 변화에 가장 둔감해서 변화를 눈치 채기 어렵다. 간혹 실제 스크린 디자인을 세트에 활용해서 촬영을 한 뒤 색상을 보정하면 영화감독이나 배우는 당황할 정도로 변화가 심해서 보통 파란색을 활용하는 것이 안전한 선택이라는 것이다.

심리적인 이유도 있을까? 일단 파란색은 전 세계에서 가장 많이 이용하는 색깔이다. 또한 파란색 인터페이스는 작업과 잘 어울리고 멋지고 조용한 느낌을 동시에 준다. 상대적으로 자연에서는 하늘을 제외하고는 파란색을 많이 관찰하기 어려운 점, 그리고 기술이 보여 주는 기술적인 느낌을 좀 지워 주기 때문이라는 의견도 있다. 또한 반대 의견으로 모든 사람이 푸른 하늘을 보기 때문에 익숙해서라고도 한다. 파

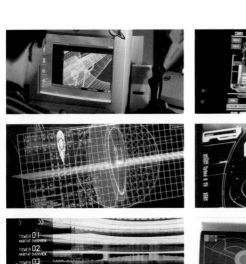

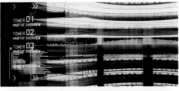

그림 3.13a - g

「갤럭시 퀘스트」(1999), 「배틀스타 갤럭티카」
(2004), 「슈퍼노바」(2000), 「판타스틱4」(2005),
「아일랜드」(2005), 「은하수를 여행하는 히치
하이커를 위한 안내서」(2005), 「아이언 맨」
(2008)

란색은 비즈니스와 관련이 많은 색이기도 하다. 또한 실제 세계 최초의 스크린 인터

페이스에 쓰인 색깔이기도 하다(물론 블루스크린은 컴퓨터의 죽음을 의미하기도 한

다. 마이크로소프트 윈도우 운영체제에 치명적인 문제가 발생하면 흔히 파란 화면이

나타나는데, 그런 측면에서 블루스크린을 운영체제의 죽음으로 바라보는 것이다).

이유는 무엇이 되었든, 글꼴과 반짝이는 효과 이상으로 디자이너는 이런 트렌드

를 알아야 한다. 미래 지향적인 인터페이스를 설계한다면 파란색을 이용하는 것이

비교적 안전한 선택이다.

SF에서 스크린 인터페이스의 대세는 반짝이는 파란색이지만 간혹

그림 3.14a-e

「제5원소」(1997), 「레드 플래닛」(2000), 「스
타트렉: 네메시스」(2002), 은하수를 여행하
는 히치하이커를 위한 안내서 (2005), 「아이
언 맨 2」(2010)

독특한 인터페이스에서는 예외가 발견된다. 파란색 다음으로 인터페
이스에 많이 쓰이는 색깔은 붉은색이었다(그림 3.14).

LESSON 붉은색은 위험을 의미

파란색이 기본 인터페이스에 공통으로 사용되는 것처럼 붉은색은 위험을 알리거나,
실수나 실패와 관련한 (죽음을 포함해서) 의미를 전달할 때 흔히 쓰인다. 서양에서는
붉은색을 정지 신호를 쓰거나 모든 유형의 경고에 일관되게 이용하는 것과 일맥상통
한다. 따라서 위험을 경고할 때 사용자 에러가 아니거나 많은 트레이닝 과정이 없다
면 굳이 이렇게 일관된 사람들의 학습과 반하는 선택을 할 필요는 없다.

붉은색 다음으로 인터페이스에 많이 쓰이는 색깔은 녹색이다. 녹
색은 특히 해커들이 커맨드 라인 작업을 하면서 '그린 스크린'을 보
여 주는 사례가 많은데, 20년 전에 많이 사용한 모노크롬 CRT 디스

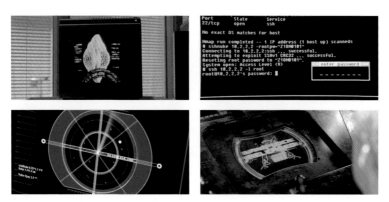

그림 3.15a-d 「협곡의 실종」(1986), 「매트릭스 2: 리로리드」(2003), 「배틀스타 갤럭티카」
(2004), 「파이어플라이」(에피소드 5: 세이프, 2002)

플레이 작업과 직접 연관성이 있다. 와이어프레임 3D 형태나 레이더
도 거의 대부분 녹색으로 표현된다. 간혹 녹색은 붉은색과 대비를 이
루며 안전과 위험 사이를 오가게 표현한다. 예를 들어 '잠금locked'과
'풀림unlocked'을 각각 녹색과 붉은색으로 표현한 것이다(그림 3.15).

「트랜스포머Transformers」에서 미군의 인터페이스는 일반적으로
쓰이는 파란색이 아니라 녹색을 주로 사용하였다(그림 3.16). 이 인터
페이스는 여전히 기술적으로 보이지만 파란색이 아니다 보니 약간 덜
전형적인 느낌을 준다.

노란색과 오렌지색은 하이라이트를 비롯해서 주목을 끌거나 주의
를 주는 메시지 등에 주로 쓰인다. 그리고 심각한 경고 메시지를 보낼
때 돋보인다(그림 3.17).

보라색은 인터페이스에 가장 드물게 쓰인다. 이는 기술적인 이유
가 가장 큰데, 미디어나 영화, 텔레비전 등에서 정확한 색상을 재현하
기가 가장 어렵다고 한다. 특별히 사용하는 트렌드나 사용 사례는 발
견된 것이 없다.

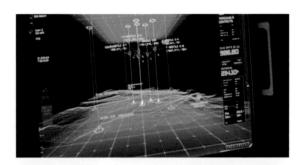

그림 3.16

「트랜스포머」(2007)

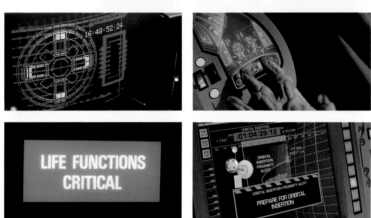

LIFE FUNCTIONS CRITICAL

그림 3.17a-d 「블레이드 러너」(1982), 「스타워즈 에피소드 1: 보이지 않는 위험」(1999), 「2001: 스페이스 오디세이」(1968), 「미션 투 마스」(2000)

「스타트렉」의 프리퀄prequel(원작의 이전 이야기를 다룬 작품을 말하는데, 넓게는 속편을 이야기하는 용어로 전사편前史篇으로 번역하기도 한다)인 「스타트렉: 엔터프라이즈Enterprise」에서는 디자이너가 주로 회색을 사용하였다. 회색은 지나치게 먼 미래라는 느낌보다는 현재와 조금 더 가까운 느낌을 주는데, 여기에 사각형 창과 단순하고 기하학적인 버튼을 활용하였다(그림 3.18).

그림 3.18a, b 「스타트렉: 엔터프라이즈」(2001)와 「스타트렉: 딥 스페이스 9」(1993) 인터페이스의 비교. 이들 사이에는 200년이라는 시간의 간격이 있다.

> **LESSON** 회색은 인터페이스가 초기 세대의 GUI라는 느낌을 준다
>
> 회색 요소를 스크린에 많이 이용하는 테마는 인터페이스가 상대적으로 단순하고, 이후의 다양한 컬러 사용이 널리 보급된 것과 대비되어 초기 세대의 GUI라는 느낌을 준다.

오리지널 색상을 활용하는 경우

파란색으로 반짝이는 것이 가장 흔한 비주얼 인터페이스 요소지만, 일부에서는 그런 관례를 따르지 않는 사례도 있다. 대표적으로 「매트릭스 2: 리로디드」에는 완전한 흑백 인터페이스가 등장한다(그림 3.19). 지온시티Zion city의 컨트롤 룸은 완전히 하얀색 가상공간에 자리를 잡고 있는데, 오퍼레이터는 검은 라인으로 이루어진 3D 가상 터치 인터페이스를 이용해서 제어한다. 가상의 느낌을 강하게 주기 위해서 제어하는 사람들은 모두 완전히 하얀 의상을 차려 입었다. 전체저으로 기술 시향적이라는 인상을 주지만 전형적이라는 느낌은 들지 않는다. 이 컨트롤 룸은 매트릭스의 일부로 실제 공간이 아니다. 영화의 장면에서 완벽한 하얀색은 모든 것이 그 안에 있다는 의미를 내포하며, 그곳에 있는 사람도 가상의 존재라는 것을 나타낸다. 회색

그림 3.19 「매트릭스 2: 리로디드」(2003)

의 터치 인터페이스와 투명한 인터페이스도 이 장면이 현실 세계와는 뭔가 다르다는 의미를 강화한다.

「토치우드Torchwood」 텔레비전 시리즈에도 독특한 인터페이스가 등장한다. 모니터링 인터페이스에 빨간색과 분홍색 하이라이트와 함께 다른 원색의 색깔을 많이 이용하였다(그림 3.20).

「스타워즈 에피소드 1: 보이지 않는 위험」의 포드 레이스pod race 장면에서도 아나킨 스카이워커가 이용하는 인터페이스가 주로 오렌지색이었고, 녹색과 보랏빛이 감도는 분홍색 하이라이트를 활용하였다. 또한 외계 언어는 노란색으로 표시했다(그림 3.21).

파란색으로 반짝이는 비주얼 인터페이스의 전형성에서 벗어난 또 하나의 작품은 「우주대모험 1999Space 1999」다. 달 기지에는 다양한 밝은 색 그래픽 컬러가 있는 디스플레이에 백색 선이 데이터를 추적하고 측량하기 위해 동심원으로 그려져 있다(그림 3.22). 전체적인 효과가 많이 보아 온 전형적인 스크린 인터페이스와는 매우 다른 느낌이다.

뭐니뭐니해도 컬러 트렌드와 관련된 가장 강력한 예외는 「스타트

그림 3.20 「토치우드」(2009)

그림 3.21 「스타워즈 에피소드 1: 보이지 않는 위험」(1999)

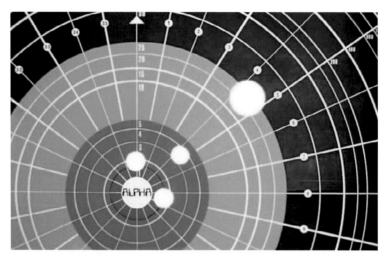

그림 3.22 「우주대모험 1999」(1975)

렉」의 LCARS 인터페이스다. 노란색, 오렌지색, 파란색, 보라색을 전체적으로 많이 활용하지만, 매우 일관된 색상 팔레트를 활용한다(그림 3.18b). 흔히 이용하지 않는 색깔도 LCARS의 표준에 추가하여 독특하면서도 기억에 남고, 확장 가능한 인터페이스를 창조했다(이런 화려함 때문에 LCARS 인터페이스를 흉내 낸 컴퓨터 데스크톱이나 스마트폰의 배경, 테마 등이 아직도 인기다).

LESSON 독특한 인터페이스를 원한다면 단색이나 흔한 색깔 그리고 반짝이는 효과를 피하라

전형적인 법칙을 깨는 것은 잘만 활용하면 독특해 보이고, 기억에 오래 남는 인상을 준다. 지나치게 흔히 사용하는 파란색과 반짝임의 효과에서 벗어나 잘 사용하지 않는 색깔이나 색깔의 조합을 쓰면 인터페이스가 전형적이지 않고 뭔가 달라 보인다.

컬러 코딩

컬러 코딩Color Coding은 관객이 서로 다른 문명의 기술을 구별할 때 이용한다. 예를 들어 「스타트렉: 넥스트 제너레이션」에서 보르그 Borg의 기술은 녹색(그림 3.23a), 스타플리트Starfleet는 LCARS의 팔레트를 쓰며(그림 3.23b), 클링곤Klingon의 기술은 빨간색(그림 3.23c) 등으로 대표된다. 이렇게 다른 문화의 트랜스포터 스트림(「스타트렉」의 상징적인 기술 중의 하나인 순간 이동하는 트랜스포터가 동작할 때 나타나는 빔)도 색조와 모양이 달라서 관객은 어떤 종족이 들어오고 나올 것인지 알 수 있다.

우주선에 녹색 빛이 비치면 특별히 다른 정보가 없더라도 우리는 그것이 보르그의 것이라는 사실을 알 수 있다. 비슷하게 디바이스나 우주선이 스크린에 처음 나타나면 그들이 어디에서 왔는지 컬러로 알 수 있다. 인터페이스 디자이너로서 우리는 이런 차별화와 정체성을 활용할 수 있다. 물론 컬러에만 이런 정보를 담을 필요는 없다. 다음에 제시하는 디스플레이 스크린의 모양과 같은 다른 비주얼 요소

그림 3.23a-c

「스타트렉: 넥스트 제너레이션」과
「스타트렉: 보이저」 (1986-2002)

도 도움이 된다.

LESSON 컬러 코딩으로 신호의 연결과 범주를 표현하라

정보를 통계적으로 표현할 때 디자이너는 많은 도구를 이용해서 구조를 표현할 수 있다. 비주얼 계층, 그룹화, 선 등을 활용한다. 이들은 사용자가 인터페이스 부분을 이해하는 데 도움을 주며, 이들의 상대적 중요성과 이들 사이의 관계도 표현할 수 있다. 정보가 시간을 두고 표현된다면 이런 비주얼한 도움이 상대적으로 덜 효과적일 수 있다. 그런 경우에는 컬러를 이용해서 관계가 있는 유형의 정보를 효과적으로 강화한다. 이를 위해 범주에 신중하게 컬러를 부여하는 것이 중요하다. 효과를 높이려면 컬러와 글꼴, 모양, 반복, 텍스쳐(질감), 다른 모션 등과 결합해야 한다.

디스플레이 형태

디스플레이의 형태는 일반적으로 사각형을 생각하기 쉽다. 하지만 사각형이 아닌 컴퓨터 스크린은 1999년에 등장했다. 그렇지만 실제로 시장에서 이런 상품이 판매된 지는 몇 년 되지 않는데, 그나마도 특정 시장에서 매우 드물게 프리미엄 제품으로 판매된다(레이더 스크린이나 오실로스코프 등은 스크린이 둥글지만 이들은 GUI가 아니다). 우리가 조사한 바로는 사각형이 아닌 스크린은 미래 지향적인 느낌을 주거나 외계인과 관련이 있는 인터페이스가 많았다(그림 3.24).

LESSON 사각형이 아닌 스크린으로 첨단의 느낌을 준다

현재 이용하는 대부분의 스크린 기술이 사각형이기 때문에 디스플레이를 일부 가리거나 그래픽 등을 이용해서 사각형이 아닌 것처럼 보이는 인터페이스는 첨단의 느낌을 준다.

그림 3.24a−e
「스타워즈 에피소드 1: 보이지 않는 위험」
(1999), 「맨 인 블랙 2」(2002), 「파이어플라이」
(에피소드 12, 2002), 「스타워즈 에피소드 4:
새로운 희망」(1977), 「닥터 후:첫 번째 시간여
행」(2005)

계층과 투명 디스플레이Layers and Transparency

투명 디스플레이는 SF 디스플레이 초창기부터 단골손님이다. 대부분 물리적이며 투명한 스크린으로 표현된다.

투명 디스플레이

투명 디스플레이는 최근에 만든 아이디어처럼 보이지만 실제로는 1936년 H.G. 웰스의 소설을 각색한 영화 「다가올 세상Things to Come」에 등상할 성노노 오래뇐 아이니어나. 이 영화에서 기술 중심의 도시 엔지니어 집단을 이끄는 존 카벨John Cabell이 완전히 투명한 스크린을 그녀의 손녀에게 보여 주면서 어떻게 수십 년간 세계대전의 잿더미에서 도시가 성장했는지 도시의 역사를 설명하는 장면이 나온다. 영상과 이미지는 스크린에서 약간 투명하게 보이고 반대편에서

그림 3.25 「다가올 세상」(1936, 채색 버전)

그림 3.26a-e
「마이너리티 리포트」(2002), 「제5원소」(1997),
「미션 투 마스」(2000), 「돌하우스」(2009),
「아바타」(2009)

찍은 사진에서도 이를 느낄 수 있다(그림 3.25).

이와 유사한 스크린은 SF 영화 역사 도처에 등장한다. 가장 기억에 남는 영화는 「제5원소」, 「아바타」, 「미션 투 마스」, 「마이너리티 리포트」, 「돌하우스Dollhouse」 등이다(그림 3.26).

투명 디스플레이가 현대 SF에서 인기를 끄는 이유는 감독과 영화 제작자가 중첩된 스크린에서 배우의 얼굴을 보고, 동시에 그들이 보는 스크린을 동시에 찍을 수 있기 때문이다. 이는 8장에서 소개할 투명 디스플레이의 콘텐츠가 백그라운드와 무관하게 표현되는 헤드업 디스플레이heads-up displays와는 다른 특징이다. 헤드업 디스플레이에서는 배경의 콘텐츠를 증강시키는 의도가 잘 드러난다. 투명 디스플레이에 특별한 콘텐츠를 잘 보여 주기 위한 증강 작업을 하지 않으면 사용자가 주변 환경을 잘 볼 수 있지만, 달리 이야기하면 시각에 혼란을 주는 요소가 많아지는 셈이다.

인터페이스 계층

데이터를 여러 계층으로 스크린에 표시해서 복잡함과 정교함을 나타내는 인터페이스의 예도 흔히 볼 수 있다. 영화 「이글 아이Eagle Eye」를 보면 국가 보안을 위한 ARIIA 시스템 인터페이스에는 어두운 바탕에 많은 텍스트와 데이터가 여러 윈도우에 중첩되어 가득 차있다. 이때 투명도는 사용자가 어떤 정보에 초점을 맞추고 있는지에 따라 조절되고, 다른 일부 데이터도 맥락에 따라서 유지된다(그림 3.27). 이렇게 함으로써 어떤 정보는 더 높은 대비 효과로 잘 보이고 어떤 것은 적절하게 섞여서 보인다.

2009년 「스타트렉」이 새롭게 선보인 인터페이스에도 촘촘한 정보를 투명 디스플레이에 정보 디스플레이를 움직여 보여 주었다. 관객에게는 복잡하지만 정교하다는 인상을 심어 준다(그림 3.28).

「디스트릭트 9District 9」에는 위쿠스Wikus가 외계인 전투 수트로 들어갈 때 다중 계층의 3D 인터페이스가 투명하고 여러 색깔의 아이콘과 데이터를 외계인 언어로 표시하는 장면이 나온다(그림 3.29). 이 인터페이스는 동작 인식과 헤드업 디스플레이가 같이 포함된 것이다

그림 3.27a – c
「이글 아이」(2008)

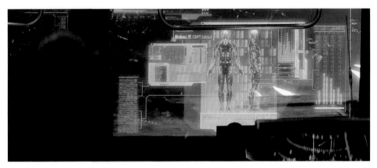

그림 3.28 「스타트렉」(2009)

(5장과 8장에서 이와 관련한 사례를 더 소개한다). 그는 표시된 정보가 외계 언어여서 이해할 수 없는 데다 시야에 보이는 정보가 너무 산만하여 정신을 잘 차리지 못한다.

투명 디스플레이와 인터페이스 계층을 보면 전문가가 많은 양의 정보를 이용해서 결정을 내리고, 매우 유용하다는 인상을 심어 준다. 그러나 정보가 너무 많으면 데이터는 훨씬 인지하기 어렵고 해석하기도 쉽지 않다. 투명성을 반짝이는 데이터와 함께 활용하면 효과는 화려해 보일지 모르지만 실제로는 정신없게 느껴진다.

그림 3.29 「디스트릭트 9」(2009)

LESSON 맥락을 유지하면서 중요한 정보를 보여 줄 때에는 투명함을 활용하라

투명함은 정보의 계층을 조합해서 이들을 정렬하거나 관계를 나타낼 수 있다. 불투
명도가 높거나 완전히 불투명한 배경은 사용자의 주의를 끌어서 치명적인 정보를 표
현할 때 쓰는 반면, 투명도가 높은 배경은 보다 일반적이면서도 정보 사이의 연결이
덜 중요할 때 쓸 수 있다.

LESSON 지나친 중첩은 혼란을 유발한다

위에서 언급한 것처럼 투명 디스플레이 계층은 정보를 조합하거나 우선순위를 아는
데 도움이 된다. 그러나 혼란을 초래하고 주의를 분산시킬 수 있다. 투명하게 보이는
정부의 계층이 몇 개여야 이상적인지는 알 수 없지만, 중요한 정보는 구별이 가능해
야 하고, 그런 정보는 배경과 강한 대조를 이루어야 한다는 하나의 가이드라인은 제
시할 수 있다. 미국의 「장애인 관련 법률Americans with Disability Act[1]」에 보면 '탐
지 기능한 경고detectable warnings'는 70퍼센트의 차이를 두라는 가이드라인이 있

---

4) US Department of Justice. (1991). 1991 ADA Standards for Accessible Design. Retrieved from www.ada.gov/stdspdf.htm.

다. 이런 접근성에 큰 관심을 가지지 않더라도 그 절반인 35퍼센트 이상으로 사용자가 정보를 쉽게 인지할 수 있도록 강화할 필요는 있다.

2 ½ D

인터페이스 내부의 요소가 보다 물리적이고 입체적인 물체처럼 보이는 예도 흔하다(특히 회색 윈도우나 영역인 경우). 이런 특징은 1990년대 이후 실세계 컴퓨터 소프트웨어에서 흔히 볼 수 있는데 SF에서도 간혹 나타난다. 모서리를 깎아 낸 윈도우나 프레임, 버튼, 물체의 '편평한' 표면에 그러데이션을 주어서 조명을 비추면 3D 공간처럼 느끼고, 버튼이나 탭을 눌렀을 때 마치 정말 눌린 듯한 느낌, 표면에 음영이 있는 선으로 숫자가 적혀 있는 자와 같이 그 사례는 많다. 일부에서는 밝은 텍스트에 모서리를 어둡게 처리해서 마치 표면에 새긴 것처럼 표현하기도 한다(그림 3.30).

이런 많은 효과는 실세계 인터페이스로 관객이 보고 사용해 본 것이기 때문에 쉽게 접근할 수 있다. 또한 실세계의 물체와 비슷한 느낌도 무시할 수 없다. 실세계의 버튼도 누르면 눌린 상태로 있듯이 비주얼 인터페이스의 버튼도 누르면 똑같은 방식으로 활성화한다. 사실 이와 같은 스큐어모피즘에 대해서는 디자인 커뮤니티에서 약간의 논쟁이 있지만 한 가지는 확실하다. 이런 실세계의 참고사항이 인터페이스와 접목하면 사람들은 굉장히 빠르게 인지할 수 있다는 사실이다.

LESSON 빠른 이해를 위해 익숙한 실세계의 컨트롤을 이용하라

모서리를 깎아 낸 형태나 그림자와 같이 물리적인 속성을 시뮬레이션하는 것은 스크

그림 3.30 「매트릭스 3: 레볼루션」(2003)

린에 있는 컨트롤을 보다 명확하고 쉽게 물리적으로 흉내 낸 방식으로 컨트롤한다고 이해할 수 있다. 스크린 컨트롤이 물리적 컨트롤과 비슷하지 않다면 이런 불일치에 따라 혼란이 야기될 수도 있다.

그룹 컨트롤

컨트롤을 그룹화하는 형식에는 메뉴와 툴바toolbar같이 다양한 변형이 있다. 현재 GUI에서 명령은 일반적으로 메뉴로 묶어서 애플리케이션 윈도우의 가장 위에 제공한다. 그러나 SF에서는 일부 다른 대안이 나타나는데, 메뉴는 단지 일반적인 선택이며 명령을 처리하는 유일한 방법은 아니다.

LCARS 인터페이스의 프레임 그래픽은 비주얼 그룹 긴드롤로서 비슷하거나 관계가 있는 기능을 모은 사례다. 이런 그룹 컨트롤은 승무원이 복잡한 스크린을 해석하고 필요한 컨트롤을 빨리, 그리고 정확하게 찾을 수 있도록 한다(LCARS에 대해 보다 자세한 내용은 이후의 케이스 스터디 참조).

그림 3.31a, b 「에일리언」(1979), 「리프티드」(2006)

비주얼 그룹화는 GUI에만 한정된 것은 아니다. 오리지널 「에일리언」이나 단편 애니메이션 「리프티드Lifted」같은 SF 작품에서는 의도적으로 디스플레이와 컨트롤을 조명과 스위치의 열과 줄에 같이 배치하여 서로 구별하기 어렵게 구성했다. 또한 일부 작품에서는 레이아웃과 색상, 그리고 그룹화하여 기계적 컨트롤 인터페이스를 더 명확하고 이해하기 쉽게 만들기도 한다(그림 3.31).

텔레비전 시리즈 「우주대모험 1999」에서는 이런 그룹화 원칙을 터치스크린이나 디스플레이 패널이 전혀 없는 물리적 컨트롤에도 적용했다. 달 기지 알파에 있는 모든 컨트롤은 기계적인데, 이들이 붙어 있는 패널은 하얀 바탕에 다양한 색상을 배경으로 그룹 지어 놓았다. 어두운 배경이 많고 다양한 색상을 썼으며 이들 각각에 의미가 있는 컬러 코딩을 적용했다.

모든 컨트롤이 어떤 의미를 갖는지는 알 수 없지만 색상 밴드와 그룹이 어떤 것과 서로 연관이 있는지 알려준다(그림 3.32). 에스테데스 컴퓨터(2장에서 논의하였다)에서도 기능이 연관된 컨트롤을 이와 비슷하게 그룹화하여 인터페이스를 훨씬 쉽게 이해할 수 있고 사용도 쉬워졌다(그림 2.9). 물론 이 컴퓨팅 플랫폼은 확실히 실패했지만 그룹화

그림 3.32a, b 「우주대모험 1999」 (1975)

기술의 좋은 예라는 것은 분명하다.

프로 인터페이스 디자이너가 SF 인터페이스를 만든 예는 매우 드물다. 일부에서는 관객이 모르는 매우 희귀한 실제 제품을 사용하였는데, 대표적인 것이 「쥬라기 공원」에서 활용한 공간 파일 시스템 spatial file system이다. 일부는 연구실에서 갓 나온 것을 활용한 것도 있는데, 동작 기반의 인터페이스와 언어로 유명한 「마이너리티 리포트」의 시스템은 MIT 미디어 랩에서 실제 개발한 기술을 이용하였다.

최근에는 프로페셔널 인터랙션 디자이너가 SF 인터페이스를 컨설팅한다. 하나의 사례가 「더 셸The Cell」이라는 영화다. 이 영화는 인터랙션 디자이너 캐서린 존스Katherine Jones를 고용하여 인터페이스를 만들었는데, 스크린이 뇌와 의식에 대한 인터페이스 컨트롤 시스템이어서 두 사람 또는 세 사람이 각각의 의식에 접근하기 위해 들어간다. 이 스크린은 외부의 비주얼 요소를 최소화하고 상호작용에 대한 명확한 단서를 제공하기 위해 많은 것을 고려했다. 가장 잘 만든 스크린 그룹화 사례다(그림 3.33).

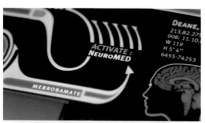

그림 3.33a – c
「더 셀」(2000)

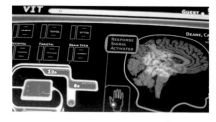

OPPORTUNITY 컨트롤에 접근하여 그룹화하는 대안적 방법을 탐구하라

SF를 찾아보는 하나의 목적은 우리가 평소에 볼 수 없었던 인터페이스에 대한 사례를 보면서 새로운 영감이나 교훈을 얻기 위해서다. 물론 색다른 접근 방법이 항상 성공적이라는 의미는 아니다. 그렇지만 새로운 컨트롤의 배치와 디스플레이, 인터랙션 등을 탐구하면서 사용자가 어떤 것을 더 쉽게 활용할 수 있는지 합리적인 해결책을 제시하고 또 최고의 방안을 찾기 위해 진화해 나가는 것은 디자인이 할 일이다.

WIMP(windows, icons, menus, pointers)의 전통은 매우 널리 퍼져 있어서 우리는 이것이 사용자가 수시로 접근하여 수많은 기능을 처리하는 하나의 방법이라는 사실을 쉽게 잊는다. 디자이너는 음성 명령이나 동작 인식과 같은 대안적인 입력과 3D 또는 증강 현실과 같은 새로운 출력에 대해 단지 초기 GUI 시절의 메타포를 접목하기보다 근본적인 부분에 대해 질문을 던지고 새롭게 디자인해야 한다.

SF 주인공이 특정 파일이나 데이터를 찾아야 할 때, 또는 파일을 복제할 때 반드시 컴퓨터 파일 관리 시스템에 접근해야 한다. SF에서 보는 많은 인터페이스와 마찬가지로 자주 보이는 것은 스크린을 가득 채운 단어와 기호(줌을 해서 봐야 알 수 있는데, 너무 빨리 지나가 읽을 수 없는)이며, 이것을 실제 세계의 원칙으로 분석하기에는 문제가 많다. 또한 많은 영화와 텔레비전 드라마에서는 익숙하기 때문에 특별한 설명이 필요하지 않은 맥 OS나 마이크로소프트 윈도우와 같이 실제 파일 시스템을 보여 주는 것을 꺼린다. 현재까지도 SF 파일관리 시스템 중에서 유용한 교훈을 제공하는 사례는 매우 드물다.

하나의 모범적인 사례는 「아이언 맨」에서 토니 스타크의 조수인 페퍼 포트Pepper Potts가 토니 몰래 컴퓨터에서 파일을 검색하고 복사하는 장면이다. 파일은 약간의 3D 효과가 있으면서 각각 투명하게 겹치는 형태로 표현되는데, 현재 복사가 되는 파일은 그룹의 다른 파일보다 크기가 좀 더 크게 나타난다. 이것은 단지 진행된다는 것을 의미하며 동시에 파일의 내용이 스크린에 나타난다(그림 3.34).

LESSON 크기를 이용해서 사용자의 주의를 끈다

많은 데이터 또는 옵션과 함께 뭔가가 제시되면 그중 몇 가지만 의미가 있다. 사용자가 중요한 것을 빨리 확인하도록 돕는 것은 매우 중요하다. 상대적으로 중요한 파일의 크기를 다르게 표현하면 사용자가 시각적으로 비교하여 빠르게 선택할 수 있다.

탁월한 파일관리 시스템을 보여 주는 특별한 사례가 영화 「파이널 컷Final Cut」에 나온다. 주인공 앨런 해크먼Alan Hakman은 비디오 편

집자로 최근 사망한 사람의 가족에게 고용된다. 그가 할 일은 죽은 사
람에게 이식된 개인 기록 디바이스에서 기억의 조각을 뽑아내어 추
모하는 것이다. 그가 사용한 편집 기계는 죽은 사람의 생전의 경험
을 담은 수많은 정지 화면의 조각을 시간에 따라 나열한다(그림 3.35).

단순히 타임라인에 정렬만 되어 있는 것이 아니라 정지 화면은 세
트로 쌓여 있으며 수직으로 그룹화한다. 투명함을 이용하여 클립의
깊이도 느낄 수 있다. 해크먼은 모두 유연하게 조합한 것을 보고 자신
이 만들려는 초상에 적합한 것을 쉽게 찾아낸다.

뒤의 장면에서 우리는 마지막 프레젠테이션에서 그가 선택하고 편
집한 클립을 보여 주는 이 시스템의 다른 인터페이스도 볼 수 있다.
이 클립에서는 그룹과 라벨이 중첩되고, 투명도는 라벨에만 적용되
며 클립에는 적용되지 않는다(그림 3.36). 다른 많은 SF 영화처럼 인
터페이스를 자세히 설명하지는 않지만 이런 묘사는 비주얼 테크닉이

그림 3.35 「파이널 컷」(2004)

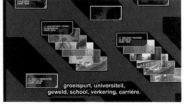

그림 3.36a – c 「파이널 컷」(2004)

많은 양의 데이터를 쉽게 사용할 수 있도록 조직하고, 관계를 만들며, 보여 주는 데 쓰일 수 있다고 알려준다.

　이번 장 처음에 소개한 「쥬라기 공원」 사례 이외에 3D 파일 시스템을 접목한 SF 작품도 몇 가지 있다. 이들은 모두 일반적인 2D 인터페이스보다 발전되어 보이는데, 왜냐하면 파일을 조직하고 데이터를 표시할 때 차원을 더할 수 있기 때문이다. 물론 이것이 정말로 더 효율적인지는 훨씬 상세한 디자인을 살펴봐야 안다.

영화 「게이머Gamer」에서는 주인공 사이먼Simon이 게임과 컴퓨터를 사용할 수 있도록 볼륨 프로젝션 인터페이스와 360도 서라운드 환경에 바닥과 천장까지 활용할 수 있는 공간을 제공한다. 서로 다른 파일과 콘텐츠는 서로 다른 인터페이스로 접근할 수 있다. 하나는 3D 지구가 지리 정보를 강조하며 그의 흥미를 자극한다(그림 3.37a). 다른 쪽에서는 계층으로 쌓여 있는 영상 세트가 3D 클라우드의 형태로 보인다(그림 3.37b). 또 다른 쪽에는 전 세계 사람들이 그에게로 전송한 메시지 계층이 보인다(그림 3.37c). 우리는 이런 모든 인터페이스가 사용되는 것을 볼 수 없지만, 이 레이아웃은 매우 독특하고 흥미로우며, 사용자 시야의 모든 부분을 활용하고, 몸의 위치와 공간적인 기억도 활용한다. 비록 보이는 것은 2D지만 이런 다양한 3D 시뮬레이션 공간 인터페이스가 그를 둘러싸고 있다.

「카우보이 비밥Cowboy Bebop」에서는 3D 시스템의 깊이를 시뮬레이션할 때 크기 비율을 이용한다. 「해커스Hackers」나 「코드명 JJohny Mnemonic」에서는 단일점 원근법을 마치 건축적인 느낌을 시뮬레이션할 때 사용하였다. 이 사례에서는 코드나 파일 이름을 표시할 때 단지 텍스트만 썼는데 「카우보이 비밥」에서는 이미지와 아이콘으로 파일 내용을 표시하여 마치 파일의 스크린샷처럼 이용했다(그림 3.38).

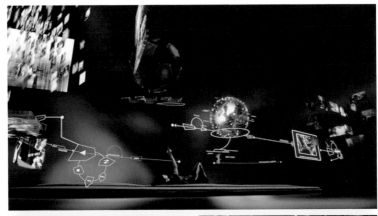

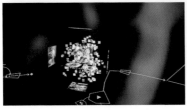

그림 3.37a – c 「게이머」(2009)

그림 3.38a – c
「고드멍 J」(1995), 「해커스」(1995),
「카우보이 비밥」(2001)

우리는 3D 세상에 살고 있기 때문에 3D 공간을 내비게이트하는 것에 이미 익숙하다. 대부분의 현재 파일 시스템은 데이터를 최대 2D(리스트 뷰처럼 간혹 2D 원도우 내의 1차원으로 표시된다)로 폴더와 파일과 같은 부모–자식 컨테이너와 함께 정렬한다. 3차원을 이용하면 보다 많은 데이터를 적은 영역에 정렬하고 내비게이트를 도와줄 수 있다. 사람들은 물리적 물체가 어떤 공간에 있는지 주변의 레퍼런스를 이용해서 충분히 기억할 수 있다. 이런 기술은 데이터 물체를 3D 파일 시스템에 적용할 수 있다.

그렇지만 이런 가정은 공간의 정렬에 일관성이 있고 사용할 때마다 바뀌지 않는 것을 전제로 한다. 또한 공간적으로 익숙하지 않은 사용자는 레이아웃을 혼동할 수 있다. 사용자가 자꾸 열쇠를 잃어버린다면 분명히 문제가 될 것이다.

또한 파일 이름이나 키워드 같은 파일의 상세 내용을 가리지 않도록 하는 것도 중요하다. 이 장 앞부분에서 「쥬라기 공원」을 사례로 설명했듯이 새로운 차원은 그것이 풀어내는 문제만큼이나 새로운 문제를 야기할 수 있다. 가장 성공적인 사례는 「카우보이 비밥」처럼 차원은 파일의 방향성을 결정하는 데 이용하고 속성에 따른 데이터는 다른 차원에 배열하여 마치 파일이 무작위적으로 분포하는 것처럼 처리하는 것이 자연스럽다.

모션 그래픽

SF에서는 항상 깜빡이는 불빛과 버튼이 등장한다. 터치스크린과 평면 디스플레이의 시대가 오면서 애니메이션은 좀 더 흔해졌다. '모션 그래픽'에서 우리는 콘텐츠보다 인터페이스 그 자체를 언급하고

그림 3.39a, b

「스타트렉: 보이저」 (시즌 5, 에피소드 26: 이퀴녹스equinox, Part 1: 1999), 「스타트렉」(2009)

자 한다. 예를 들어 파일을 드래그해서 폴더 위에 올려놓으면 폴더 아이콘이 열리는 것처럼 애니메이션이 되는 것은 인터페이스 요소지만, 유튜브 윈도우에 디스플레이되는 비디오는 인터페이스 요소가 아니다. SF에서 예를 들면 「스타트렉 오리지널 시리즈」(그림 3.7a) 디스플레이 스크린에 나타나는 데이터는 콘텐츠이지 인터페이스가 아니다. 그에 비해 「아이언 맨」(그림 3.34)에서 나타나는 콘텐츠가 복사될 때 깜빡이면서 움직이는 것은 인터페이스의 일부다.

예를 들어 「스타트렉」 LCARS 인터페이스는 사용자 인터랙션에 따라 프레임이나 버튼 등의 인터페이스가 거의 변하지 않는다(그림 3.39a). 스크린은 애플리케이션을 새로 실행할 때처럼 기능이 새로운 인터페이스가 있다면 새로 그릴 수 있겠지만, 시스템을 사용하는 데 애니메이션을 병합하지는 않는다. 비디오, 도표, 애니메이션 콘텐츠는 LCARS 인터페이스 전반의 콘텐츠 영역에 나타난다. 이와 대조적으로 「스타트렉」의 새로운 영화 시리즈에는 인터페이스가 좀 더 복잡하고 애니메이션도 간혹 사용하였다(그림 3.39b).

영화 「로스트 인 스페이스Lost in Space」에서는 우주선의 많은 인터

그림 3.40a - c
「로스트 인 스페이스」(1998)

페이스 스크린이 지속적으로 움직인다. 이런 모션은 대부분 스크린에 유용한 정보를 띄우는 것과 관계가 있다. 그러나 콘텐츠나 컨트롤이 고정이어도 배경 디스플레이는 사용자의 주의를 끌고 시스템 정보 등을 표시하기 위해 어떤 패턴을 지속적으로 보여 준다(그림 3.40a). 예를 들어 크리오제닉 인터페이스cryogenic interface(크리오제닉이라는 단어는 저온이나 냉동을 의미하는 것으로, 문맥상 우주여행을 하는 동안 동면을 관리하는 기기의 인터페이스를 말한다) 배경의 움직임은 시스템이 현재 동작하고 기능도 정상이라는 것을 의미한다(그림 3.40b). 이와 비슷하게 파일을 전송할 때 배경에 나타나는 모션은 전송이 진행되는 것을 의미하고, 전경에 나타나는 모션 그래픽은 전송이 얼마나 진행되었는지 보여 준다(그림 3.40c). 애니메이션은 시스템을 보다 동적으로 보이게하며, 이런 움직임은 모션이 거의 없는 LCARS 인터페이스와는 매우다른 효과를 불러온다.

LESSON 모션을 이용해서 조심스럽게 주의를 끈다

인간의 시각 시스템은 상구superior colliculus라는 뇌의 부위에서 주의를 끌어내는 트랙을 가지고 있다. 이 부위는 갑작스러운 불빛이나 움직임, 물체가 등장하고 사라지는 것을 일부러 의식하지 않더라도 빠르게 감지하는 것에 특화되어 있다. 이 시스템 때문에 움직이는 그래픽이 필요하고, 인간의 주의가 집중되는 것이다.

「로스트 인 스페이스」의 사례에서 보듯이 인터페이스 백그라운드가 움직이는 것은 고정된 그래픽이나 사진보다 시스템이 활성화되어 있다. 그렇지만 움직임이 주의를 반사적으로 빼앗아 가므로 현재 하는 작업에 대한 주의를 분산시킬 수 있다는 점 때문에 조심해서 활용해야 한다. 만약 애니메이션 때문에 주의를 강제로 빼앗기는 상황에서 그것을 가치 없는 것으로 생각한다면, 그 시스템에 짜증이 날 것이다.

LESSON 모션으로 창조하는 의미

모션 그래픽은 집중도나 세련미에서 정적인 스크린보다 우월하다. 뭔가 현대적 느낌을 주는 것 이상의 것도 할 수 있다. 모션 그 자체에 정보를 담을 수 있기 때문이다. 단순히 시스템의 동작 여부 그리고 현재 네트워크의 부담이 어느 정도인지, 현재 진행하는 작업에 대한 시스템의 신뢰 정도 등과 같이 다양한 의미를 전달할 수 있다. 그 밖의 파트 간의 관계를 나타내거나 어떤 것이 슈퍼셋이고 서브셋인지, 어떤 것과 비슷하거나 다른지 나타낼 수도 있다. SF는 이런 뉘앙스를 관객에게 전달하기 위해 뭔가를 설명할 시간이 없다. 그러나 실세계에서는 인터페이스가 풀어내려는 풍부함을 설명할 정도의 시간은 있다. 예를 들어 파워포인트나 키노트에서 활용하는 전환 애니메이션은 불필요하게 느낄 수도 있지만, 단지 꾸미기 위해서가 아니라 어떤 정보들 사이의 관계나 변화를 세밀하게 전달하기 위해 신중하게 선택할 때도 있다.

비주얼 스타일

SF 인터페이스에서 가장 두드러진 특징 중의 하나가 바로 비주얼 스타일Visual Style이다. 타이포그래피, 색상, 형태와 텍스처, 레이아웃과 그룹화, 투명도 등에 이르는 다양한 디자인 요소를 특정 세트로 만들어서 독특하면서도 일관성 있게 만든다. 이런 비주얼 스타일은 잘 만들면 눈에 띄는 요소가 되어, 영화나 시리즈 전반에 존재감을 나타낸다. 어떤 경우에는 주인공에 버금가는 인지도를 가질 수도 있다.

「메트로폴리스」나 「플래시 고든Flash Gordon」 등 초기 SF 영화나 텔레비전 시리즈 제작자들은 의식적으로 특정 비주얼 요소를 활용해서 미래를 시각적으로 나타내려고 애를 썼다. 그래픽 디자인과 함께 산업적 요소를 강조했는데, 이런 것이 관객에게 미래가 유토피아 또는 디스토피아라는 상상과 느낌을 선사하였다. 이런 작품의 인터페이스는 스타일을 더 강화한다. 혼잡하고 더러우면서 부산한 인터페이스는 주인공에게 대항하는 세상을 이야기하는 것 같고, 조용하고 쉽게 사용이 가능하며 우아한 인터페이스는 관객과 사용자에게 미래에는 기술이 우리의 삶을 더 쉽게 만들어 줄 것이라는 이미지를 전달한다.

이 섹션에서는 강한 비주얼 스타일을 살펴볼 때 단지 잘 만드는 것이 중요한 것이 아니라 SF 세계의 이야기를 전달할 때 어떤 도움을 주고 있는지에 초점을 맞추어 영화나 텔레비전 시리즈의 일부 사례를 골랐다.

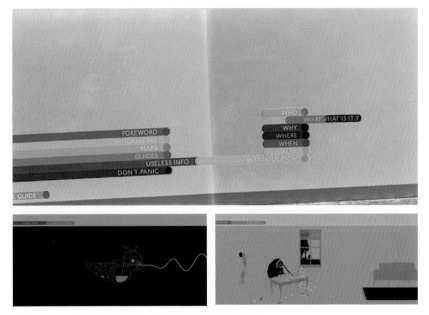

그림 3.41a – c 「은하수를 여행하는 히치하이커의 안내서」 (2005)

「은하수를 여행하는 히치하이커를 위한 안내서」

「은하수를 여행하는 히치하이커를 위한 안내서The Hitchhiker's Guide to the Galaxy」의 인터페이스는 굵고 유머러스한 스타일을 영화에 잘 녹여 내었다. 백그라운드는 풀 스크린으로 원색 계열을 이용한 무지개색 인터페이스 시스템을 채용했고, 주어진 주제가 그룹화되어 있던 쪽에서 오른쪽으로 미끄러져 나가는 방식으로 표현된다. 컬러는 카테고리를 다르게 표현하는 데 이용되었지만, 그 밖의 특별하게 일관된 의미를 전달하고 있지는 않다. 이 인터페이스는 많은 다이어그램이나 애니메이션을 평면 그래픽 스타일로 유지하는데, 주제 카테고리에 따라 색조에 다소 변화를 주었다. 이 스타일은 대담하고 진근하면서도 약간은 불합리하고 놀랍지 않은 세계를 말한다(그림 3.41).

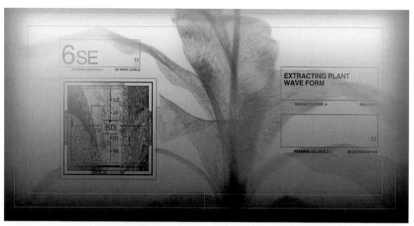

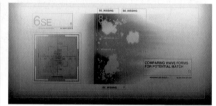

그림 3.42a – c 「파이널 판타지」(2001)

「파이널 판타지」

색조와 관련하여 완전히 다른 효과를 보여 준 작품으로 애니메이션 영화 「파이널판타지Final Fantasy」가 있다. 여기서는 꽃을 피우는 식물을 분석하는 인터페이스를 그려내는데, 커다랗고 미묘한 배경 이미지와 오버레이 텍스트, 박스와 떠다니는 '윈도우'로 표현하였다. 투명도와 부드러운 변이gradation를 세밀하게 표현하여 몽환적인 독특한 기술의 느낌이 난다(그림 3.42)

「리딕: 헬리온 최후의 빛The Chronicles of Riddick」

이 영화에 나오는 우주선 콕핏cockpit에는 세 개의 중앙 스크린에

그림 3.43a–c 「리딕: 헬리온 최후의 빛」(2004)

서 둥근 창문에 프로젝션되어 컬러 그래프를 보여 주는 다양한 물리적 컨트롤과 비주얼 디스플레이가 보인다. 비주얼 스타일의 중요한 역할은 파란색과 회색조의 평면적인 배경 영역에 글자를 나타내는 것이다. 인터페이스 전반에 동그란 모양이 주요 그래픽 요소로 자리를 잡고 있고, 정보를 전달하는 텍스트와 숫자가 스파르타 같은 느낌을 전달한다(그림 3.43).

「인크레더블」

애니메이션 영화 「인크레더블The Incredibles」에서는 그래픽과 텍스트가 단순하고 깔끔하며 듬성듬성하다. 평면적인 그래픽 실루엣과 유로스타일 글꼴을 이용한 것은 「스타트렉」과 비슷하다(LCARS 사례 참고). 그러나 그래픽 요소는 밝은 파란색과 밝은 회색 배경에 이용되

그림 3.44a - c 「인크레더블」(2004)

어 마치 청사진 같은 느낌을 전달한다. 컬러는 주로 이들의 조합으로 이루어지지만 간혹 주의를 사로잡는 원색조의 빨간색을 이용한다. 이런 인터페이스 요소의 조합은 신뢰를 주고 눈에 띄면서도 오리지널이라는 느낌을 주어서 마치 1950년대 미국의 슈퍼히어로가 실제로 나타난 듯하다(그림 3.44).

이전의 사례를 보면 인터페이스에 사용한 요소가 원형은 아니었다. 예를 들어 유로스타일은 흔히 이용하는 SF 글꼴이고, 원형 스크린도 그렇다. 원색의 팔레트와 와이어프레임 모델을 쓰는 것도 많은 영화에서 나온다. 그렇지만 이들을 일관되게 특정 조합으로 쓰는 것으로 이 인터페이스는 독특한 스타일을 창조했고, 그 자체로도 알 수 있게 만들었다.

마지막으로, 비주얼 스타일을 논할 때 「스타트렉」의 LCARS 인터

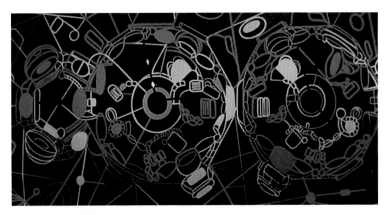

그림 3.45 「로건의 탈출」 (1976)

페이스를 빼놓는다면 그것은 불완전한 것이다.

사례: 「스타트렉」 LCARS

SF 비주얼 디자인의 역사에서 중요한 변화는 「스타트렉」이 오리지널 텔레비전 시리즈에서 사용한 기계적이고 불이 들어오는 버튼 중심의 컨트롤을 「스타트렉: 넥스트 제너레이션」에서 백라이트 터치 패널로 바꾼 사건이다. 새로운 인터페이스는 비주얼한 특징도 화제였지만 완결성도 높고 확장성을 갖추었으며 영향력도 컸기에 중요하다.

2장에서도 말했듯이 이 변화가 나타난 이유는 텔레비전 시리즈의 예산 때문이다. 이 인터페이스를 만든 사람은 단순히 엔터프라이즈호 함교를 채울 각각의 수많은 버튼을 만들 자금이 부족해서 이 디자인을 택하였다. 제품 디자이너인 마이클 오쿠다와 그의 팀은 훨씬 적은 비용으로 대안을 찾아야 했는데, 이들은 9년 전 「로건의 탈출」에 등장한 플라스틱에 그래픽을 프린트하고 이를 백라이트로 비춘 기술에 주목했다(그림 3.45).

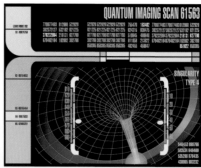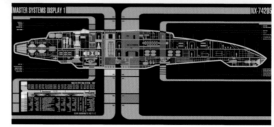

그림 3.46a-c

「스타트렉: 넥스트 제너레이션」
(1987)에 사용된 LCARS 인터
페이스

일단 오쿠다 팀이 이 기술을 쓰기로 결정하자 비용에 대한 압박에서 벗어나는 동시에 물리적 인터페이스의 속박에서도 벗어나 획기적인 디자인의 시대를 열었다. 이 기술은 「로건의 탈출」에서는 단지 디스플레이에만 쓰였지만 「스타트렉: 넥스트 제너레이션」에서는 컨트롤로도 쓰이면서 터치스크린 기술의 효시가 된다.

그 결과 탄생한 것이 LCARSLibrary Computer Access and Retrieval System라는 컴퓨터 인터페이스다. 검은 배경에 빽빽한 산세리프 글꼴SWISS 911 Ultra Compressed BT을 전반적으로 이용하였고, 둥근 코너 배경, 파스텔 색조의 파란색과 보라색, 그리고 오렌지색을 더 밝고 강한 색조의 그래픽과 텍스트와 함께 사용하였다. 이런 공격적인 배경 그래픽은 버튼과 라벨, 정보 다이어그램, 비디오 등이 위치한 그리드 구조와 함께 프레임을 구성한다. 이 그래픽 시스템은 다양한 애

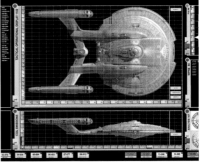

그림 3.47a – c
「스타트렉:엔터프라이즈」 (2001 –
2005)에 사용된 엔터프라이즈 001
인터페이스

플리케이션과 다이어그램, 컨트롤, 스타플릿starfleet 기술을 지원한
다(그림 3.46).

LCARS 인터페이스는 「스타트렉」 텔레비전 시리즈와 네 편의 영
화를 거치면서 매우 일관되고 오랫동안 활용되었다. 뿐만 아니라 과
거와 미래의 두 가지 변형까지 만들어 내면서 우주의 기술 진화를 표
현하기도 했다. 프리퀄에 해당하는 「스타트렉: 엔터프라이즈」에서는
터치스크린 디스플레이와 물리적 컨트롤이 섞여 있는 다른 비주얼
언어가 등장했다(그림 3.47). 이런 디스플레이는 패널과 표면의 통합
정도가 LCARS 인터페이스에 미치지 못했다. 「스타트렉: 엔터프라이
즈」의 인터페이스는 LCARS 인터페이스에서 영감을 받아 만든 것으
로 생각되나, 기술적으로 그 일부는 아니다. 이 인터페이스 가상의 부
위virtual portion는 저해상도 컬러 프레임을 사용했지만 원색도가 더

높은 색깔의 버튼을 사용했고, $2\frac{1}{2}$D 그림자 효과를 스크린 컨트롤에 적용하여 마치 물리적 버튼과 같은 느낌을 흉내 냈다.

「스타트렉: 엔터프라이즈」그래픽 언어는 거의 완전한 사각형이었으며 모든 데이터와 컨트롤은 사각형 윈도우에 담겨서 오버랩이 되지 않았다. 둥근 요소는 매우 적었고 (일부 윈도우 프레임이 왼쪽 상단에 둥근 모서리가 있지만), 몇몇 사각형 버튼이 그들의 프레임 위에 겹쳐서 표시되었다. 이런 요소는 이 시리즈 인터페이스를 독특하게 만들면서도 제한적인 터치스크린 기능을 넣어서 기존 시리즈와 연관성을 나타내었다.

LCARS 인터페이스의 미래 변형은 네 번째 텔레비전 시리즈 「스타트렉: 보이저」에 나온다. '상대성Relativity' 에피소드에서 미래에서 온 스타플릿 우주선에 TCARSTemporal Computer Access and Retrieval System(그림 3.48)라는 LCARS 인터페이스의 변형이 등장한다. TCARS 인터페이스에는 몇 가지 차별점이 있는데, 검은 배경 패널과 터치스크린 같은 계보의 특징은 명확하지만 프레임 그래픽이 긴 타원형에 바탕을 둔 곡선 그래픽을 많이 이용하였고, 색상도 푸른빛이 많이 감돌았다. 몇몇 버튼은 원형이 아니라 타원 모양이었다. 일부 스크린에서는 둥근 요소가 LCARS 인터페이스에 보이는 직각 그리드가 아닌 방사형 그리드를 사용하였다. 편평한 프레임 그래픽뿐만 아니라 몇몇은 그림자와 함께 입체적인 느낌을 주었다. 전반적으로 「엔터프라이즈」보다는 부드러운 효과를 보였다.

이런 변화는 TCARS가 LCARS 인터페이스의 기본 요소가 200년이 지나 진화한 사실을 나타낸다. 이것은 관객이 지나치게 낯선 것에 직면하지 않고 지나간 시간을 이해하는 데 도움이 되었다.

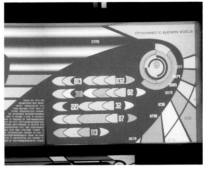

그림 3.48a - c

「스타트렉: 보이저」 (시즌 5, 에피소드 24: 상대성, 1999)에 사용된 TCARS 인터페이스

「스타트렉」의 스타플릿 우주선에서 볼 수 있는 LCARS 인터페이스뿐만 아니라 24세기에 나타나는 여러 종족의 인터페이스가 시리즈 전반(「넥스트 제너레이션」, 「딥 스페이스 나인」, 「보이저」)과 영화에서 나타내는 일관된 요소는 커다란 터치스크린 표면과 검은 배경이다. 그런데 색상과 프레임의 형태, 레이아웃, 글꼴 등은 종족마다 다르게 표현되었다. 전반적인 효과는 현재와 비슷한 기술이라는 것 그리고 동시에 특정 문화와 관련이 있다는 것이다(그림 3.49).

LESSON 공통의 스타일을 선택해도 창의적인 조합만으로 독특한 형태를 창조할 수 있다

SF나 실제 생활을 가리지 않고 인터페이스의 차별화에 가장 효율적인 방법은 오리

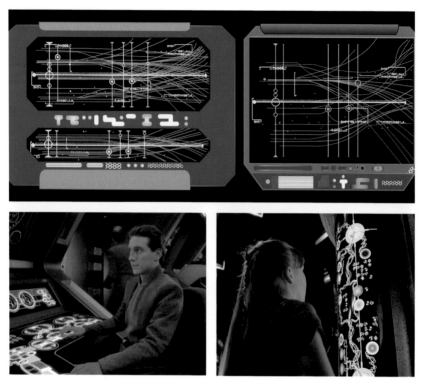

그림 3.49a-c 「스타트렉: 보이저」 (1997)에 사용된 크레멘 인터페이스, 「스타트렉: 딥 스페이스 나인」 (1998)에 사용된 바조란 인터페이스, 「스타트렉: 보이저」 (1999)에 사용된 보그 인터페이스

지널 컬러 전략과 타이포그래피의 변화, 디스플레이와 컨트롤의 배열을 바꾸는 것이다. 이는 그래픽 또는 비주얼 디자이너에게는 놀라운 것이 아니지만 많은 고객이나 감독은 사용자나 관객에게 너무 낯선 것을 보여 주려고 하지 않는다. 어쨌든 비주얼 요소가 적절하다면 지나치게 혼란스럽지 않게 독특하면서도 차별화된 제품 브랜드 또는 인터페이스를 경험할 수 있는 가장 좋은 방법이다.

비주얼 인터페이스는 미래에 대한 그림을
가장 자세하게 보여 준다

텔레비전이나 영화는 모두 비주얼 미디어이므로 색깔이나 형태, 기호, 타이포그래피 같은 비주얼 요소를 약간만 수정해도 이전에 봤던 것이나 현재 우리가 경험하는 실제 생활과 매우 다른 느낌의 스크린을 보여 준다.

이번 장에 소개한 여러 사례와 레슨은 우리의 실세계 인터페이스를 보다 미래 지향적으로 보이게 만드는 단어를 제공하였는데, 어떤 것을 다른 것과 차별화하거나 의도적으로 SF와 미래를 연결하는 데 매우 유용하다.

또한 이런 레슨은 비주얼 인터페이스 디자인의 경계가 우리가 알던 것보다 넓다는 사실을 알려준다. 우리의 인터페이스를 SF처럼 보이게 의도하지 않더라도 이런 경계를 탐구하는 것은 표준 모바일, 애플리케이션, 컴퓨터 인터페이스와 다른 비주얼 스타일을 발견하고 개발하면서도 여전히 '현실적'으로 보이도록 도와준다.

CHAPTER 4

볼륨 프로젝션

그림 4.1 「금지된 세계」(1956)

회오리치던 연기가 서서히 사라지자 크렐Krell 투명 디스플레이 케이스에서 모비우스 박사의 딸이 모습을 드러냈다. 작은 인형 같은 입체 영상은 미소도 짓고 움직이기도 했다.

아담이 소리쳤다.

"저것은 알테이라야!"

모비우스가 조용히 설명했다.

"사령관, 저것은 단순한 3차원 이미지라네."

아담은 박사의 설명을 듣고도 여전히 놀라움에 가득찬 눈길로 눈앞에 서 있는 작은 사람을 쳐다보았다(그림 4.1).

이 이야기는 영화 「금지된 세계Forbidden Planet」에 최초로 등장한 볼륨 프로젝션volumetric projection(이하 VP) 장면이다. 실제로 매우 오래전에 사용한 환영 기법 '페퍼의 유령Pepper's ghost'(판유리와 조명 기술로 실제 상과 판유리에 있는 '유령'이 겹쳐보이는 효과. 1862년, 존 헨리 페퍼가 처음으로 시연하였다)을 변형한 것인데, 멀리 있는 밝은 이미지가 상대적으로 어둡고 깨끗한 유리에 반사되어서 마치 이미지가 공중에 떠 있는 것처럼 보인다. 관객을 놀라게 할 때 큰 효과가 있어서 SF 제작자들이 좋아했다.

SF 제작자가 이런 디스플레이에 매료된 것은 이 기법이 정말 영화적이기 때문이다. 형태가 있고 빛이 있으며 움직인다. 영상 미디어에서 가장 중요한 형태와 빛, 그리고 동작이 모두 있는데 안 좋아할 수 있을까? 더구나 2D 스크린에 한정하지 않고 SF 제작자가 원하는 곳이면 어디에서든 장면을 연출할 수 있다. 그리고 실세계에서 사용하는 기술이 아니기 때문에 SF 스토리를 이용해 미래 기술이라는 메시지를 빠르고 쉽게 전할 수 있어서 유용하다.

무엇이 해당하는가?

'볼륨 프로젝션'은 사실 길고 복잡한 단어다. 왜 다른 사람들이 흔히 이용하는 홀로그램hologram이라고 하지 않았을까? 한 가지 이유는 홀로그램에 다른 종류의 이미지가 있기 때문이다. 「로건의 탈출」 결말에서 은색 물질 위에 여러 색깔의 형태가 음각된 장면을 기억하는가?(그림 4.2a) 또는 신용카드에 박힌 작은 홀로그램도 보았을 것이다. 이런 복잡한 인쇄 기술을 홀로그램이라고 하며, 이는 우리가 이야

그림 4.2a, b 볼륨 프로젝션으로 간주하지 않는 영화: 「로건의 탈출」(1976), 「최후의 스타화이터」(1984).

기하는 필름에 프로젝션하는 이미지와는 다르다.

또 다른 이름은 3D 디스플레이다. 그러나 이 이름도 문제가 있다. 물체를 2D 스크린에 마치 3D인 것처럼 보여 주는 것도 3D다.「최후의 스타화이터」에서 컴퓨터가 생성한 그래픽을 보여 주는 장면에서 잘 나타난다(그림 4.2b). 게다가 시청자가 마치 3D처럼 느끼는 양안시 기술stereoscopic technology도 '3D 디스플레이'라고 간혹 묘사하기 때문에 이 또한 VP와는 다르다.

3D 영상이 공간에 보이고 누구든 여러 방향에서 특별한 안경 같은 디바이스의 도움을 받지 않고 3D를 볼 수 있는 VP를 가장 잘 설명한 장면은 단연「스타워즈」에서 오비완 케노비에게 보내는 레이아 공주의 메시지다(그림 4.3). 이 장면은 SF 역사상 가장 유명하고 표준적인 VP 장면이다.

「스타워즈」가 VP 사용법에 대한 스타일을 확립하였고, SF에서 표준 커뮤니케이션 미디어로 자리 잡았는데도 이와 다른 사례가 많다. VP는 SF 여기저기에 등장한다. 이 장르에서는 매우 중요한 기술이

그림 4.3 「스타워즈 에피소드 4: 새로운 희망」(1977)

라 이것이 등장하는 모든 영화나 텔레비전 드라마를 언급할 수도 없고 모든 VP 디스플레이 유형의 사례를 들 수도 없다.

이 책에서 설명한 일부 기술은 우리가 토론하는 기술의 범주를 넘어설 것이다. 일부 기술은 포함하면서 다른 기술은 포함하지 않은 이유를 설명하면 해당 주제의 속성을 확인하는 데 도움이 된다. 일부에서는 어째서 「스타트렉」의 홀로덱holodeck을 VP로 간주하지 않는지 의문이 들 것이다. 눈치 빠른 몇몇 독자는 우리가 정의한 것에 '무게가 없는massless'이라는 단어가 있다는 것을 알아챘을 것이다. 홀로덱 프로젝션은 대부분 무게와 견고함을 느끼는 힘의 장force field이 존재하며, 이는 이들만의 독특한 카테고리로 설명해야 한다. 그러므로 홀로덱은 이 장에서 설명하지 않고 11장에서 다룬다.

볼륨 프로젝션은 어떻게 보이나?

볼륨 프로젝션의 예를 살펴보기 전에 비슷한 방식끼리 묶어서 보는 것이 좋을 듯하다. 가장 전형적인 유형이 투명한 단색에 약간 푸른 기가 있고 살짝 빛이 나면서 스캔 라인이 보이고 조금씩 깜빡인다. 그림 4.4를 보면 「금지된 세계」 이후 얼마나 많은 곳에서 이 유형을 사용했는지 알 수 있다.

일부 영화에서는 3D임을 강조하기 위해 디스플레이로 날아가는 빛과 소스를 보여 주기도 한다(그림 4.5).

또 다른 영화에서는 강렬한 원색으로 표현하기도 하는데, 이때는 보통 VP를 와이어프레임 모델로 그리거나 정보 디스플레이의 문맥

그림 4.4a–g 「토탈 리콜」(1990), 「로스트 인 스페이스」(1998), 「매트릭스 2: 리로디드」(2003), 「세레니티」(2005), 「크리살리스」(2007), 「아이언 맨 2」(2010), 「트론: 새로운 시작」(2010)

으로 보여 준다(그림 4.6).

드물게는 프로젝션이 투명하지 않은 것도 있다. 이때는 보통 주인공이나 관객과 관련이 있다. 예를 들어 「백 투 더 퓨처 2」에서 마티 맥플라이Marty McFly를 거대한 VP 상어가 먹어버리고 가상의 홀로그램 필름인 「죠스 19」를 선전하는 장면(그림 4.7a)이 대표적이다. 또 다른 사례는 텔레비전 시리즈 「파이어플라이Firefly」에서 브롤러brawler가 창문 밖으로 튀어나갈 때 유리창이 산산이 부서지지 않고 잠깐 깜빡인 장면도 그렇다(그림 4.7b). 이런 장면은 관객에게 마치 이렇게 말하는 듯하다.

"하하! 이것을 실제라고 생각했다면 당신은 이게 SF라는 사실을 잊은 거야!"

그림 4.5a – c
「마이너리티 리포트」(2002),
「스타워즈 에피소드 3: 시스의 복수」(2005),
「디스트릭트 9」(2009)

그림 4.6a – c
「스타쉽 트루퍼스」(1997),
「스타워즈 에피소드 2: 클론의 습격」(2002),
「아바타」(2009)

이런 트릭을 보면 왜 VP에 시각적 속임수가 필요한지 제일 먼저 떠오른다. 시청자가 스크린에 나타난 물체와 동작을 마치 진짜처럼 느낀다면 어떻게 프로젝션을 실제의 물체와 구별한단 말인가. SF 세계에서 정의하는 규칙은 실제 세계와 다르다. 예를 들어 루크에게 이야기하기 위해 순간 이동한 레이아의 작은 클론과 다르다는 것을 어떻게

그림 4.7a, b 「백 투 더 퓨처 2」(1989), 「파이어플라이」(에피소드 2, 2002)

알 수 있는가? 물론 이런 것들은 대화하는 장면이지만 기술이 설명이 아닌 보이는 쪽으로 바뀐다면 대사에 대한 부담은 줄어들 것이다. 그러므로 여러 신호가 VP의 가상성virualness을 보여 줄 수 있어야 한다.

LESSON 가상virtual의 현실과 구별하라

VP가 정보를 많이 주고 지나치게 사실적이라면 이미지나 사운드, 데이터 등을 조금 변형해서 사용자가 실제와 혼동하지 않도록 해야 한다. 어떤 이유로 VP를 변형할 수 없다면 질문이나 손을 흔드는 것처럼 단순한 인터랙션으로 가상이라는 것을 확인해 주어야 한다.

LESSON 한 박자 쉬고 속임수임을 알려라

만약 VP로 관객을 속이려면 그 효과에 신빙성이 있어야 한다. 단순한 인터랙션으로 사용자를 속여야 한다면, 바로 속임수임을 들키게 하지 말고 잠시 한 박자 기다렸다가 속임수임을 알리는 것이 임팩트 있다.

이런 신호는 대부분 현존하는 미디어의 비주얼 장치에서 따온 것이다. 하얀색 돌출peaked whites이나 푸른 모노크롬bluish monochrome

은 흑백텔레비전에서 가져온 것이고, 스캔 라인이나 깜빡임 등은 공중파 텔레비전 신호에서 흔히 보던 것들이다. 최근에는 전자현미경에서 보이는 빛나는 윤곽선을 VP에 많이 차용한다. 영화에서 프로젝션의 빛을 프로젝션 선projection rays으로 표현하기도 한다. 제작자는 이런 비주얼 사례를 도입해서 관객에게 그 물체가 프로젝션한 이미지라는 것을 보다 빠르고 완벽하게 이해할 수 있도록 도와준다.

LESSON VP는 '페퍼의 유령' 스타일을 따라야 한다

VP의 비주얼 언어는 수사적으로 필요하다. 이 기술은 이미 실제 세계에서 흔히 사용하는 상황이고 관객은 수십 년간 SF를 보아 왔다. 따라서 디자이너는 더욱 신중하게 관객이 이해하는 방법을 찾아 문제를 풀어 나가야 한다.

볼륨 프로젝션은 어떻게 이용하나?

VP를 이용하는 방식은 보기보다 매우 다양하다. 비디오 메시지, 내비게이션, 전술적인 기획, 광고, 엔터테인먼트, 의학 영상, 사용자 인터페이스, 뇌의 훈련, 산업 디자인 등에서 이용한다. 심지어 2006년 픽사의 단편 「리프티드」에서는 외계인의 유괴 기술 훈련에도 이용하였다. 가장 많이 활용한 분야는 커뮤니케이션과 내비게이션, 의학 영상 부문이다.

커뮤니케이션

커뮤니케이션Communications 기술은 몇 가지로 나눌 수 있다. 구분

에 도움이 되는지 안 되는지 확인하는 방법은 커뮤니케이션이 동기식synchronous인지 비동기식asynchronous인지 알아보는 것이다. 동기식 기술은 커뮤니케이션하는 사람들이 마치 전화하는 것처럼 실시간으로 동시에 참여한다. 대체로 SF 영화에서는 동기식 커뮤니케이션이 많다(10장 참조). 비동기식 커뮤니케이션은 보내는 사람이 커뮤니케이션 내용을 인코딩해서 편지나 비디오 또는 오디오 같은 특정 미디어에 담아서 수신자에게 보낸다.

비동기식과 동기식이라는 단어는 사실 다소 현학적이어서 친근하게 각각 메시지message와 통화call라고 표현한다. 이들은 상당 부분 겹치기도 하는데 메시지를 작성하고, 편집하며, 전송하는 과정에서는 확실히 차이가 난다.

VP 기술은 대부분 메시지를 전달할 때 이용한다. 송신자가 기록 장치를 보면서 메시지를 기록해서 보내면 수신자가 그 내용을 영화처럼 돌려서 본다. 그렇지만 이것이 전화 형태라면 송신자가 수신자를 직접 보면서 같은 공간에 있게 된다. 그런데 이때 텔레비전이나 영화 관객이 보기에 서로 쳐다보면서 이야기하지 않으면 이상하게 보인다. 더 자세히 살펴보면 VP의 크기나 위치가 송신자와 다를 수밖에 없는데, 이때 크기와 위치의 조정 문제가 발생한다. 이 문제를 좀 더 자세히 살펴보자. 왜냐하면 이 문제는 VP뿐만 아니라 다른 종류의 비디오 통화에도 적용할 수 있기 때문이다.

예를 들어 다스베이더가 프로젝션으로 등장하는 「스타워즈 에피소드 5: 제국의 역습Star Wars Episdoe V: The Empire Strikes Back」의 한 장면을 생각해 보자. 다스베이더가 AT-AT(은하제국 육군의 수송, 전투용 4족 보행 병기) 콕핏에 나타났을 때, VP는 미니어처처럼 보인다. 왜

142

그림 4.8 「스타워즈 에피소드 5: 제국의 역습」(1980).

냐하면 실제 크기의 이미지로 나타난다면 스톰트루퍼(「스타워즈」 시리
즈에 나오는 가면을 쓴 제국의 일반병사) 조종사의 시야를 가리기 때문이
다(그림 4.8).

스톰트루퍼 입장에서는 이렇게 미니어처처럼 보여도 큰 문제는 없
다. 필요할 때 작은 다스베이더를 내려다보면서 이야기하면 된다. 그
런데 베이더는 무엇을 볼까? 만약 반대로 스톰트루퍼를 크게 확대한
다면 (사실 베이더가 눈을 맞추려면 그렇게 해야 한다) 베이더는 커다랗게
확대한 스톰트루퍼를 올려다보아야 한다(그림 4.9).

이들 사이의 상대적인 위상을 존중하고, 커뮤니케이션 시스템이 물
리적으로 안정적이려면 베이더도 내려다볼 수 있어야 한다. VP 카메
라가 동적으로 화자의 시선에 맞추어 위치를 잡지 않는다는 것을 감
안하면 이 시스템은 사회적으로 시선맞춤문제gaze-matching problem
를 일으킨다(이 문제는 학술적 연구에서는 시선 모니터링gaze monitoring이
라고 부른다). 이들이 자신 앞에 있는 VP의 눈을 쳐다보면 각각 밑을 내
려다보면서 마치 시선이 마주치는 것을 피하는 것처럼 보인다. 이런
시스템은 부끄러움이나 당황, 위압이나 거짓말과 같은 불확실한 사회

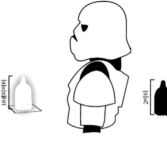

이것이 자연스러운 시점으로는 이상적이지만 가능하지도 않고 그렇게 바람직하지도 않다. 이렇게 되면 스톰트루퍼의 시야를 가린다

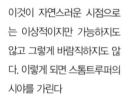

크기를 조절하면 일부 문제를 해결할 수 있다.

그러나 다스베이더의 자세가 좀 이상해진다. 그는 물리적으로나 위계적으로 이런 느낌이 불편할 것이다.

그림 4.9 단순한 절단이나 크기 조절만으로는 눈 맞춤 문제를 해결하지 못한다.

적 신호를 알아챌 수 없기 때문에 받아들이기 어렵다.

이 문제를 풀 수 있는 또 하나의 방법은 프로젝션을 공중으로 들어올려서 시선 높이에 맞추는 것이다(그림 4.10). 실제로 「스타워즈」에서 이 기술을 몇 번 사용하였는데, 둥실 떠 있는 VP 송신자의 발이 보이지 않도록 하였다. 「시스의 복수」에서도 이 기술을 사용하였다. 오비완이 오르가나Organa 상원의원과 우주선을 조종하면서 대화하는

두 참여자가 모두 아래를 내려다보게 하면 눈 맞춤이 일어나지 않는다

크기를 조절하여 눈을 맞추려면 VP가 공중부양하는 수밖에 없다.

그림 4.10 공중부양과 크기 조절로 눈 맞춤 문제를 해결.

그림 4.11 「스타워즈 에피소드 3: 시스의 복수」(2005)

장면인데 영화제작자는 사람이 떠다니는 문제를 영화 프레임을 편집해서 관객에게 오르가나의 발을 보여 주지 않는 방법으로 해결하였다(그림 4.11). 그러나 실제 세계에서는 인터페이스 디자이너가 이와 같은 편집 기술을 활용할 수 없으므로 공중부양 프로젝션 문제는 매우 심각하다.

그렇다면 개인 대 개인의 VP에서 크기를 조정하고 위치를 정하는 문제는 시선 맞춤 문제 때문에 성공할 수 없는 것일까? 반드시 그런 것은 아니다. 다만 우리는 영화에서 벌어지는 것이 실제 생활과 다른 방식으로 진행되었는지 알아보려고 이 문제를 다루었을 뿐이다.

LESSON VP 시스템은 단지 알리는 것이 아니라 해석하는 것이다

VP 기술이 보이는 것보다 훨씬 복잡하다면? 단순히 카메라가 어떤 정보든지 수동적으로 전달한다면 VP 시스템은 사진과 컴퓨터가 만들어낸 렌더링한 이미지를 섞어서 출력하는 스캐너와 별반 다르지 않다. 좀 더 복잡한 시스템은 이렇게 동작한다. 카메라가 송신자의 움직임을 포착하고 시스템은 그 정보를 이용해서 수정 가능한 모델을 만든다. 송신자의 이미지를 가지고 수신자를 위해 그려낼 때, 자동적으로

몸과 눈의 위치를 파악해서 시선을 자연스럽게 조정한다. 만약 실세계에서 사용자가 자신의 VP의 시선에 맞춰서 같이 소통한다면 반대편 자신의 VP 아바타는 마치 실세계의 수신자처럼 눈을 맞출 수 있다. 물론 이렇게 하려면 아바타의 위치와 시선을 조정해야 한다.

어떤 경우에는 사회적인 관계를 인식할 만큼 충분히 스마트해서 적절하게 처리해야 한다. 예를 들어 눈을 낮추어서 존중한다는 이미지를 주거나, 눈을 굴려서 멸시하는 듯한 느낌을 전달하는 상황이다. VP는 사회적인 상호작용을 자연스럽게 유지하면서도 필요한 상황에 맞게 위치나 크기를 조정해야 한다. 비디오 화상 콘퍼런스에서도 카메라 위치가 거의 중앙에 있지 않기 때문에 이 문제 역시 중요하다. 카메라 위치를 스크린에 정확히 맞춰 눈높이가 맞을 때까지는 상호작용이 자연스럽게 보이도록 컴퓨터로 조정해야 한다.

이 문제는 시디어스Sidious가 「시스의 복수」에서 악명 높은 66번 명령Order 66을 발동했을 때에도 나타난다. 이미지를 비교해 보면 화자 지위 체계에 문제가 있다는 것을 알 수 있다. 코디 사령관Commander Cody은 시디어스의 미니어처 VP를 내려다보고, 시디어스는 그를 올려다보아야 한다. 그런데 코디의 프로젝션이 수평하게 위치해 있다 보니 시디어스도 수평하게 코디를 쳐다본다(그림 4.12)

소프트웨어가 이렇게 큰 의미의 손상 없이 동작의 느낌을 이해하고, 변형하며, 보여 줄 수 있도록 만드는 것은 무척 어려운 작업이다. 그러나 인터페이스 디자이너는 실세계에서 이와 유사한 문제에 대처해야 한다. 아마도 눈의 시선을 다시 처리하는 것과 같이 좀 더 간단한 단계에서 시작해야 할 것이다. 이렇게 사회적인 관계를 알 수 있는 시스템을 만들 수 없다면 시선 맞춤 문제를 해결하는 보다 직접적

그림 4.12a, b 「스타워즈 에피소드 3: 시스의 복수」(2005)

그림 4.13 「스타워즈 에피소드 3: 시스의 복수」(2005)

인 방법이 하나 더 있다.

LESSON VP와 눈높이를 맞출 것

앞에서 말했듯이 「스타워즈」의 VP 위치를 정하는 첫 번째 규칙은 '사람들을 띄우지 말고 시야에서 발을 숨겨라'다. 그러나 공간에 제약이 있으므로 아바타를 매우 작게 표현할 수밖에 없고, 길게 대화하려면 내려다보면서 이야기해야 하기 때문에 목에 무리가 따른다. 이때 VP를 적절한 '무대' 위에 세우면 높이와 눈을 맞출 수 있다 (그림 4.13).

사회적 위계 강화

「스타워즈」의 VP에 나타난 또 하나의 문제는 제국과 제나이의 제도나 사회적 위계에 따라 다르게 나타나는 표현 방식이다. 제국의 VP

그림 4.14a, b 「스타워즈 에피소드 5: 제국의 역습」(1980), 「스타워즈 에피소드 3: 시스의 복수」(2005)

는 언제나 위계에 따라서 크고 작게 표현한다. 보통 높은 사람은 크게, 낮은 사람은 작게 그린다(그림 4.14a). 그에 비해 제다이 의회는 그들의 평등주의 원칙을 강화하는 방식으로 표현한다. 그래서 VP도 실제 크기 비율로 나타난다(그림 4.14b).

> **OPPORTUNITY** 아바타의 크기를 중요도에 맞게 조절하라
>
> 시선 맞춤문제를 해결하고 나면 커뮤니케이션 디스플레이에서 변수가 되는 것은 크기 문제다. 어떤 크기가 적절한지는 맥락에 달렸다. 회의에서 위계나 나이에 따라 고정될 수도 있다. 예를 들어 백악관의 언론비서관은 버추얼 브리핑에서 기자들보다 크게 보일 수 있다. 또한 동적으로 변화를 줄 수도 있다. 예를 들어 공공을 대상으로 하는 콘테스트에서 인기도에 맞춰 크기를 다르게 한다거나 비즈니스 미팅에서 현재 이야기하는 사람을 크게 표시할 수 있다.

내비게이션

VP를 활용하는 또 하나의 공통 요소는 물체나 사람들에게 공간 내 비게이션을 보여 주는 것이다. 이런 장면은 실제 미래의 시나리오에서 VP를 어떻게 적용해야 하는지 힌트를 주기도 한다. 어느 쪽에서 봐도 보이고 공간의 맥락을 충실히 보여 주기 때문에 공간 문제를 더

그림 4.15a – c
「로스트 인 스페이스」(1998),
「매트릭스 리로디드」(2003),
「아바타」(2009)

잘 이해할 수 있다. 하지만 이런 많은 장면은 주로 주인공이 목적지에 도달하기에 어려움을 토로하거나 특정 포인트에 연락을 하는 의미로 나타날 뿐 문제를 풀거나 여러 사람이 상호작용하는 용도로 나오지는 않는다(그림 4.15).

의료 영상

VP를 활용하는 세 번째로 흔한 사례는 의료 영상의 표현이다. 비침습적이면서도 실시간으로 인체 내부를 볼 수 있다거나(그림 4.16), 경계가 밝고, 투명하며, 컬러를 입힌 렌더링이 되어서 다양한 기관의 복잡한 관계를 확인하고 관찰할 수 있다. 의료 영상은 대부분 VP와 프로젝션되는 물체가 같은 공간에 있다. 이런 의료 영상은 VP의 또 다른 미래를 약속하는 쇼케이스인데 현실을 새롭게 보여 주고 관찰과 연구, 그리고 이해도를 높이는 용도로 쓰인다(더 자세한 의료 인터페이스 내용은 12장 참조).

그림 4.16a – c

「로스트 인 스페이스」(1998),

「크리살리스」(2007),

「파이어플라이」(에피소드 9: 아리엘, 2002)

실세계의 문제들

앞으로도 VP는 SF에서 중요하게 다룰 것이다. 이미 사용 방식을 명확하게 확립했고 영화에 적합하게 변했다. 그러나 실제 세계에서 SF에서 충분히 다루지 않은 문제가 있다. 이에 대한 이슈를 이야기해 보자.

혼란

앞에서 말했듯이 사람은 어떤 것을 3차원으로 보면서 특별한 중력을 느끼지 못하면 상당히 혼란스러워한다. 보이는 것을 실제로 느끼는 것은 당연한데 그러지 못하기 때문이다. '페퍼의 유령' 비주얼 스타일을 SF에 도입하여 이런 차이를 알았지만 디자이너가 실제로 이런 것을 구현한다면 어떤 다른 것이 그 자리를 차지하기 전까지는 상당한 혼란이 일어날 수 있다.

'페퍼의 유령 스타일' 자체에도 문제점이 있다. 투명하고 무게감이 없어서 신호가 빠르긴 하지만 동시에 눈이 피로하다. VP 뒤에서 또 다른 빛을 비추면 사용자가 광원과 다른 것을 구별하기 때문에 눈에 부담이 가중된다. 특히 프로젝션된 데이터를 보고 있으면 더욱 그렇다.

잘라내기|Cropping

물체는 3D 맥락으로 존재하지만, 사용자는 이를 둘러싼 환경에 그리 큰 흥미를 느끼지 못한다. 예를 들어 「파이어플라이」(그림 4.16c)에서 리버가 기댄 병원 침대는 VP 대상이 아니다. 왜냐하면 의사는 여기에 관심이 없기 때문이다. 또한 「로스트 인 스페이스」와 「아바타」처럼(그림 4.15a, c) 특정 행성이 위치한 주변 맥락이 정보를 이해하는 데 결정적일 수도 있다.

그러나 다른 예에서는 맥락이 주는 힌트만으로도 유용하다. 「클론의 습격」에서 요다는 오비완의 지오노시스Geonosis(「스타워즈」 시리즈에 등장하는 행성 중의 하나) 소식을 VP 리포트에게 듣는다. 그런데 이 프로젝션에서 오비완의 실루엣 사이로 비가 오는 것을 볼 수 있다. 심지어는 다른 방향에서도 프로젝션이 되어 보인다(그림 4.17). 감지하기 어려운 맥락의 단서인 빗소리가 없었다면 요다는 오비완이 소리를 지르며 메시지를 전달하는 모습을 보고 어딘지 자세가 불편하고 흥분했다고 판단했을 것이다.

「스타워즈」와 같이 시스템이 맥락을 스마트하게 해석하지 못한다면 그냥 전체 장면에서 물체를 잘라내서 보여 주는 것이 나을 것이다.

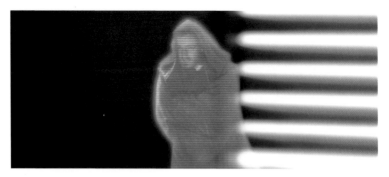

그림 4.17 「스타워즈 에피소드 2: 클론의 습격」(2002)

그러나 이렇게 하면 물체를 잘못 자르거나 움직이는 물체가 나타났다가 없어지고, 없어졌다가 나타나는 상황이 발생할 수 있다.

가로막기 Occlusion

만약 3D 잘라내기를 방 안의 벽이나 천장 또는 커다란 물체 등을 포함한 환경에서 진행한다면 해당 장면에서 주로 관심을 갖는 아이템을 가로막을 가능성이 있다. 물론 픽사의 단편 「리프티드」에서처럼 투명함을 이용하거나 윤곽선을 빛나게 해서 이런 외부 물체를 무시할 수도 있지만 문제는 눈이 피로하다는 것이다(그림 4.18).

그림 4.18

「리프티드」(2006)

그림 4.19 「매트릭스 2: 리로디드」(2003), 「아바타」(2009)

VP는 아직 관객이 실제 경험하기 어렵기 때문에 SF 제작자는 2D로 표현하기보다 더 나은 것이라면 부적절한 정보도 3D로 표현한다. 이런 예는 다행히 매우 적지만, 어쨌든 3D가 어떤 경우에도 좋다는 과도한 기대를 불러일으킬 수 있다.

대표적인 예가 「매트릭스 2: 리로디드」다. 지온Zion에서 일하는 사람들이 도시 게이트로 접근하는 것을 막기 위한 보안과 접근관리 장면이다. 이들은 가상현실에서 복잡한 정보가 떠다니는 정보 패널과 3D 공간이 겹치는 혼란스러운 환경에서 일한다. 이를 꼭 기술적으로 VP라고 할 수는 없지만, 이런 인터페이스에서 「아바타」에서 보듯이 조작자의 시각에서는 2D 포맷으로 이용하는 것이 물리적으로나 시각적으로 더 쉽다는 것을 알 수 있다(그림 4.19).

볼륨 프로젝션은 SF에서 정의되었다

VP는 인간이 세계에서 자신을 둘러싼 것들을 느끼는 방식인 3D로 정보를 제시한다는 큰 이점이 있다. 우리는 두 개의 눈으로 보는 시각과 두 개의 귀로 듣는 청각, 그리고 운동시차motion parallax(망막 상에서 가까운 대상과 먼 대상의 이동 속도 차이. 관찰자가 움직일 때 가까운 사물은 빨리 움직이는 것처럼 보이고 멀리 있는 사물은 느리게 움직이는 것처럼 보이는 현상으로 깊이를 느낄 수 있다)를 활용해서 3D 공간에 담긴 정보를 이해하고 해석한다. VP는 이런 능력을 우리의 디지털 인터페이스에 가져다준다.

그러나 현실 세계에서 볼륨 디스플레이가 저렴해지고, 누구나 접근할 수 있을 때까지 우리는 대부분 SF에서 이를 디자인하고 경험해야 할 것이다. 다만 이렇게 지속해서 노출하다 보면 실제 세계에서도 결국에는 쉽게 도입하고 부드럽고 유용하게 쓰일 것이다.

CHAPTER 5

동작 인터페이스

그림 5.1
「지구 최후의 날」(1951)

클라투Klaatu가 수상한 우주선으로 돌아와 선실 바깥에 있는 패널 앞에서 손을 흔들자 문이 열렸다. 그는 투명한 컨트롤 패널에 접근하여 손을 다시 흔들었다. 그러자 컨트롤에 불이 들어오고, 디스크가 돌기 시작하였으며, 원형의 스크린은 은은한 불빛을 만들어 냈다. 클라투는 자신의 이상한 외계인 목소리를 녹음하기 시작했다.

"임래 클라투 나루왁. 마크로 푸발 바라투 루덴세 엠프리싯⋯⋯."(그림 5.1)

여기에 해당하는 것은 무엇인가?

사용자는 동작 컨트롤로 손가락, 손, 팔 등의 자유로운 동작과 위치를 시스템에 입력할 수 있다. 일부 시스템은 2D 표면과 접촉하여 동작하는데, 이것이 터치스크린이다. 사용자가 장갑을 끼어야 시스템이

그림 5.2a, b
「에일리언」(1986), 「매트릭스 2: 리로디드」(2003)

손가락의 위치를 확인하기도 한다. 대부분 볼륨 프로젝션과 연관되어 있지만 클라투가 사용하는 시스템과 같이 일부 그렇지 않은 것도 있다. 동작 인터페이스는 직접 조작하기 위해 디자인되었으므로 마우스나 포인터, 커서와 같은 중간 단계 인터페이스 요소가 항상 부족하다.

우리는 이런 전제로 다음 세 가지 기술을 포함하지 않았다.

첫째, 「에일리언」에 등장하는 운반용 엑소 수트exo suit(외부Exo와 착용 장비Suit를 결합한 의미의 엑소 수트는 원격조정이나 탑승의 개념인 로봇과 달리 사람의 몸에 착용하는 외형 기계 장치를 뜻한다)나 「매트릭스 2: 리로디드」의 개인 무장 유닛이다(그림 5.2). 이런 기술을 동작 인터페이스로 생각할 수 있을까? 물론 이런 엑소 수트를 입은 사람의 동작이 수트의 팔과 다리를 움직이는 것은 사실이다. 그러나 이들 인터페이스는 기계적 컨트롤 세트라는 점에서 다르다. 이들은 사실 복잡하고 굉장히 인체공학적인 레버와 스위치, 전위차계potentiometer(전기 회로에서 어떤 두 점 사이의 전위차나 기전력 따위를 정확하게 잴 때 쓰는 계기)이고, 인터랙션 디자인 커뮤니티에서 현재 이야기하는 동작 인터페이스와는 차이가 있다.

둘째, 「스타트렉」의 홀로덱holodeck이다. 사용자의 농삭이 어떤 방해도 받지 않고 가상 세계에서 시스템과 상호작용한다. 이것도 고려

그림 5.3a - c

「스타트렉: 넥스트 제너레이션」 (시즌 1, 에피소드 1:
파포인트에서의 조우, 1987)

대상이 될까? 사용자는 가상 세계의 물체와 주인공을 모두 진짜처럼
느낀다. 그러므로 실제 세계에서 하는 동작처럼 느끼는 기술이다. 홀
로덱을 컨트롤하려면 우주선의 승무원이 구두 명령과 아치arch라는
터치스크린 벽면 패널을 같이 이용해야 한다(그림 5.3). 이런 이유로
홀로덱은 순수한 동작 인터페이스로 보기 어렵다.

셋째, 「아바타」에 나오는 재신체화re-embodiment 기술이다. 홀로덱
과 비슷하게 제이크 설리Jake Sully가 그의 나비Na'vi 몸에서 동작할 때
그 움직임은 어떤 인터페이스로 무엇인가를 움직이는 특별한 의미는
없다. 제이크의 진짜 몸은 움직이지 않고 공간에 갇혀 있으므로 이것
은 인터페이스를 이용했다기보다 스스로 자신의 모습을 바꿨다고 하
는 것이 더 설득력이 있다(그림 5.4).

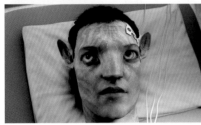

그림 5.4a - c
「아바타」(2009)

　반면 이번 사례는 재고의 여지가 있다. 바로 터치스크린 기반의 동작 인터랙션이다. 현재 사용하는 스마트폰이나 태블릿과 같은 비디오 디스플레이 등 2D 표면에 사용자가 동작 인터랙션을 한다. 「아이언 맨 2」에서 토니 스타크가 터치 동작으로 일자리에 지원한 사람의 배경을 빠르게 검색하면서 섹시한 사진을 확대하는 장면이 나온다 (그림 5.5). 이런 인터페이스는 동작의 유형에 제약이 있고 조사 대상 사례가 훨씬 적지만 이는 동작 인터페이스로 간주하고 이번 장을 시작한다.

그림 5.5a, b 「아이언 맨 2」(2010)

표준적인 동작 인터페이스: 「마이너리티 리포트」

SF에 등장하는 인터페이스 중에서 가장 유명한 것은 동작 인터페이스이고, 그 인터페이스로 가장 유명한 것은 「마이너리티 리포트」의 프리크라임 경찰부대에서 사용하는 프리코그 스크러버 인터페이스precog scrubber interface다(그림 5.6). 이 동작 인터페이스를 이용해서 탐정 존 앤더턴John Anderton은 비디오와 같은 프리코그니티브 비전precognitive vision 사이를 문질러서 정보를 찾아낸다. 그리고 미래에 일어날 범죄를 관찰한 후 이를 예방하기 위해 현실 세계에서 미래의 범죄자를 체포한다.

이 인터페이스는 아마도 미래 기술과 관련하여 영화에서 가장 많이 인용하였고, 기념비적인 것 중의 하나다. 그리고 영화사에서 가장 많이 참조한 인터페이스일 것이다.

비전문가에게는 그냥 「마이너리티 리포트」의 인터페이스가 곧 '동작 인터페이스'와 동의어라고 이야기해도 문제가 없다. 존 언더커플러John Underkoffler는 영화 제작자를 상대로 이 인터페이스와 관련해 컨설턴트 역할을 하였는데 그는 이 동작 컨트롤과 공간 인터페이스 아이디어를 자신의 회사 오블롱Oblong에서 영화가 제작되기 전에 이미 실제로 개발하였다. 실제 세계에서 사용하는 버전은 다중 사용자 협업이 가능한 다용도 플랫폼이다. 이미 상용화해서 영화와 거의 비슷한 수준의 기술을 실제 세계에서 사용한다.

이 장에서 「마이너리티 리포트」를 여러 차례 인용하겠지만, 먼저 두 가지 레슨은 미리 이야기할 가치가 있다.

그림 5.6a, b 「마이너리티 리포트」(2002)

위대한 데모는 많은 약점을 숨긴다

할리우드 루머에 따르면 존 앤더턴 역할을 맡은 톰 크루즈가 동작 인터페이스 장면을 찍을 때 정말 많은 휴식을 취했다고 한다. 그만큼 녹초가 될 정도로 힘들었기 때문이다. 자신의 손을 심장보다 높이 들어 움직이는 것을 오랫동안 할 수 있는 사람은 거의 없다. 그렇지만 이 장면은 영화에 거의 나오지 않는다. 마치 누구나 이와 유사한 인터페이스를 실제 작업에서 쓸 수 있다고 오해를 불러일으키기 딱 좋다. 영화에서는 기술에 대해 정확하고 자세하게 설명하지 않았지만, 실제 기술의 데모에는 가끔 이와 같은 불만이 제기된다. 인터페이스의 사용성은(이번 사례의 경우 동작 언어) 사실 너무 효과적인 도구로 보이고, 현실에서와 같은 집중적인 데모를 하는 것이 아니기 때문에 사용자에게 잘못된 인식을 심어 줄 수 있다.

동작 인터페이스는 의도를 이해해야 한다

두 번째 레슨은 에이전트 대니 위트워Danny Witwer가 앤더턴이 일하는 도중에 스크러빙실에 들어와서 자신을 소개하고 손을 내미는 장면에 있다. 앤더턴은 예절을 지키려고 위트워와 악수하기 위해 손을 내민다. 그런데 컴퓨터는 앤더턴의 손 위치가 바뀐 것을 명령으로 해석해서 스크린을 정리하고 만다. 그 바람에 삭입한 메이디를 거의 잃는다. 앤터턴은 다시 악수 동작을 해제하고 인터페이스의 제어권을 찾아

그림 5.7a-d 「마이너리티 리포트」(2002)

서 작업을 진행한다(그림 5.7).

　　동작 인터페이스가 갖는 또 하나의 주요 문제점은 사용자의 몸이 컨트롤 메커니즘이라는 사실이다. 사용자가 인터페이스를 컨트롤하는 것은 시간의 일부다. 다른 시간에는 사용자가 다른 사람과 악수를 할 수도 있고, 전화를 받을 수도 있으며, 가려워서 어딘가를 긁을 수도 있다. 시스템은 반드시 서로 다른 모드에 적응할 수 있어야 한다. 즉 사용자의 동작이 상황에 따라 어떻게 달라지는지 의미를 알아야 한다. 이는 스위치를 켜고 끄는 것처럼 쉬울 때도 있지만, 이때에도 다시 되돌릴 수 있어야 한다. 일시 정지 명령을 말이나 특정 동작으로 정의할 수도 있다. 시스템이 사용자의 눈동자 방향을 읽고, 사용자가 스크린을 바라볼 때에만 동작 인터페이스를 움직이는 것이다. 어떤 해결책이든 바뀐 의도를 부드럽고 빠르게 전달하여 의도하지 않은 명령으로 발생하는 오류가 없도록 해야 한다.

동작은 아직도 세련되어 가는 개념이다

다른 동작 인터페이스는 어떨까? 동작 인식이 나타난 작품을 찾다
보면 1951년까지 거슬러 올라가지만, 대부분 1998년 이후에 나타난
다(그림 5.8). 이 작품들을 보면 입력 기술이 SF에서도 점점 세련되는
느낌을 알 수 있다. 많은 변형이 있지만 그 가운데는 핵심 공통점이 몇
가지 있다. 이런 시스템은 물론 다양한 목적에 사용되었다. 보안, 원격
수술, 원격 전쟁, 하드웨어 디자인, 군대의 인텔리전트 오퍼레이션, 심
지어는 외국에서 손으로 하는 노동에 이르기까지…….

대부분의 인터페이스는 사용자에게 별도의 하드웨어 없이도 상호
작용하지만, 「마이너리티 리포트」 인터페이스는 사용자가 손끝에 빛

그림 5.8a - e 「크리살리스」(2007),
「파이어플라이」(에피소드 9, 2002),
「로스트 인 스페이스」(1998),
「매트릭스 2: 리로리드」(2003),
「슬립 딜러」(2008)

이 나는 장갑을 끼어야 한다. 「크리살리스Chrysalis」의 원격 수술 인터페이스도 그렇다(그림 5.8a). 우리는 이것이 시각적으로 더 분명해 보이기 때문이라고 상상할 수 있지만, 실제로 기술적으로도 컴퓨터가 손가락의 정확한 위치를 파악할 때 도움이 된다.

할리우드 피진Hollywood Pidgin

(피진은 두 개의 언어가 섞인 이상한 언어를 말하는 것으로 할리우드식 언어 정도로 해석한다. 여기서는 동작 인식을 언어로 본다면 각각의 동작이 나타내는 의미를 말한다)

각각의 동작이 어떤 복잡한 명령을 의미하는지 알아내려고 대단한 노력을 기울인 것은 아니지만, 우리는 스크린에서 보이는 것들의 원인과 결과를 추적해서 기초적인 동작 단어집gestural vocabulary을 만들었다. 겨우 일곱 개의 동작만이 조사 대상 작품에서 공통적으로 나타났다.

1. 흔들어서 활성화Wave to Activate

첫 번째 동작은 흔들어서 활성화하는 기술이다. 마치 사람을 흔들어서 깨우거나 주의를 끄는 것과 같은 이치다. 우주선의 인터페이스를 활성화하기 위해 클라투가 투명한 컨트롤 위로 손을 통과시키거나 「코드명 J」에서 화장실 수도꼭지를 틀기 위해 손을 흔드는 장면이 대표적이다. 이 화장실 인터페이스는 결국 실세계에서 가장 흔하게 보는 장면이 되었다(그림 5.9).

그림 5.9a − c
「코드명 J」 (1995)

2. 밀어서 움직이기Push to Move

물체를 움직이려면 물리적 세계와 같은 방식으로 상호작용한다. 손가락으로 미세하게 조작하고 손바닥과 팔로 민다. 가상 물체는 실세계 물체와 같이 이런 행동에 저항하고 빡빡한 느낌을 주어야 하는데, 이때 가상 중력과 관성이 커져야 한다. 앞서 언급한 앤더턴이 「마이너리티 리포트」에서 장갑을 끼고 조작하는 장면이나 「아이언 맨 2」에서 토니가 아버지의 테마파크 디자인 프로젝션을 옮기는 장면이 여기에 해당한다(그림 5.10).

그림 5.10a, b 「아이언 맨 2」 (2010)

그림 5.11a, b 「파이어플라이」(에피소드 9: 아리엘, 2002)

3. 돌려서 회전하기 Turn to Rotate

물체를 회전시키려면 사용자는 가상의 물체를 실제 세계와 마찬가지 방식으로 돌려야 한다. 회전축을 중심으로 손을 물체의 반대편으로 돌리면 물체가 회전한다. 「파이어플라이」의 한 에피소드에서 사이먼 탬 박사가 자신의 여동생 뇌의 볼륨 스캔을 검사할 때 이 동작을 한다(그림 5.11).

4. 휘둘러 취소하기 Swipe to Dismiss

어떤 물체를 사라지게 하거나 취소하는 동작은 손을 몸에서 바깥으로 강하게 또는 방향을 보지 않고 휘두르는 것으로 표현한다. 「코드명 J」에서 다카하시가 그의 책상에서 화상 통화를 하다가 화가 나서 손등 방향으로 손을 휘둘러 통화를 종료하는 장면이 나온다(그림 5.12). 「아이언 맨 2」에서는 토니 스타크가 작업을 하다가 별로 좋아하지 않는 디자인을 손을 흔들어 삭제하는 장면이 등장한다.

5. 지정하거나 터치하여 선택 Point or Touch to Select

그림 5.12a – c
「코드명 J」(1995)

그림 5.13a, b 「디스트릭트 9」(2009), 「크리살리스」(2007)

사용자가 옵션이나 물체를 손가락 끝으로 가리키거나 직접 터치하
는 방식이다. 「디스트릭트 9」에서 외계인 크리스토퍼 존슨Christopher
Johnson이 볼륨 디스플레이에 등장하는 아이템을 터치해서 선택하는
장면이 대표적이다(그림 5.13a). 「크리살리스」에서 브뤼겐 박사가 원
격 수술을 하는 인터페이스에서도 기관을 직접 터치하며 수술을 집
도한다(그림 5.13b).

그림 5.14a, b 「인크레더블」(2004), 「아이언 맨」(2008)

6. 손을 뻗어 발사Extend the Hand to Shoot

어렸을 때 카우보이와 인디언놀이(미국의 대표적인 소꿉놀이로 서부 시대를 배경으로 카우보이와 인디언 편으로 나누어서 싸우는 일종의 전쟁놀이)를 해본 사람들은 이 동작을 이해할 것이다. 동작 인터페이스에서 뭔가를 발사하려고 할 때 손가락과 손, 그리고 팔을 목표 방향으로 쭉 뻗는다. 이때 팡팡 소리는 옵션이다. 「로스트 인 스페이스」에서 윌이 원격 전투를 벌일 때의 동작이나(그림 5.8c) 「인크레더블」에서 신드롬의 제로포인트 에너지 빔의 발사 장면(그림 5.14a), 「아이언 맨」에서 토니 스타크가 리펄서 빔을 쏘는 장면(그림 5.14b) 등이 대표적이다.

7. 집고 펼쳐서 크기 조절Pinch and Spread to Scale

실세계에서는 이 장면과 비슷한 것이 없지만, 많은 영화에서는 물리적인 의미를 이해할 수 있도록 일관되게 표현하였다. 어떤 물체를 크게 만들 때 물체의 반대편 모서리를 집어서 손을 벌려서 끌면 된다. 마찬가지로 손가락으로 집거나 두 손을 합치는 동작은 가상의 물체를 작게 만든다. 토니 스타크가 이런 동작으로 「아이언 맨 2」의 분자 모델을 검사하는 장면이 대표적이다(그림 5.15).

그림 5.15a, b 「아이언 맨 2」 (2010)

　이 밖의 다른 동작도 활용하지만, 조사 대상에서 전반적으로 합의
한 강한 패턴은 더 이상 발견되지 않았다. 아마도 실세계에서 이 기술
이 발달하고 SF에 많이 등장하면 변할 것이다. 더 많은 사례가 등장
하면 SF에서 보다 탄탄한 동작 언어를 형성할 수 있을 것이고 실세계
의 관행도 반영할 것이다.

필요한 동작의 세트를 완결하라

영화에는 나오지 않지만 실세계에서 일상적으로 쓰는 동작 중에 기초적인 인터페이
스 컨트롤이 있다. 대표적인 것이 음량 조절이다. 예를 들어 귀에 컵을 대거나 손으로
막으면 음량이 줄어든다. 음량 조절 장면은 SF에서 거의 등장하지 않기 때문에 볼 수
없다. 실제 이런 동작은 관객을 위해 분명한 모델을 만들거나 정의한 바가 없다. 아마
도 이런 컨트롤의 동작 인터페이스를 빨리 정의해서 제시하면 실세계의 동작 단어집
을 완성하는 기회가 생길 것이다.

LESSON 동작 단어의 변형은 조심해서 접근하라

여기에 소개한 일곱 가지 동작은 서로 다른 SF 제작자도 직관적으로 알 수 있고, 다
른 영화에서 반복적으로 소개한 컨트롤로 이미 확립된 것들이다. 즉, 이런 농식의 의
미는 이미 확립되어 있다. 그러므로 이런 동작을 바꾸려는 디자이너는 확실한 이유

가 있거나 아니면 사용자가 혼란에 빠질 위험을 각오해야 한다.

직접 조작

일곱 가지 동작과 관련하여 중요한 점은 대부분 물리적 상호작용을 언어로 취급한다는 사실이다. 이것은 직접 조작에 대한 토론을 하게 만든다. 어떤 인터페이스를 설명할 때 직접 조작은 사용자가 컨트롤할 물체와 직접 상호작용하는 것으로, 중간에 어떤 입력 장치나 스크린 컨트롤도 필요가 없다.

예를 들어 긴 문서를 스크롤하려고 '간접' 인터페이스를 쓸 때 구체적으로 맥 OS(매킨토시의 운영체제)처럼 사용자가 마우스를 잡고 커서를 스크린에서 스크롤 버튼에 위치하고 이를 클릭한 다음 마우스 버튼을 계속 누르면 페이지가 스크롤된다. 워낙 순식간에 일어나는 작업을 이렇게 길게 설명하는 것이 의미없게 보이지만 컴퓨터 사용자는 이런 작업을 오랫동안 해왔기 때문에 처음 배우는 사람은 실제로 이런 내용과 규칙을 배운다는 사실을 잘 잊는다. 하지만 이런 규칙도 규칙이다. 물론 복잡하고 연쇄적인 작업을 쪼개서 각각 설명하는 것이 약간 귀찮은 작업이긴 하다.

그렇지만 긴 문서를 아이패드에서 스크롤할 때에는 '직접' 인터페이스가 동작한다. 예를 들어 사용자는 손가락으로 페이지를 잡고 밀어 올리거나 내린다. 마우스를 이용하지 않고 커서도 없으며 스크롤 버튼도 없다. 전체적으로 스크롤을 이용해 물리적, 인지적으로 해야 할 일이 적다. 이런 인터페이스는 누구나 쉽게 배우고 이용할 수 있다. 그렇지만 이런 정교한 기술을 구현하기에는 많은 비용이 들기 때문에 지난 수년간 널리 쓰이지 못했다(최신 맥 OS에서는 아이패드와 같이 페이지를 잡고 아래위로 움직이는 인터페이스를 도입하였다. 이 책을 발간한 이후의 업그레이드 사항이다).

SF에서 동작 인터페이스와 직접 조작 전략은 밀접한 연관이 있다. 오히려 직접 조작이 안 되는 동작 인터페이스가 드물다. 토니 스타크가 아버지의 공원에 대한 볼륨 프로젝션을 움직이려고 할 때, 그는 손을 아래로 받치고 들어올린다. 그리고 새로운 위치로 걸어간다. 「파이어플라이」에서는 탬 박사가 여동생 뇌의 프로젝션을 돌릴 때, 마치 실제 물체를 돌리듯이 '평면'을 잡고 한쪽은 밀고, 한쪽은 잡아당기는 동작으로 회전시킨다. 「마이너리티 리포트」 사례가 오히려 이해하기 쉽지만 드물다. 앤더턴이 조작하려는 대상은 비디오 클립이고, 비디오 클립은 사실보다 추상적인 미디어여서 직접 조작을 표현하기 어렵다.

이런 연관성은 그냥 주어진 것이 아니다. 실제로 개념적으로 마이크로소프트 윈도우 7은 동작으로 완전히 조작할 수 있다. 그리고 이것은 직접 인터페이스가 아니다. 동작 인터페이스가 중간에 매개하는 물리적인 도구를 없앴다는 사실은 결국 매개하는 가상의 도구를 없앴다는 것과도 일맥상통한다. 그래서 동작은 간혹 직접적이다. 그러나 이런 연관성은 사용자의 필요성과 항상 부합하지는 않는다.

위의 여러 사례에서 본 것처럼, 직접 조작은 실세계에서 물리적인 동작과 확실히 부합할 때 잘 활용된다. 그러나 움직이고, 확대·축소하며, 회전시키는 것이 우리가 가상의 물체로 하고 싶어 하는 시나리오의 전부는 아니다. 보다 추상적인 컨트롤은 어떻게 할 것인가?

이것이 동작 인터페이스에 추가 지원이 필요한 부분이다. 추상화 abstraction는 사실 물리적으로 어렵고 비슷한 종류의 정의를 할 수 없다. 그러므로 추상화는 다른 해결책을 요구한다. 한 가지 방법은 GUI 계층을 추가하는 것이다. 앤더턴이 자신이 보는 특정 비디오 세그먼트를 문질러서 앞과 뒤로 영상을 돌리는 것이나, 토니 스타크가 아이언 맨 수트 디자인의 일부를 끌고 와서 입체로 표현된 휴지통에 집어넣는 장면 등이 이런 해결책을 사용한 것이다(그림 5.16). 이런 요소는 동작으로 컨트롤되지만 그렇다고 직접 조작하는 것은 아니다.

수많은 GUI 도구 세트에서 이런 것을 고르고 활용하는 것은 꽤나 복잡한 일이며, 우리 기억에 있는 과거 DOS와도 같은 부담을 안겨준다. SF나 현재까지의 실세계에서 깔끔하고 종종 있는 동작 인터페이스와 달리 이런 필요성의 고리를 확대한다면 어떤 동작 인터페이스와 상호작용할 수 있도록 하는 총체적인 GUI와 연결할 수도 있다.

또 다른 해결책은 이런 추상화를 다른 채널과 함께 처리하는 방법이다. 대표적인 것이 음성인데, 「아이언 맨 2」에는 토니가 컴퓨터에 다음과 같은 음성 명령을 내린다.

"자비스, 디지털 와이어프레임을 배큐폼vacuform(열성형의 간단한 버전으로 형태를 만드는 방법)으로 만들어 줄 수 있나? 나 지금 조작 가능한 프로젝션이 필요해."

그러자 자비스가 바로 스캔하는 장면이 나온다. 이런 명령은 동작으로 처리하면 무척이나 복잡하다. 언어는 추상화를 매우 잘 처리하는데, 인간은 언어를 잘 활용하므로 이 방법은 매우 효율적인 선택이다(이와 관련해서는 6장에서 더 자세히 다룬다).

다른 채널로 도입되는 것은 GUI, 손가락의 위치와 조합, 얼굴 표정,

그림 5.16a – c
「마이너리티 리포트」(2002),
「아이언 맨」(2008)

숨쉬기, 눈동자 움직이기와 깜빡임, 그리고 의도를 읽을 수 있는 브레인 인터페이스와 뇌파 패턴 등이다. 이들은 개념적으로는 동작할 수 있지만 언어가 가지는 강력한 추상화 처리의 장점을 넘지는 못한다.

> **LESSON** 동작은 단순한 물리적 조작에 이용하고, 언어는 추상화를 조작할 때 활용하라
>
> 동작 인터페이스는 '물리적' 방법으로 상호작용할 때 매우 쉽고 빠르게 적용할 수 있다. 그렇지만 몇몇 핵심 조작을 제외한 동작은 기억하기가 쉽지 않고, 비효율적이며 어렵다. 조금은 덜 구체적인 추상화는 언어 같은 다른 방식을 활용해야 한다.

동작 인터페이스는 서사적인 시점이 있다

동작 인터페이스는 서사적인 시점으로도 구별할 수 있다. 토니 스

타크가 아이언 맨 수트를 디자인한 것이나 「크리살리스」의 원격 수술 인터페이스를 보면 2인칭으로서 사용자가 물체나 데이터의 상태를 조작한다. 일부에서는 1인칭 시점이 등장하는데, 사용자가 로봇과 같은 디바이스를 컨트롤할 때다. 이때는 사용자가 디바이스를 입고 있는 것처럼 보인다.

「로스트 인 스페이스」에서 윌이 핸드헬드(한 손은 잡고 다른 손으로 조작하는 소형 컴퓨터나 이동 통신 단말 등을 의미하는 형용사) 디바이스를 이용해서 패밀리 로봇을 조종하고 원격지에서는 어른들이 우주선 조사팀에 합류한다. 금속으로 빛나는 거미 모양의 우주인이 이 그룹을 공격할 때 윌은 핸드헬드 디바이스보다 훨씬 빠르게 대응해야 한다고 판단하고 동작 컨트롤 모드로 전환하여 1인칭 인터페이스로 로봇을 조종한다. 그는 투명하고, 컬러를 표시하는 볼륨 프로젝션 로봇 내부에 들어가서 방향전환, 속도, 시선, 팔의 움직임, 무기 시스템 등을 모두 조종한다(그림 5.8c).

영화 「슬립 딜러Sleep Dealer」의 주인공 메모Memo는 멕시코 티후아나에 산다. 그렇지만 그는 원격지인 샌디에이고에서 빌딩 작업장의 작은 로봇(그림 5.17b)을 웨트웨어wetware 인터페이스(그림 5.17a)를 이용해서 일한다. 그의 동작은 로봇의 움직임과 시선, 팔동작, 용접아크welding arc를 조종한다.

같은 영화에서 루디Rudy는 미국 공군에서 일한다. 비슷한 웨트웨어 인터페이스(그림 5.18a)로 드론을 조종하여 멕시코 국경 부근에 반란이 일어나는지를 감시한다.

좀 더 재미있고 독특한 사례는 「코드명 J」에 등장한다. 화상통화를 하는 동안 교활한 비즈니스맨인 다카하시가 그가 죽인 사람의 컴퓨

그림 5.17a, b 「슬립 딜러」(2008)

그림 5.18a, b 「슬립 딜러」(2008)

터 영상을 동작으로 조종한다. 손을 스캐너 위에 올려놓고 마치 꼭두
각시처럼 입을 움직인다. 컴퓨터는 이 동작을 읽고 아바타의 입술을
움직인다. 그리고 그의 목소리를 마치 죽은 사람의 목소리처럼 변형
한다. 이것은 아바타가 다카하시의 전체 몸이 아닌 일부 신체에 매핑
된 독특한 사례다(그림 5.19).

보통 이런 1인칭 인터페이스는 2인칭 동작 인터페이스보다 자연스
럽다. 원격지에서 조종하는 로봇은 마치 사용자 몸의 확장처럼 조종
되고, 사용자와 아바타 사이가 명확하게 매핑된다.

조종하는 것과 조종당하는 몸 사이에 일치하지 않는 것이 있으면
문제가 발생한다. 어떤 때에는 사람이 기계가 할 수 없는 동작을 하
다. 앞에 설명한 어떤 로봇도 점프를 할 수 없다. 예를 들어 컨트롤하

그림 5.19a - c
「코드명 J」(1995)

는 사람은 점프해도 로봇은 그렇게 못하는데, 이것은 그런 동작 입력을 무시하는 것으로 간단히 해결할 수 있다.

더 큰 문제는 로봇이 인간이 하지 못하는 어떤 일을 할 수 있는 때다. 「로스트 인 스페이스」에서 로봇이 거미 모양 외계인을 피해 후퇴할 때, 윌은 자신의 손을 거미 방향으로 뻗어서 로봇의 무기를 발사한다. 로봇의 시야에서 보면 레이저가 로봇의 손에서 발사된다. 윌은 어떻게 이것을 조종했을까?

이 문제는 윌이 바라보는 시선에 따라 레이저를 발사하거나, 로봇 전체를 조종하는 시스템이 알아서 하도록 처리할 수 있다. 그러나 이런 불일치는 1인칭 인터페이스에 어떤 문제점이 있는지 핵심을 정확하게 설명한다. 윌이 레이저를 조종하려면 어떻게 해야 할까? 그의 손과 다리는 이미 다른 것을 조종하고 있다. 그렇기 때문에 레이저를 조종하려면 다른 입력 채널이 있어야 한다.

이 문제는 로봇이 인간형이 아니라면 더욱 복잡하다. 「슬립 딜러」에서 루디는 동작 인터페이스로 드론을 조종한다. 그는 어떤 동작으

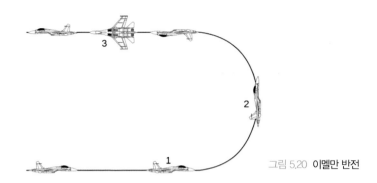

그림 5.20 **이멜만 반전**

로 폭탄을 투하할까? 또는 어떻게 하면 이멜만 반전Immelmann turn(제1차 세계대전 때 독일의 M. 이멜만이 고안한 비행방법. 원형을 그리며 비행기를 급상승시킨 뒤 역회전하기 직전에 옆으로 반쯤 눕혔다가 다시 비행기가 뒤집어지기 직전에 정상자세로 돌아가면서 날아왔던 방향으로 되돌아가는 비행)을 할 수 있을까?(그림 5.20). 이 문제에서는 직관적으로 비슷한 동작이 존재하지 않는다.

루디는 분명 동작으로 여러 조종을 할 수 있지만 로봇이 할 수 있는 것을 다 할 수는 없다. 이것이 바로 1인칭 동작 인터페이스가 가진 한계이고 이를 극복할 방법을 찾아야 한다. 즉, 추가로 인터페이스 계층이 필요하다는 의미다.

▌OPPORTUNITY 3인칭 동작 인터페이스

3인칭 동작 컨트롤은 아무것도 없는 상황에서 물체를 조종한다. 아바타의 바로 위나 뒤에 있는 카메라처럼 간단할 수도 있다. 많은 「세컨드 라이프Second Life」와 같은 비디오 게임에서는 이런 방식으로 아바타에게 좀 더 나은 환경을 제공한다. 3인칭 관점은 조감도같이 전장의 상황을 보여 주고, 동작과 명령을 이용해서 **로봇** 군대를 조종한다.

「마이너리티 리포트」 문서에 보면 프리크라임 스크러버는 새로운 카메라 각도를 선택하기 위해 사용자가 왼손으로 보도록 결정하고, 오른손으로 카메라의 위치 등을 조종한다. 이는 분명 3인칭 동작이지만 영화를 볼 때는 명확하게 나타나지 않는다. 영화에서는 3인칭 동작 인터페이스 사례가 별로 보이지 않았다.

> **LESSON** 상황에 맞는 서사적 시점을 선택하라
>
> 1인칭 동작 인터페이스는 사용자의 몸을 확장해서 인간형 디바이스를 조종할 때 가장 좋은 선택이다. 그렇지 않으면 추가 인터페이스가 필요하며 다른 시점을 같이 요구할 수도 있다. 가끔은 사용자가 작업에 따라 시점을 전환하는 것이 좋다.

동작 인터페이스: 새롭게 등장하는 언어

최근 몇 년간 동작 인터페이스는 닌텐도의 Wii나 마이크로소프트의 키넥트Kinect 같은 게임 플랫폼 그리고 애플의 아이폰 및 아이패드와 같은 터치 동작 디바이스로 인기를 끌어 상업적으로도 큰 성공을 거두었다. 내추럴 유저 인터페이스natural user interface는 이런 기술을 설명하는 용어로 그 입지를 다졌다. 그러나 SF의 사례를 보면 실제로 '자연스러운' 동작은 컴퓨터에서 할 수 있는 일부 작은 행동뿐이라는 것을 알 수 있다. 복잡한 동작은 계층을 추가하는 다른 유형의 인터페이스가 필요하다.

동작 인터페이스는 영화와 매우 친화적이며, 액션이 풍부하고, 그림이 잘 나온다. 이들은 원격 상호작용이 필요한 스토리에도 잘 어울리기 때문에 실세계와 원격지를 연결하는 기술을 많이 다룰수록 점점

더 합리적인 기술로 자리를 잡을 것이다. 그러므로 SF 제작자는 이 기술에 한계가 있음에도 동작 인터페이스를 그들의 이야기에 지속적으로 도입할 것이다. 그리고 이는 실제 세계에서도 이런 시스템을 도입하고 강력하게 진화를 추동할 것이다.

CHAPTER 6

소리 인터페이스

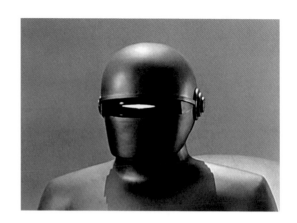

외계인 클라투가 신경이 날카로운 군인이 쏜 총에 맞자 로봇 친구 고트Gort가 우주선에서 위협적으로 나타난다. 얼굴 가리개를 천천히 올리고 무시무시한 광선을 쏘면서 대포와 탱크 등 눈에 보이는 모든 무기를 파괴하기 시작한다. 클라투는 이 상황을 진정시키려고 고트에게 뒤돌아서서 외친다.

"고트, 데크렛 오브로스코!"

고트는 그 소리를 듣자마자 공격을 멈추고 물러났다(그림 6.1).

고트가 SF 역사에서 첫 대화형 인터페이스를 갖춘 것은 아니다. 대화가 가능한 첫 인터페이스는 「메트로폴리스」에 등장한 로봇 마리아Maria다. 그렇지만 「메트로폴리스」는 무성 영화이기 때문에 그녀에게 전달된 명령을 우리는 들을 수 없다. 「지구 최후의 날」의 사례는 입술이나 영화 중간에 나오는 글귀를 해석하지 않고 실시간으로 소리의 높이와 속도, 반응 등을 연구할 수 있다.

어떤 것이 해당하는가?

사운드는 시스템의 상태나 기능을 입력이나 출력으로 이용할 때 인터페이스의 일부가 된다. 이는 라디오에서 흘러나오는 음악처럼 단순한 오디오 콘텐츠와는 다르다. 우리는 이와 같은 소리 인터페이스를 두 가지 커다란 카테고리로 나누고자 한다. 하나는 소리 출력sonic output이고 나머지 하나는 음성 인터페이스voice interface다.

사운드 효과

우리는 사운드를 이용해서 상태, 경고, 반응 등을 출력하는 시스템을 자주 본다. 예를 들어 전화기의 숫자 키패드 버튼을 누르면 독특한 톤이 들린다. 알람시계는 따르릉 소리를 내어 사람들을 깨우고 자동차는 안전벨트를 매지 않았을 때 차임벨을 울린다. SF에서도 비슷한 시스템 사운드를 들을 수 있다. 관객은 이러한 오디오 인터페이스의 도움으로 영화나 텔레비전 쇼의 액션을 이해한다.

한 예로 우리는 「스타트렉」에서 삐삐 소리가 점점 커지면 시스템이 누군가가 가까이 오는 것을 알리고 있다는 사실을 안다. 반대로 소리가 낮아지면 커뮤니케이션이 끝나고 채널이 닫힌다는 것을 안다. 만약 이 두 가지 상황에 똑같은 사운드를 이용하였다면 우리는 채널이 열렸는지 아니면 닫혔는지 헷갈릴 것이다.

전화기 벨 소리는 사람들이 일상생활에서 최초로 이용한 사운드 인터페이스다. 그러나 1800년대 후반 전화기가 보급되었는데도 1950년대까지 사운드 인터페이스 이용은 매우 드물었다. 콘텐츠를 전달하려고 사운드를 만들었지만 라디오와 텔레비전조차 사운드를 인터페이스로 이용한 것은 훨씬 후의 일이다. 당시 사운드 효과는 대부분 아날로그였는데 주로 알람시계와 오븐, 정각을 알리는 종소리 정도였다.

제작 면에서는 삐삐 소리와 알람소리, 차임벨, 톤 등이 버튼 클릭이나 문이 열고 닫힐 때 나는 끼익 소리 정도 그리고 별도로 텔레비전 쇼나 영화 사운드트랙에 추가되었다. 이렇게 추가로 사운드를 입히는 예술을 폴리Foley라고 하는데 1926년 사운드 효과 영역을 처음 개척한 사운드 엔지니어 잭 폴리Jack Foley의 이름을 딴 것이다. 당시에는 이 작업이 생각보다 무척 복잡한 과정이었다고 한다. 예를 들어 배우의 목소리를 제외한 모든 사운드를 촬영 완료 후에 추가했는데 대부분 다양한 물건을 이용해서 만들었다(가끔 배우의 음성을 스튜디오에서 녹음하고 이를 필름 사운드트랙에 집어넣었다. 이때 녹음한 음성과 배우의 입술이 일치하도록 세심한 주의가 필요했다). 사운드는 이렇게 복잡한데도 유성 영화 시대에 들어선 이래 현실감을 전달하거나 SF에서 미래 기술을 표현하는 간단한 효과 면에서 중요한 역할을 하였다.

LESSON 시스템 이벤트마다 각각 하나의 시스템 사운드를 할당하라

사용자는 시스템 사운드에서 그 의미를 구별할 수 있어야 한다. 시스템에서 여러 사운드를 이용할 때 사운드의 순서로 소통하려면 학습이 필요하다. 그러나 결국에는 더 많은 정보와 소통해야 한다. 추가로 어떤 행동과 연결된 사운드를 지속적으로 사용하기 위해서는 특정 행동을 일관적으로 이용할 필요가 있다.

「스타트렉」에는 첫 시리즈 에피소드의 후반부로 가면서 전반부보다 두 배 가깝게 다른 사운드와 순서, 음성 반응 등이 등장한다. 이런 구분은 우주선 시스템의 복잡함을 보다 정교한 오디오 출력으로 나타낼 수 있고, 제작 디자이너가 이용할 수 있는 도구를 더욱 정교하게

만든다. 그리고 관객은 인터페이스의 시스템 사운드를 이해하면서 소리만으로 상황을 이해하기 시작한다. 또한 우리의 기대는 많은 미디어에서 본 것에 영향을 받기 때문에 개발자는 반드시 인터페이스의 사운드 솔루션을 더욱 정교하게 만들어야 한다.

주변의 사운드

기계적 컴퓨터는 움직이는 부품이 있어서 다양한 소리가 난다. 예를 들어 테이프 메모리에 접근할 때 릴이 돌아가는 소리 등은 비록 디자인된 것이 아니라 대부분 결과물로 나타나는 것이지만 소리가 날 때 시스템이 작동한다는 것을 의미하므로 일종의 인터페이스로 생각할 수 있다.

SF에서는 이와 같은 다양한 컴퓨터 시스템 사운드가 등장한다. 특히 관객에게 많은 데이터가 처리되고 있다는 신호를 주는 예가 많다. 「스타트렉 오리지널 시리즈」에서 수석 엔지니어 스코티Scotty는 우주선이 내는 허밍 소리가 약간 이상하다며 우주선의 엔진이 제대로 튜닝되지 않았으니 그런 소리에 집중하라고 말하는 장면이 있다. 그런데 이런 이야기를 우연한 부산물로 취급하기보다 디지털 기술이 가진 정보라는 측면에서 접근할 수 있다.

LESSON 주변 사운드로 전반적 시스템 상태를 표현

서로 다른 주변 사운드는 현재 시스템 전반의 상태를 사용자에게 알려 준다. 주변 사운드는 소리의 중심과 매우 먼 배경 소리 사이에서 균형을 유지할 필요가 있다. 만약

소리가 너무 드러난다면 그것도 유용하지 않다. 효과적으로 소리를 사용하려면 시스템에 문제가 발생하는 것처럼 필요한 상황 전에는 주의를 끌지 말아야 한다. 이는 소리의 크기를 처음부터 또는 중간에라도 적절하게 조정하여 배경 사운드로 먼저 사용자의 주의를 끌어야 한다는 의미다.

지향성 사운드

기본적으로 인간은 소리를 3차원으로 듣는다. 우리의 귀는 굉장히 민감해서 실제로 양쪽 귀에 들어오는 소리의 차이를 마이크로초 단위로 감지해서 어디에서 소리가 나는지 알아낸다. 그러므로 청각의 원리를 제대로 재현하면 소리가 나오는 공간과 방향 그리고 어떤 속도로 진행되는지 알 수 있다. 이런 감각은 굉장히 빠르게 느끼고, 또한 잠재의식에 지배되기 때문에 기술적으로 이것을 재현하기 위해서는 매우 정교한 작업이 필요하다. 그렇지만 그 효과는 사용자에게 즉각적으로 이해하기 쉽고 행동 가능한 형태로 정보를 전달한다. 변증론 Apologetics 사례가 그 힘을 설명하는 데 도움이 된다.

루크와 한 솔로가 밀레니엄 팔콘의 포대에 올라갔을 때, 그들은 자리를 잡고 조준 컴퓨터를 켜고 헤드폰을 쓴다. 타이 파이터가 속도를 올리자 엔진이 우르릉거리며 접근하는 소리와 레이저 캐넌이 발사되는 소리, 그리고 이들이 멀리 벗어날 때 작아지는 소리가 난다. 그리고 운이 좋지 않은 스톰트루퍼가 탄 우주선이 빔에 맞아서 격추된다(그림 6.2). 사실 이 상황에서 물리학을 고려하는 사람은 매우 적다. 이런 소리는 어디에서 왔을까? 사실 우주에는 공기가 없기 때문에 타이 파

그림 6.2
「스타워즈 에피소드 4:
새로운 희망」 (1977)

이터와 팔콘 사이에는 소리를 전달할 수 있는 매개체가 없다. 그러니까 소리가 들리지 않는 것이 정상이지만, 우리는 이를 영화적인 표현으로 자연스럽게 받아들인다. 이는 영화 제작자가 관객에게 전쟁터에 왔음을 알리는 방식이다. 그러나 이것이 관객에게 도움을 준다고 할 때, 포대의 발포 소리도 같은 것일까? 만약 이것이 영화제작자의 트릭이 아니라 공격 무기 시스템 자체의 강력한 기능이라면? 팔콘의 센서가 우주에서 타이 파이터를 각각 추적하고, 이 과정을 소리로 바꾸어서 일종의 주변 데이터ambient data로 방향에 맞게 줌인·줌아웃을 하고, 적을 추적할 수 있다면, 특히 몇몇 목표물이 눈에 보이지 않을 때에는 어떨까? 이 사운드 효과는 미션크리티컬 시스템mission-critical system(전쟁이나 비행과 같이 중요한 임무를 수행하는 시스템. 적절한 우리말이 없어서 원어 그대로 표현하였다)에서 필수적이다.

OPPORTUNIY 비공간적인 정보를 위해 공간 음향을 활용하라

소리가 어디에서 나는지 알기 위해 학습할 필요는 없다. 그것은 태어날 때부터 주어진 능력이다. 원래 비공간적인 정보를 사용자 주변의 장소에서 정보로 나타낼 때 음향을 이용할 수 있다. 예를 들어 주식 시황을 모니터링하는 인터페이스에시 소리로 포트폴리오에 영향을 미치는 거래 활동에 주의를 끌게 만들려면, 이런 신호는 다

른 상황을 의미하는 사운드보다 의미 있는 사운드로 디자인하면 된다. 물론 사용자는 이런 소리의 의미를 알기 위해 훈련이 필요하겠지만, 일단 의미를 이해하기 시작하면 보다 구체적인 작업 정보를 전달할 때 전후 사정의 실마리를 알릴 수 있다.

지향성 사운드는 공간에 한 명 이상의 사용자가 있을 때는 구현하기 쉽지 않으며, 헤드폰이나 개인에게 맞춤형 공간이 따로 있을 때 가장 좋은 효과를 낸다. 공간에 한 사람 이상이 있으면, 그들 각각의 능력과 방향, 그리고 위치 등에 따라 정확한 소리를 분석하고 처리해서 전달할 필요가 있다. 그래서 다중사용자 시스템이 대부분 훨씬 복잡하다.

음악 인터페이스

음악 자체가 인터페이스일 때도 가끔 있다. 우리가 조사한 결과 두 가지 사례가 있었다. 첫 번째 사례는 「미지와의 조우Close Encounters of the Third Kind」다. 이 영화에서는 특정한 톤이 나타내는 음의 순서가 환영의 메시지다. 다섯 개의 톤은 G(솔), A(라), F(파), F(한 옥타브 낮은 파), 그리고 C(도)다. 이 음악적 구는 과거에 작은 외계 우주선을 만났던 사람들의 뇌에 텔레파시처럼 각인되어 있어서, 영화에서 커다란 모선이 방문할 때 이들을 초대하는 것과 같은 메시지가 된다. 모선이 악마의 탑Devil's Tower(미국 와이오밍 북동쪽에 우뚝 서 있는 거대한 돌덩어리를 말한다. 땅속의 기반암을 뚫고 위로 솟아나온 용암이 굳어 형성된 이 탑은 150킬로미터 밖에서도 보일 정도로 크다. 게다가 암석의 색깔은 시각과 계절에 따라 시시각각 바뀐다)에 나타났을 때, 미국 육군은 이들을 환영하며 특

그림 6.3a-c
「미지와의 조우」(1977)

수 제작한 전자오르간으로 같은 톤을 연주한다(그림 6.3).

　이것은 단순한 음악 인터페이스다. 사용자가 표준 신시사이저 키보드를 연주하면, 각각의 음이 해당되는 커다란 색상 불빛이 반짝이고, 이것이 외계인 언어의 시각적인 부분이 된다. 음악과 불빛이 전체 커뮤니케이션을 완성하는 데 핵심적인 역할을 한다.

　다른 사례는 「바바렐라Barbarella」에 등장하는데 여기서는 음악이 무기다. 「미지와의 조우」에서는 음악이 콘텐츠이며 동시에 인터페이스지만, 여기서는 나쁜 과학자인 듀란듀란Durand-Durand이 바바렐라를 익세시브 머신Excessive Machine이라는 음악 고문 기계 안에 있는 자리에 묶는다. 키보드로 연주하면 포로들에게 성적 고문을 가하여 지나친 쾌락으로 결국 죽음에 이르게 한다. 정확한 원인과 효과가 숨어 있지만 연주와 음악, 그리고 의도가 시너지를 가진다는 것을 아는 것이 중요하다(그림 6.4).

OPPORTUNIV 음악을 인터페이스로 만들어라

인터페이스가 음악으로 시스템 상태를 표현하면 어떨까? 아마도 쉽지 않을 것이다.

그림 6.4 「바바렐라」 (1968)

음악에 의미를 코딩해야 하고, 사용자의 서로 다른 음악 스타일도 고려해야 하며, 데이터를 미적으로 처리해서 그 패턴이 지능적으로 보이면서도 불협화음이 되어서는 안 된다. 그렇지만 이 문제를 일단 해결하면 시스템 정보(특히 주변 정보)를 받아서 즐겁고도 흔하지 않은 경험을 선사할 수 있다.

음성 인터페이스

소리 인터페이스 중에서 가장 각광받는 것이 음성 인터페이스다. 음성 인터페이스는 SF 전반에서 자주 사용한다. 그리고 그 빈도는 점점 높아지는데, 그 이유는 다음과 같다.

- 음성 인터페이스는 인간의 언어 능력에 의존하므로 작가가 상상하기도 쉽고, 관객이 이해하기도 쉽다.
- 음성 인터페이스는 쉽게 그릴 수 있다. 입력은 배우가 시스템에 그냥 이야기하면 되고, 그에 적절히 반응하면 된다. 출력은 성우의 목소리를 녹음하고, 폴리 편집으로 트랙에 삽입한다.
- 음성 인터페이스는 아직도 대화가 완전하면 첨단 기술로 보인다.

음성 인터페이스는 다양한 범위에서 세련되게 구현할 수 있다.

- 간단한 음성 출력은 듣는 사람에게 언어로 된 정보를 제공한다.
- 화자 인식 시스템을 보안에 이용한다. 특정한 단어나 숫자 등을 말하면 반응하는데, 가끔은 성문 분석voiceprint analysis(사람들마다 음성이 다른 특색을 이용한 분석 방법이기 때문에 음성지문인식이라고도 한다)도 수행한다.
- 제한된 명령 음성 인터페이스는 몇몇 단어나 문구에만 명령으로 반응하기 때문에 명확한 의미를 시스템이 파악하고 확인하기 쉽게 만든다. 일부에서는 화자인식 시스템과 같이 이용한다.
- 대화 인터페이스는 화자가 말하는 모든 내용의 의미를 분석할 수 있다. 이는 사람과 비슷한 언어의 이해방식으로 대화 음성 인터페이스에는 언어 인식과 음성 합성 등을 포함한다.
- 현재 실세계의 인터페이스에는 위의 네 가지 카테고리 기술이 모두 등장한다. SF에서 이들 조합이 등장하는 예는 많다. 기술이 발전할수록 실세계의 인터페이스와 혼힙하는 현상도 많이 나타날 것이다.

단순 음성 출력

가장 간단한 음성 인터페이스는 미리 녹음하거나 합성한 음성을 내보내서 정보를 제공하는 것이다. 가장 친숙한 단순 음성 출력은 SF에서 흔히 등장하는 카운트다운 장면이다. 「에일리언」, 「스타트렉」, 「갤럭시 퀘스트」 등의 영화에서 자폭 시스템이 가동되면 경적이 울리고 붉은 조명이 비치면서 경고 신호를 보낸다. 주의를 집중하는 동안 이런 기전은 단지 뭔가 치명적인 문제가 있다는 것을 알릴 뿐 구체적으로 무엇이 문제이고 어떤 일이 진행되는 것인지 알 수 없다. 따라서 정보를 제공하기 위해서는 보통 여성의 음성으로 폭파된다는 것을 반복해서 알려 사람들이 안전한 장소로 대피할 수 있는 시간을 벌어 주어야 한다.

LESSON 가장 적합한 채널에 정보를 입력하라

시스템 정보 중 일부는 오디오 또는 음성 언어로 전달해야 하는 것일까? 어떤 종류의 콘텐츠 조각이든 특정한 사용 문맥에 맞게 고려해야 하지만, 가장 중요한 규칙은 주변의 정보는 주변에 있는 채널에 두라는 것이다.

커크 선장은 커뮤니케이터에서 어떤 음성이 흘러나오면 그것이 켜져 있다고 확신하고, 아무 소리도 들리지 않거나 반응이 없으면 꺼져 있다고 확신한다. 그리고 두 번 삑삑 소리가 나면 커뮤니케이션을 시작하거나 끝났다는 것을 의미하는 것처럼 같은 정보를 음성으로 알려주기보다 주변의 신호로 간단히 알 수 있다. 반면 모든 것이 폭파되는 데 10초가 남았다는 정보를 시스템이 알리려면 높은 톤의 소리와 함께 구분이 되고 전방향적인 특징이 있는 언어 정보도 중요하다.

주인공이 컴퓨터에 말을 하고 제한 구역, 위험한 기능, 또는 민감한 콘텐츠에 접근할 때 승인받는 장면은 많이 나온다. 비록 음성을 구별하여 권한을 부여하는 기술이 현재 실제 세계에서도 가능하지만, 이 기술은 지난 수십 년간 SF의 주류 기술로 표현되었다. 이 기술의 최초 사례는 「스타트렉 오리지널 시리즈」다. 커크 선장이 엔터프라이즈호의 자폭 시퀀스를 설정하며 '이것을 마지막 전장으로 삼자Let That Be Your Last Battlefield(시즌 3, 에피소드 15)'라고 말하는 장면이 그것이다.

이런 시스템은 패스워드나 코드가 특정한 데이터를 말하는지 체크한다. 어떤 때는 성문 분석을 하는데 음색, 톤과 스펙트럼 등 음성의 질적인 부분을 조합하여 분석한다. 이런 SF 인터페이스는 간단하게 확인 절차를 수행한다.

다른 몇몇의 독특한 음성 보안 인터페이스로는 보안과 관련한 검사를 한다. 영화 「로스트 인 스페이스」에서는 무기를 음성으로 보안 해제하는데, 존 로빈슨이 총을 들고 "안전 해제Deactivate safety"를 외쳐 잠금을 해제하는 장면이 나온다. 즉시 그의 성문을 분석하고, 명령을 수행하여 그는 무기를 발사한다(그림 6.5). 이 영화에서는 특정한 사람은 총기를 사용할 수 없다고 나중에 밝히는데, 특히 신뢰를 받지 못

그림 6.5
「로스트 인 스페이스」 (1998)

한 스미스 박사가 총을 쏘려고 할 때 총이 발사되지 않는다. 다른 장면에서는 돈 웨스트가 스미스 박사를 방에 감금하기 위해 간단히 "잠금Lock!" 하고 방에 대고 명령을 내린다. 이때 스미스 박사가 잠금을 풀기 위해 내린 음성 명령은 듣지 않는다고 간단히 추론할 수 있다.

성문 분석을 이용한 점검 시스템은 SF에서 쉽게 찾아볼 수 있다. 간혹 주인공이나 악당이 금지구역에 접근할 때에는 이를 무력화하는 장면도 많이 나온다. 이때 일부는 권한을 부여받은 사람의 목소리를 녹음한 것을 이용하거나, 이들이 말한 패스워드나 심지어는 음성을 모방해서 열기도 한다(SF이기에 가능한 상황이다). 예를 들어 「엑스맨」에서는 다른 사람의 모습과 음성을 똑같이 따라할 수 있는 미스틱Mystique이 정부의 컴퓨터 시스템에 접근할 수 있는 권한을 얻어내기도 한다. 그녀는 상원의원 보좌관으로 변신한 뒤 그녀의 목소리를 이용하였다. 「스타트렉: 넥스트 제너레이션」에서는 안드로이드인 데이터가 다른 사람들의 목소리를 흉내 내서 음성 보안 시스템을 무력화한다.

2009년 「스타트렉」 리부트 작품은 화자인식 시스템의 또 다른 문제점을 유머러스하게 표현하였다. 바로 파벨 체코프Pavel Chekov가 시스템을 인증하려 하지만 강렬한 동유럽 악센트 때문에 시스템이 패스 코드를 인지하지 못해 당황하는 장면이다. 만약 이 인터페이스에 성문 분석 정보가 제대로 들어가 있다면 체코프의 악센트는 오히려 인증에 도움이 되었을 것이다. 이 장면은 구어를 분석해서 처리하고 예측하는 것이 지난 300년 동안 왜 어려웠는지 잘 보여 준다.

█LESSON 다양한 악센트에 대비할 것

같은 언어라 할지라도 그 속에는 다양한 사투리와 악센트, 개인어idiolect 등이 있다. 시스템이 공통 부분을 인지하지 못하거나 개인의 억양, 발음, 용어, 리듬 등을 인지하지 못한다면 꼭 필요한 사람이 접근할 때 거부될 수 있다. 디자이너는 이런 상황을 항상 인지하고 대비책을 준비해야 한다.

한정–명령 음성 인터페이스

「블레이드 러너」에서 데커드가 호텔 방에서 특별한 사진 세트를 검사하는 장면이 있다. 이 사진은 2D로 보이지만 사진이 찍힌 순간 캡처된 3D 정보를 담고 있다. 이를 찾아내기 위해서 데커드는 사진을 거실에 있는 '에스퍼 머신Esper machine'이라는 텔레비전 같은 장치에 입력한다. 사진을 삽입하면 스크린에 스캔이 된 사진 뒤에 파란색 격자가 나타난다. 그는 그리드 속의 이미지를 주시하며 짧고 명확하게 명령한다.

"향상Enhance, 중지Stop······ 들어가Move in, 중지Stop······ 뒤로Pull out, 오른쪽으로Track right, 중지Stop······ 들어가고 나와Enter and Pull back, 중지Stop······ 45 우측으로 가Track 45 right, 중앙으로 그리고

그림 6.6
「블레이드 러너」(1982)

중지Center and Stop······ 34에서 36으로 향상Enhance 34 to 36······
뒤로······ 중지Stop. 잠시 기다려. 오른쪽으로 가Wait a minute. Go
right"(그림 6.6).

　에스퍼는 명령에 반응하여 스크린에 올라온 사진을 확대하고 이동
하여 스크린 하단에 세 개의 숫자를 보여 준다. ZM 0000 NS 0000
EW 0000. NS와 EW는 아마도 남북north-south, 동서east-west 좌표
로 생각되며, 명령을 내리면 바로 수치가 업데이트된다(주의 깊은 관객
은 이후 데커드가 내민 숫자와 관련한 명령이 스크린에 표시된 숫자와 맞지 않다
는 것을 찾아냈을 것이다). 그가 전체 문장을 이야기할 때는 해당 장면의
마지막에서 "나에게 하드 카피를 당장 만들어줘Give me a hard copy
right there" 하고 이야기할 때뿐이다. 그가 명령하자 기계는 스크린의
이미지를 인쇄한다.

　이와 같이 한정된 단어를 이용한 인터페이스는 시스템이 음성 명령
에 반응하기가 훨씬 쉽다. 특정 패턴만 찾아내고 많은 변수나 음성의
특징을 무시할 수 있다. 그리고 시스템이 문법이나 모르는 단어를 처
리하기 위해 시간을 소모할 필요도 없다. 이런 한정명령 음성 시스템
은 오늘날 쉽게 볼 수 있는데, 자동차에 탑재되어 음성으로 반응하는
OnStar(미국 최대의 자동차 회사인 GM의 인포테인먼트 시스템 브랜드다)나

애플의 시리Siri와 같은 모바일 기술, 그리고 전화 상담 시스템에서 음성에 반응하는 인터페이스 등이 여기에 해당한다.

LESSON 인식률을 높이려면 단어 수를 줄여라

인식하고 이해해야 할 대상의 단어 수가 적다면 키워드를 확인할 가능성이 높다. 따라서 맥락을 제한하는 것이 도움이 된다. 「블레이드 러너」의 에스퍼 머신은 사진을 스캔하면서 탐색 명령어를 몇 개의 세트로 제한했기 때문에 이를 인식하기 쉬웠다. 만약 영화에서 주인공이 멀리서 "ack right" 했다면, 이 기계는 그냥 이를 "track right"로 알아듣고 동작할 것이다. 이렇게 한정된 명령어 세트를 가진 음성 인터페이스를 만들 때에는 용어집을 적절하게 줄이고, 사용자는 최소한의 명령어를 암기해야 한다.

LESSON 인식한 단어집에 없는 단어는 무시

현재 많은 시스템은 단어집에 없는 단어나 어구를 인식하려고 할 때 이를 알아듣지 못하게 디자인하였다. 여기서 소개한 사례들도 제한한 단어집에 초점을 맞췄지만, 특정한 단어 이외의 다양한 명령을 주인공이 내릴 때 어떤 일이 일어날지 생각해 봐야 한다. 예를 들어 데커드가 에스퍼 머신에게 "옆으로 빠져나가서 오른쪽으로 두 셀을 이동해 주세요(Pull out and track right to the cell two over, please.)" 하고 말한다고 해서 시스템이 동작하지 않기를 바라지는 않을 것이다. 그러나 현재의 대화형이 아닌 음성 시스템은 대부분 동작하지 않는다.

일부 사용자는 한정명령 시스템과 대화형 시스템의 차이를 금방 구별하지 못한다. 그래서 말을 알아듣는다고 생각하고 시스템에 대화하듯이 말을 한다. 구글이 검색어에서 the, to, of와 같은 난어를 무시하고 검색하듯이 시스템이 추가 음성 입력을 무시하도록 디자인되지

그림 6.7 「사구」(1984)

않았다면 추가되는 콘텐츠를 정말 중요한 것처럼 간주하고 처리하려고 시도할 수도 있다.

우리의 조사 대상 중에서 독특한 음성 인터페이스로 「사구Dune」에 등장하는 '위어딩 모듈weirding module'이 있다(그림 6.7). 아트레이데스 집안이 사용하는 이 음성 무기는 특정 단어와 발성을 증폭해서 초점을 맞추어 에너지를 투사한다. 이 장치 중 일부는 목에 걸게 되어 있는데, 두 개의 은 실린더가 하나는 성대 근처에, 나머지 하나는 손에 들고 있는 박스에 위치해서 에너지의 방향을 결정한다. 폴 아트레이데스는 프레멘Fremen 종족과 살기 위해 탈출할 때 이 장치의 사용법을 빠르게 숙지하고 장치를 어떻게 사용하는지 그들에게 가르친다. 결국 그들은 그의 프레멘 이름인 무아딥Muad'Dib이라는 단어가 가장 강력한 발성이라는 것을 배운다. 이 사례에서는 소리를 내어 말한 단어가 콘텐츠인 동시에 활성화를 위한 인터페이스로 쓰였다.

LESSON 행동을 대표하는 명령어를 골라라

인터페이스는 시스템 명령이 명확할 때 쉽게 배우고 사용할 수 있다. 그러나 많은 의미가 있는 단어를 사용할 때는 맥락에 따라 혼동할 수 있으므로 주의해야 한다. 예를 들어 자동 주행 자동차가 'Left'와 'Right'라는 단어에 반응하도록 했는데, 여기에 'Turn'과 같은 단어를 함께 인지하도록 하지 않는다면 사람들이 정치 이야기를 할 때에도 반응할지 모른다.(우리나라와 마찬가지로 정치 성향에 따라 좌우를 이야기하는데, 이 단어를 왼쪽과 오른쪽으로 가라는 것으로 해석할지 모른다는 의미다) 그렇다면 잘못된 명령을 실행하여 재앙에 가까운 상황이 닥칠 수도 있다. 그래서 시리Siri와 같은 실세계의 시스템이나 SF 「엔터프라이즈호」의 컴퓨터 등에서 시스템이 명령을 받을 때 별명moniker(시리는 '시리'라는 말을 앞에 붙여 명령하고, 구글은 'OK'라는 말로 명령하는데, 이런 절차를 말한다)으로 확인하는 절차를 거친다. 이 부분은 차차 더 자세히 다룰 것이다.

대화형 인터페이스

자연어 인터페이스는 음성 인터페이스의 정점이다. 그리고 아직 현실 세계에서도 이 경지에는 이르지 못했다. 최신 음성 반응 시스템은 대화형 인터페이스를 실현한 것처럼 보이지만, 이것은 사실 몇몇 키워드에 반응하면서 어투 등을 친절하게 바꾼 일종의 제한된 반응 인터페이스다. 정말 대화형 인터페이스를 완성하려면 예측하지 못한 요구나 반응 등을 포함한 언어의 복잡함을 완전히 이해하고 실행할 수 있어야 한다.

예를 들어 「블레이드 러너」에서 세바스찬이 그의 아파트에 돌아왔을 때, 그는 광대와 곰 모양의 홈메이드 오토메이션 로봇의 환영을 받는다(그림 6.8). 세바스찬이 그들에게 "안녕, 친구들!Evening fellas" 하고 말하자 그들은 "집에 다시 왔군. 집에 왔어. 지기티 시그. 이서 와, 반가워! J.F.(Home again, home again, jiggity jig. Goooood evening

그림 6.8
「블레이드 러너」 (1982)

J. F.!)"하고 반응한다. 이들이 보여 준 매너는 세바스찬과 통상적으로 하는 상호작용으로 아마도 세바스찬의 성문 분석을 간단히 확인하고 반응한 것인지 모른다. 그러나 이들이 세바스찬과 함께 온 손님 프리스를 신경 써서 쳐다보니까, 세바스찬은 그들에게 그녀가 친구이고 신뢰할 수 있는 사람이라고 친절하게 이야기한다. 이런 상호작용은 이 로봇들의 대화 능력 수준이 매우 높다는 것을 의미한다.

SF에서 대화형 인터페이스는 주로 로봇과 안드로이드, 자이노이드gynoid(여성형 로봇. 원래 안드로이드는 남성형, 자이노이드는 여성형이라고 했다. 최근에는 통칭해서 안드로이드라고 한다) 들의 기본 능력으로 표현된다. 1927년 「메트로폴리스」에 등장한 로봇 마리아는 존 프레더슨Jon Frederson이 한 말에 반응한다(그림 6.9).

그에 비해 인공지능 인터페이스에는 오랫동안 이런 대화형 인터페이스가 등장하지 않았다. 이런 상황은 40년 동안 지속되었는데 「2001: 스페이스 오디세이」에 HAL 9000이 등장한 다음에야 기계가 언어를 이야기하는 장면이 나온다. 관객은 인간처럼 생긴 기계가 말을 할 것이라고 당연히 기대

"I want you
to visit those in the depths,
in order to destroy
the work of the woman
in whose image you were created!"

그림 6.9 「메트로폴리스」 (1927)

하지만, 인간처럼 생기지 않은 기계가 완벽하게 언어를 마스터하고 말한다는 것은 잘 믿지 않는다. 일단 HAL이 등장하자 그다음부터는 인간형이 아닌 기계도 인공지능을 갖추면 대화형 인터페이스를 갖춘 것으로 묘사한다. 「협곡의 실종」에 등장하는 로봇 파일럿 맥스나 「은하수를 여행하는 히치하이커를 위한 안내서」에 등장하는 슈퍼컴퓨터 '심오한 생각Deep Though', 「퓨처라마」의 '갓펠라스Godfellas' 에피소드에서 벤더Bender가 우주를 유영하다가 사용자와 만나 친밀해지는 등 많은 사례가 있다.

「스타트렉」 영화나 텔레비전 시리즈에 나오는 연방 우주선에 있는 컴퓨터는 완전한 대화형 인터페이스를 가지고 있다(여섯 편의 시리즈와 네 편의 영화, 그리고 일곱 편의 비디오 게임에 성우는 마젤 바렛 로덴베리 한 사람이다). 「스타트렉」에서 우주선의 컴퓨터 시스템은 자연어를 분석하고 반응한다.

우주선의 컴퓨터와 대화하려면 "컴퓨터Computer"등 컨트롤에 필요한 단어를 먼저 불러 주의를 끌어야 한다. 많은 한정 명령 인터페이스도 같은 방식으로 동작한다. 아마도 이렇게 하면 관객도 배우가 다른 배우에게 이야기하는 것이 아니라 기계에 이야기한다는 것을 알 수 있다는 것이 한 가지 이유지만, 실제로 시스템이 주의를 기울이고 사람들이 하는 이야기를 이해하고 반응하기 위한 작업을 도울 수 있다. 시스템이 HAL이나 엔터프라이즈호의 컴퓨터처럼 이미 컨트롤 단어나 숙어를 이해한다고 하더라도 나머지 인터페이스는 대화형이다. 물론 이런 대화는 대중이 하는 대화의 역학이나 많은 배우의 대화와도 일관성이 있다. 우리는 간혹 많은 사람 중에서 누군가와 대화할 때 그 사람의 이름을 부르고 시작한다.

만약 사용자가 의도하지 않은 시스템과 대화한다면, 시스템이 잘못 알아듣고 다른 행동을 할 수 있다. 이때 발생한 사고를 되돌리려고 하다 보면 당황할 수밖에 없다. 반대로 의도했는데도 누가 말하고 있는지 시스템이 몰랐다면, 이 역시 사용자가 이야기했는데 왜 반응하지 않는지 의문이 생길 것이다.

이상적으로 시스템 자체는 사람이 하는 것처럼 어떤 명령을 지시했을 때 결정할 수 있을 만큼 첨단이어야 한다. 사용자의 동공을 모니터링하거나, 대화 내용에서 유추하거나, 불명확한 것은 질문도 할 수 있다. 그러나 사용자가 별도의 환경이 필요하거나 시스템이 그렇게 수준이 높지 않다면 사용자에게 제어권을 넘겨야 한다.

만약 그런 대화가 흔하다면 분리 모드discrete mode를 만들어서 처리할 수 있다. 예를 들어 '내말 듣기listen to me'나 '내말 듣지 마don't listen to me' 등의 모드를 수작업 컨트롤이나 스크린 컨트롤, 음성 명령 등으로 들어가도록 만드는 것이다.

컴퓨터와 나누는 이런 대화가 예외적이라면 대화 중에 임시로 주의를 환기하기 위한 단순한 문구를 이용하면 된다. 사람은 사회적 동물이고 서로의 이름을 부르기 때문에, 좋은 방법은 사용자가 임시적인 '내 말 듣기listen to me' 모드에 이름을 부르는 것을 적용하는 것이다. 시스템이나 컴퓨터에도 이름을 붙여서 알아듣도록 하면 되는데, 「2001: 스페이스 오디세이」에서는 'HAL', 「스타트렉」에서는 '컴퓨터'라는 단어가 그 역할을 했다.

반대로 사람과 나누는 대화가 예외적이라면 시스템에 어떤 사람의 이름을 불러 주는 것으로 그 이후에 나오는 문장이나 이야기를 무시하도록 디자인할 수 있다. 그렇게 하면 피카드(「스타트렉: 넥스트 제너레이션 시리즈」에 나오는 엔터프라이즈호의 함장. 대단한 인기를 끈 캐릭터로 영국의 원로 배우 패트릭 스튜어트가 연기했다)가 "데이터, 셧다운"이라는 말을 대화중에 하더라도 실수로 전체 우주선이 기능을 멈추지는 않을 것이다.

「스타트렉」의 승무원이 컴퓨터의 주의를 끌면, 대화형 인터페이스는 마치 인간과 대화하는 것처럼 동작한다. 복잡한 문법을 처리하고, 단어의 미묘한 뉘앙스를 느끼며, 사용자들 사이의 명령도 분리할 줄 알고, 구어적 표현도 이해하며, 문화적인 내용도 참조한다. 수백 가지 언어와 사투리를 이해하고, 이들 사이를 매우 자연스럽게 오간다. 이런 종류의 세련된 기술은 정말 대단하며 자연 인터페이스라고 할 수 있지만, 사실 구축하기는 어렵다. 일부에서는 불가능하다고도 말한다. 그리고 기대 수준도 마치 사람처럼 느끼도록 높아지기 마련이다.

LESSON 대화 인터페이스는 인간 사회의 규범을 따라야 한다

시스템이 완전한 대화 능력을 갖췄다면 사용자는 시스템이 인간 사회의 기초적인 대화 규칙을 따르기를 기대할 것이다. 여기에는 적절한 수준의 말의 속도, 예절, 경청하는 자세, 가끔은 잠시 생각한다는 것을 표시하기 위해 '음'과 같은 말을 하는 것, 적절하게 끼어드는 방법, 놀라거나 동의하는 '으흠, 와우' 등의 감탄사를 구사하는 것, 그리고 네 가지 그라이스의 대화 격률Gricean Maxims 등이 필요하다.(그라이스의 네 가지 대화 격률은 양〈화자는 정보를 전달하기 위해 충분한 이야기를 해야 하지만, 너무 많이 하면 안 된다〉, 질〈화자는 진실해야 한다〉, 관계〈화자는 주제에서 너무 먼 것을 이야기하지 말라〉, 매너〈화자는 명료하고 간단하게 말하라〉이다).

최첨단 대화형 인터페이스는 이런 사회적 규칙을 알고 이해하며, 사회적으로 적절한 방식으로 반응해야 신중하면서도 정확하게 이해하는 대화자라는 인상을 심어 줄 수 있다.

소리 인터페이스: 듣는 것이 믿는 것이다

소리 인터페이스는 이 책에서 탐구하는 다른 기술에 비해 비교적 SF 같지 않다. 이것은 오늘날 우리의 일상생활에서 시스템의 경고음이나 한정 명령 인터페이스와 같은 소리 인터페이스를 자주 만나기 때문이다. 사용자는 진짜 대화가 가능한 대화형 인터페이스의 자연스러움을 선호하고 기대한다. 그러나 아직 SF 이외에서 이런 시스템을 구축하는 것은 무척 어렵다. 사용자의 성공적인 소리 인터페이스가 다양한 스펙트럼에 걸쳐서 기대 수준이 높아지는 것을 기술하였다.

요약하면 시스템 사운드는 명료하게 들리고 이해할 수 있어야 한다. 그렇지만 우리는 여기에 큰 기대를 걸고 있지는 않다. 인터페이스에 음성이 많아질수록, 사람들은 음성이 다른 사람들의 사회적인 특성을 대표하기를 기대한다. 특히 인간의 음성 수준의 소리가 쓰이면 더욱 그렇다(더 비슷할수록 기대는 더욱 높아진다). 간단한 소리 인터페이스에서 완전한 대화형 인터페이스에 이르는 양극단의 스펙트럼에 처음은 너무 단순하고, 마지막은 인간의 대화와 똑같아야 하므로 많은 교훈이 있는 것은 아니다.

마셜 매클루언이 "우리는 단지 귀꺼풀(원문에는 earlid로 표현하였다. 즉 눈꺼풀인 eyelid에 대응해서 쓴 단어로 원래는 없는 것이다. 눈꺼풀이 눈을 덧듯이, 귀를 덮을 수 있는 구조물을 의미하는 것이므로, 인간은 어쩔 수 없이 모든 것을 계속 듣는다는 의미다)을 가지고 있지 않을 뿐이다"라고 이야기했듯이, 우리는 언제나 소리를 듣고 우리 주변에 있는 다양한 사물의 진실을 파악하며, 그 의미를 알아내기 위해 주의를 기울인다. SF는 이런 특징을 지금까지 잘 인식하고 있어서, 관련 기술을 신뢰할 수 있고, 유용하며, 영감을 줄 수 있다. 또한 최초의 SF에서부터 완전한 대화를 할 수 있고, 언어가 가진 모든 힘을 발휘할 수 있는 기술을 약속한다. 비록 우리가 그 단계에 이르기 위해 아직도 먼 길을 가야 하지만, 우리는 그런 것들이 들려주는 내용을 주의 깊게 듣고, 우리의 기술이 노래할 수 있도록 노력할 것이다.

CHAPTER 7

뇌 인터페이스

그림 7.1

「벅 로저스: 행성 전쟁」(1939)

벅은 킬러 케인이 머리에 쓴 커다란 마인드 컨트롤 헬멧의 끈을 조였다(그림 7.1). 케인의 얼굴이 하얗게 질리더니 표정이 없어졌다. 벅이 말했다.

"케인, 당신은 이제 내 명령을 따르는 거요."

그리고 그를 스페이스 라디오에 데려가기 전에 그에게 방송할 명령을 지시했다.

"나는 지도자 케인이다. 외부의 모든 순찰대는 자신들의 비행 지역에서 철수하라."

이렇게 해서 행성의 전쟁은 끝이 났다.

생각은 보이지 않는다. 그리고 생각을 담는 집인 뇌는 두개골이라는 보호용 뼈의 상자 속에 숨어 있다. 시속 160킬로미터로 생각이 달릴 때 뇌를 볼 수 있다고 하더라도, 그것은 단지 거기에 있는 것처럼 보일 것이다. 관객과 SF 제작자는 이 기관이 얼마나 중요한지 알고 있으며, 인간의 생활에서 생각과 기억이 중심이 된다는 것을 잘 안다.

이는 결국 모험적 기술에 대한 상상을 불러일으키는 거부하기 어려운 유혹이다. 또한 SF 제작자에게는 창의적인 도전이기도 하다. 보이지 않고 움직이지도 않는 물질과 명백하게 인터랙션하고 있다는 것을 관객에게 어떻게 보여 줄 수 있을까?

뇌에 물리적으로 접근하기

디자이너는 디바이스가 사용자의 생각에 접근하고 있다는 것을 나타내기 위해서 먼저 뇌에 접근하는 기술을 보여 주어야 한다.

침습적 뇌 인터페이스

가장 직접적인 방법은 개인의 뇌나 신경계에 뭔가를 끼워 넣는 기술이다. 하지만 사람들은 대부분 이런 침습적인 연결에 부정적인 반응을 보인다. 사람의 머리나 목에 어떤 외부 물체가 붙어 있는 것을 보면 의학적으로 응급 상황이거나 최소한 무엇인가 심각하게 잘못되어 있다는 느낌을 받기 때문이다. 일부 SF 제작자는 이런 무시무시한 물체를 상품화하려고 하지만, 대부분은 그렇지 않다.

예를 들어 「매트릭스」를 보면 날카로운 플러그를 두개골 아래에 삽입해서 사람들이 매트릭스에 들어가는 장면이 나온다(그림 7.2). 「돌하우스」의 마지막 에피소드에서는 얼굴에 심은 장치로 사람들이 정보를 업로드하거나 지우는 장면이 나온다(그림 7.3).

이런 사례에도 불구하고, 뇌 인터페이스에 직접 커넥션을 시도하는 사례는 사실 드물다. SF에서 인터페이스는 대부분 피부를 뚫고 무엇

그림 7.2a, b 「매트릭스」(1999)

그림 7.3
「돌하우스」(시즌 2, 에피소드 13, 2010)

인가를 작업하는 기술에 의존하지 않는다.

비침습적 뇌 인터페이스

가장 손쉽게 비침습적으로 뇌에 접근하는 방법은 그 근처에서 시작하는 것이다. 관객은 대부분 사람의 머리 근처에 무언가 장비가 놓여 있다면 아마도 그것은 뇌와 관계가 있다고 생각한다. 여기서 '머리'란 얼굴은 제외하고 이마는 포함한 것으로 얼굴 근처에 위치한 장치를 말한다. 그러나 눈, 귀, 코, 입 같은 다른 감각기관과 연관성이 더 높다고 생각할 가능성이 많기 때문에 제외한다. 얼굴을 SF에서 제외하는 이유는 이와 같은 연관성 이외에도 장비가 얼굴에 걸쳐 있다면 관객이 배우의 얼굴 표정을 볼 수 없다는 점도 영향을 미친다. 그렇지만 얼굴이 뇌와 센서들 사이의 상당히 두꺼운 장애물을 예방하는 것은 맞다.

뇌와 장비를 연결하는 또 다른 비침습적인 방법도 있지만, 장비가

그림 7.4a – g
「메트로폴리스」(1927), 「브레인스톰」(1983),
「코드명 J」(1995), 「론머 맨」(1992), 「협곡의 실종」
(1986), 「스타트렉: 넥스트 제너레이션」(1991),
「마이너리티 리포트」(2002)

주변에 가깝게 있는 것이 과학적이다. 생각은 매우 복잡하고, 제대로 정의되지 않는다. 실제 세계의 뇌-컴퓨터 인터페이스brain-computer interface 기술은 뇌에서 뇌세포가 만들어내는 미약한 전자기파를 측정하는 것이다. 뇌의 일정한 영역은 특정한 유형의 생각에 특화되어 있기 때문에, 과학자는 두개골 전반에 많은 센서를 부착하고 특정 신호가 나오는 영역을 정확하게 찾으려고 노력한다. 관객이나 SF 제작자는 작은 센서들이 많이 달려 있는 모자에 수많은 선이 연결된 장치를 본 적이 있을 것이다. 이것이 모험적인 뇌-컴퓨터 인터페이스의 실제 세계 패러다임이다.

입는 디바이스

SF에서 비침습적인 뇌 인터페이스는 크게 두 가지 형태로 나타난다. 머리에 착용하는 작은 디바이스와 커다란 기계에 사용자가 앉는 방식이다.

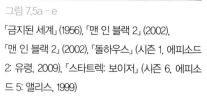

그림 7.5a - e

「금지된 세계」 (1956), 「맨 인 블랙 2」 (2002),
「맨 인 블랙 2」 (2002), 「돌하우스」 (시즌 1, 에피소드
2: 유령, 2009), 「스타트렉: 보이저」 (시즌 6, 에피소
드 5: 앨리스, 1999)

대부분의 뇌 인터페이스는 머리에 착용한다. 왕관 형태가 특
히 많다(그림 7.4). 「메트로폴리스」에서 미친 과학자로 나오는 로
트왕Rotwang의 기계는 스컬캡skullcap이라는 기계를 이용한다.
1939년 작품인 「벅 로저스」에서는 킬러인 케인이 커다란 금속 모자
를 이용해서 좀비를 조종한다(그림 7.1). 「브레인스톰」과 「코드명 J」에
서는 사용자 머리에 맞는 디바이스가 등장한다. 「론머 맨Lawnmower
Man」에서는 그 자신과 그의 희생자들에게 씌운 헬멧이 있으며, 「협
곡의 실종」에서는 데이비드가 금속 헤드밴드를 쓴다. 「스타트렉: 넥
스트 제너레이션」의 게임판에는 플레이어들이 안경과 비슷한 디바이
스를 착용한다. 「마이너리티 리포트」에는 이어폰과 같은 장치가 등

장한다.

다른 장치들은 더 커서 사용자들이 내부에 앉거나 스트랩을 묶고 내부에 들어가는 형태도 있다. 「금지된 세계」의 크렐Krell 기술은 사용자들이 앞으로 숙이고 기다란 봉 두 개를 내려서 관자놀이에 대어 사용하며, 「맨 인 블랙 2」의 디뉴랄라이저deneuralizer라는 기계는 주인공 K가 내부에 앉아서 이용해야 한다(그림 7.5b, c). 「스타트렉: 보이저」의 톰 패리스는 외계인 우주선에서 앨리스라는 인공지능과 '뉴로제닉neurogenic' 인터페이스로 소통하는데, 이것도 의자의 형태다(그림 7.5e).

SF에서 뇌 인터페이스의 위치

현재 조사한 SF의 뇌 인터페이스를 하나의 머리에 겹쳐 보면 (그림 7.6)처럼 된다. 이것으로 뇌 인터페이스의 가장 흔한 물리적 위치를 가늠할 수 있다. 귀에서 귀를 잇는 호는 안정성을 위해 존재하지만, 사람이 비스듬히 기대면 살짝 떨어진다. 시상sagitta(머리 중앙에서 코와 입을 잇는 라인)을 지나가는 호는 훨씬 엄격하게 안정화되도록 기술이 구성된다.

왕관 부위가 이 기술에서 제일 중요한데, 「스타트렉」과 「금지된 세계」에서는 앞머리를 중시하였고, 「매트릭스」에서는 머리의 뒷부분을 중시하였다. 실제 현재의 과학에서는 머리 전체에 씌우거나 앞머리에 치중하는 것이 뇌의 모든 영역에서 입력을 받는 데 유리하다.

실제 세계의 뇌 인터페이스 산업 디자인은 뇌 과학에 근거해서 진행되지만 산업 디자이너는 이런 요소들과 기대 사항을 고려해야 한다.

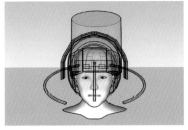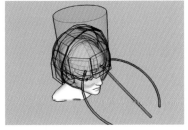

그림 7.6a, b 물리적 뇌 인터페이스의 위치를 중첩해서 보여 준 결과. 약간의 패턴을 확인할 수 있다.

그림 7.7a, b 「돌하우스」 (시즌 2, 에피소드 12: 투명인간, 2010)

그림 7.8

「스타트렉: 넥스트 제너레이션」 (시즌 1,
에피소드 9: 전투, 1987)

원격지 접속

또 한 가지, 원격지에서 뇌 인터페이스로 접속하는 것들도 있다. 이
때 희생자는 자신이 조종되고 있다는 사실을 모른다. 「돌하우스」의
마지막 에피소드에서 인형 기술doll technology은 누구의 마음이든
원격지에서 삭제할 수 있는 경지에 이른다(그림 7.7). 이는 시민사회
를 뒤흔들어 반기술anti-technology의 혼돈 속으로 빠져들게 만든다.

「스타트렉: 넥스트 제너레이션」의 '전투The Battle' 에피소드에서는
페렝기Ferengi족의 사령관인 다이몬 복DaiMon Bok(「스타트렉」의 외계인
종족 중 페렝기를 지배하는 지도자. 다이몬은 페렝기의 최고사령관을 뜻하는 관
직이고, 이름이 복Bok이다)이 불법인 생각제작기Thought Maker를 이용해
서 피카드 사령관에게 반란을 강요하는 장면이 나온다. 생각제작기

는 커다란 방송 장비처럼 생겼는데, 목표 대상에게 잘못된 기억을 고통스럽게 주입한다. 이 기기는 작은 수신기와 쌍을 이루면 희생자에게 보다 강력한 효과를 발휘한다(그림 7.8)(이 부분은 다음 절 '비자발적 대상자'에서 더 자세히 다룬다)

기억 지우기

몇 가지 기술은 개인의 기억을 지운다 대상자가 생각을 못하게 하거나, 새로운 기억이 생겨나지 않도록 하는 것이다. 이런 인터페이스는 특성에 따라 다양하게 나타나며, 뇌에 조금 가깝게 위치한다는 사실을 제외하고는 특별한 공통점이 없다.

「벅 로저스」에서는 금속 모자의 형태로 나선형 코일과 다이얼이 있고, 「돌하우스」에서는 누울 수 있는 의자를 이용해서 경험을 업로드하거나 기억을 지울 수 있으며, 위험한 인형doll을 온순한 상태로 되돌릴 수 있다. 「마이너리티 리포트」에서는 헤드밴드를 차는데, 머리 뒤에 반짝이는 인디케이터가 있다(그림 7.9).

그림 7.9a, b 「마이너리티 리포트」(2002)

정보의 양방향

뇌 인터페이스는 정보의 양방향성Two Directions of Information을 생각해야 한다. 뇌의 정보를 읽어서 그 사람의 생각이나 기억을 출력하는 것과 뇌에 정보를 기록해서 사용자의 생각을 입력하는 것이다.

뇌에 기록하기

일부 인터페이스는 대상자의 뇌에 새로운 정보를 입력한다. 이런 기술은 대상자가 자발적으로 원할 때와 그렇지 않을 때 매우 다른 형태로 나타난다. 그러므로 이를 나누어서 설명한다.

대상자의 마음에 미리 프로그램한 효과를 나중에 유도할 수 있는 트리거trigger 인터페이스는 매우 유혹적이다. 「맨츄리안 켄디데이트 The Manchurian Candidate」(세뇌된 앞잡이 또는 꼭두각시를 의미)에서 다이아몬드 퀸 카드가 쇼Shaw를 KGB를 위한 슬리퍼 에이전트sleeper agent(긴급 사태 발생에 대기하고 있는 정보 요원)로 변신시킨다. 「돌하우스」에서는 멜리Mellie에게 전화를 해서 속삭이는 말로 트리거를 유발한다.

"꽃병에 꽃 세 송이가 꽂혀 있다. 세 번째 꽃은 녹색이야."

트리거 신호는 휴대전화를 비롯해 어떤 미디어로도 전달되지만, 우리가 조사한 결과 이런 신호를 전달하는 특화된 인터페이스는 없었다. 그래서 그에 대한 내용은 제외한다.

자발적 지원자

대상자가 지원했다면(「돌하우스」의 인형들처럼 최소한 저항하지 않았을

그림 7.10a, b 「이 세상 끝까지」(1991), 「이터널 선샤인」(2004)

때), 인터페이스는 대부분 헤드-마운트 컴포넌트를 가진 누울 수 있는 의자 형태다.

「이 세상 끝까지Until the End of the World」에 나오는 기술은 원래 창조자가 뇌를 직접 자극하여 시각장애인에게 시각을 찾아주려는 의도로 만든 것이다. 시각장애인은 이미지를 보려고 의자에 누워서 전극을 단 푸른 불빛의 말발굽 모양 밴드를 쓴다(그림 7.10a). 이 장치는 「이터널 선샤인Eternal Sunshine of the Spotless Mind」에 나오는 머리에 쓰는 플라스틱 원형기기halo와 유사하다. 「이터널 선샤인」에서는 대상자가 똑바로 앉아서 그의 마음을 읽고 매핑을 한다(그림 7.10b).

뇌에 정보를 기록하는 유형으로 가장 유명한 영화는 아마 「매트릭스」일 것이다. 매트릭스에 접근할 때나 작동법을 수련하기 위해서 네오와 동료들은 특수한 시스템에 접속한다. 수련할 때에는 쿵후 같은 기술이 뇌에 업로드된다. 이 시스템의 오퍼레이터는 제어 스크린에 나오는 움직이는 비주얼 아이콘을 보고 스킬 모듈을 선택하고 뇌에 해당하는 지식을 채운다. 3D로 묘사한 회전 막대가 완료를 알리면, 네오는 즉시 해당 기술을 시스템의 가상현실 체계에서 테스트할수 있다(그림 7.11).

그림 7.11a – d 「매트릭스」(1999)

「돌하우스」에도 비슷한 장면이 나오는데 여기서는 인형에 새로운 인격과 기억을 업로드한다. 이때 오퍼레이터가 볼 수 있는 프로세스가 없다는 것이 차이점이다. 대신, 검은 배경으로 여러 이미지가 빨려 들어가는 것을 보고 주인공에게 새로운 기억이 주입된다는 것을 안다(그림 7.12). 「아바타」에서도 비슷한 디자인을 사용했는데, 시각화한 내용이 뇌로 빠르게 이동하는 것처럼 표현한다(그림 5.4).

마음을 기록하는 또 다른 장치는 프랑스 SF 스릴러 작품인 「크리살리스」에 등장한다. 갱들이 이 장치를 이용해 기억을 이식한다. 이것은 범죄 행위지만, 대상자는 이 사실을 모르기 때문에 자발적으로 자

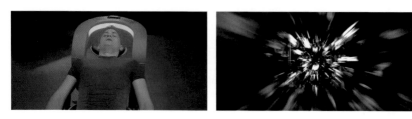

그림 7.12a, b 「돌하우스」(시즌 1, 에피소드 9: 사랑의 집에 있는 스파이, 2009)

리에 앉는다(그림 7.13).

　「코드명 J」의 중요한 디바이스도 인간의 뇌를 데이터 저장소로 이용한다. 데이터 업로드는 작은 케이블을 두개골에 직접 연결하는 작업이기 때문에 고통을 수반하는데 이를 완화하기 위한 약간의 보호장구를 갖추고 시작한다. 보통 뒤로 젖히는 의자가 편안하다고 생각하지만 조니는 프로이고 상남자로 불리고 있어 그냥 참는다(그림 7.14).

그림 7.14a, b 「코드명 J」(1995)

LESSON 사용자가 뇌 수술을 할 수 있도록 편안하게 해줄 것

일부 SF에서는 뇌에 기록하는 기술을 MRI 스캔처럼 대상자가 움직이면 방해를 받는 프로시저로 처리한다. 만약 이것이 실제 비접촉 방식으로 뇌에 뭔가를 쓰는 기술이라고 가정하면(추후 이야기하지만 이 기술은 비현실적이다), 피로나 불편함 때문에 움직이지 않도록 돕기 위해 편안한 휴식 자세를 제공한다.

비자발적 대상자

대상자가 비자발적이면 기술의 형태는 특징에 따라 다르다. 텔레비전 시리즈 「척Chuck」과 「스타게이트 SG-1StarGate SG-1」에서는 희생자가 짧은 시간에 많은 데이터를 강제로 주입당하는 장면이 나온다.

「척」에서는 주인공이 자신의 집 컴퓨터에 특수 코딩된 이미지가 빠르게 표시되면서 그의 머리에 있던 유일한 미국 정부 기밀 세트 사본이 표시되고, 이를 옮겨 담는다. 옮겨 담는 작업이 끝나자 그는 의식을 잃는다. 「스타게이트 SG-1」 '잃어버린 도시Lost City' 에피소드에서는 오닐O'Neil 대령이 움직이는 외계 구조물에 붙잡혀서 외계인의 정보를 자신의 뇌에 고통스럽게 주입당하는 장면이 나온다(그림 7.15b). 이런 사례들은 작동하기 전에는 명확하지 않은 무척 빠른 인터페이스다(방심한 대상자에게 특별한 방비가 없을 때 붙잡는다).

「스타트렉: 넥스트 제너레이션」 '전투' 에피소드에는 생각제작기라는 기기가 등장한다. 이 기기는 불법적인 방송 장비로 대상자의 뇌에 어떤 생각을 강제하여 현실을 무시한다. 생각제작기는 전체적으로 붉은색을 띤 원형이다. 중간에 금속 띠를 둘러 위쪽은 단순한 반구 형태고 아래쪽은 사각 무늬가 있어 마치 커다란 금속 뇌처럼 생겼다. 비

그림 7.15a, b 「척」(시즌 1,에피소드 1: 척 대 인터섹트, 2007), 「스타게이트SG-1」 (시즌 7, 에피소드 21: 잃어버린 도시, 1997)

슷하게 생긴 머리 크기의 수신기기는 생각제작기의 효과를 증폭해서 희생자가 근처에만 있어도 효과가 있다(그림 7.16).

생각제작기를 이용하기 위해서 다이몬 복이 테이블 위에 기기를 세팅하고 붉은 반구를 적도면을 따라 돌린다. 그는 슬라이더를 적도면을 따라 뒤로 움직이지만, 이 컨트롤의 효과는 명확하지 않다(그림 7.8). 전체 반구가 멀리 돌아가면 돌아갈수록 장뤽Jean-Luc(피카드 선장의 이름)의 고통은 심해지고, 명령을 받기 쉬운 상태가 된다. 복은 스크린을 보고 이 기계의 효과를 모니터링하는데(그림 7.17a) 알 수 없는 변수가 불규칙한 푸른색 막대기와 각도로 수평축에서 벗어나 있다. 이 기계가 더 강하게 작동할수록 검푸른 띠는 막대 사이로 미끄러지

그림 7.16
「스타트렉: 넥스트 제너레이션」
(시즌 1, 에피소드 9: 전투, 1987)

그림 7.17a, b 「스타트렉: 넥스트 제너레이션」(시즌 1, 에피소드 9: 전투, 1987)

고 웅웅거리는 소리도 더 커진다(그림 7.17b).

일부 기기는 기억을 지우는 용도로 이용한다. 마치 컴퓨터에서 파일을 지울 때 덮어씌워 지우듯이 진행하는데, 「맨 인 블랙」의 뉴럴라이저는 손에 들고 다니는 막대처럼 생겼다. 이 기기에서 나온 붉은빛에 노출된 사람은 만약 특수 제작한 선글라스를 끼지 않았다면 방금 일어난 일을 기억하지 못하고 약간의 혼돈 상태에서 들은 말을 마치 진짜처럼 기억한다. 인터페이스도 독특해서 매우 보기 드문 형태인데 다이얼을 돌려서 기억을 지울 길이를 선택한 후 버튼을 눌러서 실행한다(그림 7. 18)

기억을 바꾸는 기계는 「컨트롤러The Adjustment Bureau」에도 등장하는데, 역시 손으로 잡을 수 있는 실린더 형태다. 대상자의 눈에 반짝이는 붉은 선의 빛을 비추고, 대상자의 관자놀이에 빛나는 디스크를 접촉한다(그림 7.19).

기억을 지우는 다른 인터페이스는 「돌하우스」나 「이 세상 끝까지」에 등장한다. 쉬고 있는 대상자의 머리 관상면coronal plane(똑바로 서 있다고 가정할 때, 앞에서 뒤로 잘려나가는 면을 관상면이라고 한다)을 가로지르는 반짝이는 호가 컴퓨터에 연결되어 있다(그림 7.20).

그림 7.18a, b 「맨 인 블랙」(1997)

그림 7.19 「컨트롤러」(2011)

「이터널 선샤인」에서 기억을 지우는 장비는 대상자가 잠을 자는 동안 담당자가 프로세스를 모니터링하면서 진행한다(이것은 그림 7.10b에서 마음의 지도를 만드는 것과는 다른 장비다). 이 장비는 머리에 쓰는 커다란 금속 그릇처럼 생겼는데, 같은 간격으로 선이 연결되어 있다(그림 7.21).

뇌를 읽기

뇌 인터페이스의 일부는 대상자가 가진 정보를 추출하기 위해 이용한다. 이런 인터페이스는 자발성 여부에 따라 형태가 크게 바뀌지

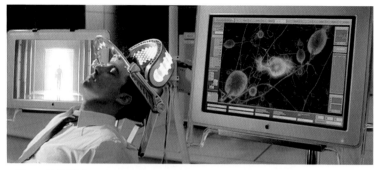

그림 7.20 「페이첵」(2003)

그림 7.21
「이터널 선샤인」(2004)

는 않는다. 이런 인터페이스에서 가장 어려운 점은 기계의 동작 여부
와 추출한 내용, 프로세스의 종료 시점을 보여 주는 것이다.

「메트로폴리스」에서는 로트왕이 마리아의 마음을 복사해서 로봇
으로 옮긴다. 추출 작업을 하는 동안 전기 호electricity arc가 마리아
의 체임버와 바로 위에 있는 구 사이에 형성되고, 이상한 화학 거품
이 플라스크에 나타난다. 그녀가 체임버에서 쓰고 있는 헬멧은 일종
의 통로이고 특별한 신호를 보여 주지 않는다. 데이터(여기서는 그녀의
마음) 복사가 완료되었다는 것은 로봇의 뻣뻣하고 금속과도 같은 형
태가 정말 마리아와 비슷하게 변하는 것을 보면 알 수 있다(그림 7.22).

「협곡의 실종」에서는 데이비드가 신기하게도 별들의 지도나 우주
선의 구조도와 같은 외계인 정보를 뇌에 기억하고 있다. 다행스럽게

그림 7.22a-f 「메트로폴리스」(1927)

도 NASA의 과학자들이 이 데이터를 그의 전두부를 둘러싼 뇌 인터페이스를 이용해서 고해상도의 애니메이션 그래픽으로 디스플레이한다(그림 7.23).

　「마이너리티 리포트」에서는 예지 재능이 있는 세 쌍둥이가 풀에 수면 상태로 있는데 그들의 전의식precognitive 시각이 바로 비디오 시스템으로 연결되어 그 내용이 디스플레이되고 동시에 기록된다. 관객은 이들 바로 위 천장에 설치한 비디오 스크린에서 이미지가 번쩍이고, 이들의 헤드기어와 풀이 같이 번쩍이는 것을 보면서 이 시스템

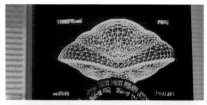
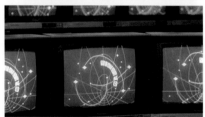

그림 7.23a - c
「협곡의 실종」(1986)

이 동작한다는 것을 알 수 있다(그림 7.24).

「돌하우스」의 기술은 대상자의 마음을 읽고 이를 디지털 사본으로 저장한다. 그래서 후에 개인의 기억과 기술을 '인형doll'에 업로드할 수 있다. 이 과정을 위해 대상자는 편안한 의자에 누워서 머리를 말굽 모양의 장치에 넣는다(그림 7.12a). 그러면 오퍼레이터는 근처의 컴퓨터와 해당 장치의 컨트롤을 이용해서 복사를 시작한다. 장치가 동작하면 푸른빛이 대상자의 머리를 감싸기 때문에 이것이 작동한다는 것을 알 수 있다. 그리고 빛이 어두워지고 의자가 올라와 똑바로 앉는 자세로 바뀌면 작업이 끝났다는 것을 알 수 있다.

빔 벤더스Wim Wenders의 서사시 「이 세상 끝까지」에는 원격으로 경험을 조절하는 기술이 등장한다. 꿈을 기록하고, 이것을 다른 사람과 공유하거나 비디오 디스플레이로 볼 수 있다. 이 기술은 새롭고 실험적이며, 발명자의 실험실에서는 복잡한 전자장치와 함께 손에 들고 다닐 수 있다. 첫 번째 녹화 이벤트를 쌍안경처럼 생긴 뇌파를 읽는 카메라를 이용해서 마치고(그림 7.25a, b), 대상자는 녹화 영상을 보

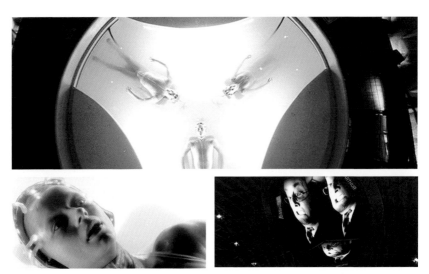

그림 7.24a – c 「마이너리티 리포트」(2002)

면서 이벤트를 기억한다(그림 7.25c, d). 다시 보는 동안 대상자의 뇌파가 기록되어 차후의 전송에 대비한다. 대상자는 자신의 관자놀이에 테이프로 전극을 붙이고 전자 그리드가 새겨진 곡면의 베개에 머리를 대고 눕는다. 우리는 이 과정에서 움직이는 여러 이미지가 다양한 스크린에 나타나기 때문에 이 기기가 동작한다는 것을 알 수 있다. 그리고 대상자의 REM(수면 사이클의 일부로 Rapid Eye Movement의 약자

그림 7.25a – d
「이 세상 끝까지」(1991)

다. 이 시기에 보통 꿈을 꾼다) 상태가 끝나면 뇌의 활성도와 건강을 모니터한 스크린이 그것을 알려준다.

LESSON 빛을 이용하고 실시간으로 읽은 결과를 보여 줘라

자료에서 정보를 읽는 데 시간이 걸리는 인터페이스는 작업이 진행 중이거나 완료되었음을 알려야 한다. SF에서는 기본적으로 두 가지 방식으로 이런 프로세스를 보여준다. 첫 번째 방법은 실시간으로 읽은 내용을 근처의 모니터에 보여 주는 것이다. 이렇게 하면 감지한 콘텐츠의 종류를 알 수 있고, 오랫동안 스캔하면 그 진행된 양을 표시하는 데 도움이 된다. 두 번째 방법은 콘텐츠가 지나치게 복잡할 때 사용하는데, 눈에 보이는 빛이 대상자의 머리 근처에 있는 디바이스에서 반짝이고, 읽기가 진행되는 동안에는 적절한 애니메이션으로 표현하는 것이다. 둘 중 하나 또는 모두를 사용하면 이를 관찰하는 사람과 소통할 수 있다. 다양한 운영 시스템의 애니메이션 아이콘들은 복사 작업이 오래 걸리면 원을 돌거나 드물게는 콘텐츠를 보여 주기도 한다.

원격 경험Telexperience

조사 대상 중 세 개의 SF 영화에서 인간의 감각 경험을 기록하고 다른 사람이 이런 경험을 마치 거기에 있었던 것처럼 수동적으로 경험하는 기술을 개인의 문화적 효과로 다루었다. 이런 종류의 기술은 경험을 기록하는 것이 이를 재생하는 것과 시간적으로 분리되어 있으므로 뇌를 읽고 쓰는 것의 중간에 위치한다.

첫 번째 영화인 「이 세상 끝까지」에 대해서는 앞에서 뇌를 읽는 것과 관련해서 이야기한 바 있다. 재생하는 과정은 단순하다. 먼저 시각장애인인 보여 주는 사람viewer이 머리를 파란 불빛이 반짝이는 고리 내부에 넣고 눕는다. 뒤에 그 기계가 꿈을 기록하고 재생하는 것은 시

각적이기만 하고 전체적인 감각과 경험은 재현하지 않는 동영상의 형태로 이미지가 재생된다(그림 7.26).

두 번째 영화는 「브레인스톰」이다. 이 영화는 개인적 또는 기업적으로 이 기술을 남용할 가능성을 보여 준다. 또한 투박한 연구실 수준의 프로토타입이 아닌 멋진 소비자 액세서리 형태로 기술을 구현할수 있다는 가능성을 보여 준다(그림 7.27).

그림 7.26a-d 「이 세상 끝까지」(1991)

그림 7.27a-c
「브레인스톰」(1983)

최근의 영화 중에서 이런 내용을 다룬 것은 「스트레인지 데이즈
Strange Days」다. 가상현실 포르노 판매상이 이 기술을 이상한 방법으
로 악용한 살인범을 잡는 영화다. 이 영화에서는 미디어 자체가 용의
자고 일부 출연자는 저소득층에게 유일하고 딱 맞는 쾌락을 선사한
다. 그래서 장비가 동작 여부를 특별히 표시하지 않고, 대부분 시간을
가발 안에 장착하고 다닌다(그림 7.28).

적극적인 지원자 Active Subjects

뇌 인터페이스의 또 다른 주요 카테고리로는 자발적인 사용자가 생
각을 1차 입력하여 시스템을 제어하는 것이다. 마치 SF와 딱 맞는 것
처럼 느껴지지만, 조사 결과 의외로 이런 인터페이스는 매우 드물었
다. 몇몇 텔레프레즌스telepresence(현실 공간의 본체를 전자적 실재로 변환
하여 이동함으로써 공간을 초월하는 기술. 모니터로 상대 얼굴을 확인하면서 회
의하는 화상회의가 초기 텔레프레즌스 형태다) 기술이 있었고, 줄거리에 특
화된 일회적인 기술도 일부 있었다.

이미 논의한 수동적인 원격경험 기술과 달리 텔레프레즌스 기술은

그림 7.29a-d 「매트릭스」(1999)

자신의 경험이 영향을 줄 수 있고, 실제 행동할 수 있는 적극적인 참여자가 관여한다.

버추얼 텔레프레즌스

조사대상 중 두 작품이 사용자 몸 전체를 가상세계에 몰입하였다. 첫 번째 작품은 가장 유명한 SF 3부작 중 하나인 「매트릭스」다. 후두부의 소켓에 잭을 연결하면 오퍼레이터는 네오의 의식을 매트릭스의 가상현실로 보낼 수 있다. 네오는 자신의 아바타로 매트릭스와 상호작용하는데 촉각 피드백과 현실 세계의 모든 감각 자극이 살아 있다(그림 7.29).

반란군은 생각을 입력 도구로 활용하고 시뮬레이션 규칙을 바꿀 수 있도록 허용한 가상세계의 디지털 특징을 잘 이해하고 있으며, 매트릭스 안에 잡혀 있는 사람들에게는 슈퍼 휴먼과 같은 능력을 보여 준다. 그들은 자신의 진정한 정체를 모르는 상태에서 그들의 법칙에 속

그림 7.30 「매트릭스 2: 리로디드」 (2003)

박되어 있는 것이다. 반란군의 의식은 매트릭스에 있지만 이들이 실세계에서는 혼수상태에 빠져 있어서 감각도 느끼지 못하고 반응도 하지 않는다(그림 7.30).

반란군은 심지어 전투 훈련을 하거나 지온Zion이라는 지하 도시의 인간에게 접근하려고 보안을 관리하는 특수 작업을 좀 더 쉽게 하기 위해 가상공간을 만들어 내기도 한다. 이런 가상 인터페이스는 실제 세계의 법칙을 따를 필요가 없다(그림 5.8d).

LESSON 가상현실 세계와 실제 세계는 많은 차이가 나서는 안 된다

가상공간이 실제 세계와 차이가 많이 날수록 그 공간에서 살아가는 사람들은 더욱 이상한 느낌을 받는다. 우리의 뇌와 몸은 실세계에서 살아가도록 상당히 잘 적응되어 있다. 얼굴을 인식하고, 소리가 나는 위치를 파악하며, 간단한 물리적 알고리즘과 말하는 재능에 이르기까지 우리를 도와주는 많은 능력이 뇌와 연결되어 있다. 실세계와 지나치게 동떨어진 공간이라면 우리가 이미 가지고 있는 많은 능력을 누릴 수 없고, 그 공간을 이해하고 운영하기 위한 인지적인 노력을 훨씬 더 많이 해야 한다.

그림 7.31a, b 「스타트렉: 딥 스페이스 9」(시즌 7, 에피소드 23: 최후 수단, 1999)

다른 미디어들처럼 실제 세계의 은유에 집착해서 기능이 제대로 작동하지 않아도 혼란을 초래할 수 있다. 그러므로 기능이 실제 세계에서 동작하는 방식과 맞지 않는다면 실제와 분리되는 것을 두려워하면 안 된다.

「스타트렉: 딥 스페이스 9」의 '최후 수단Extreme Measures' 에피소드에서는 바셔Bashir와 오브라이언O'Brien이 임시로 마음을 탐색하는 효과를 영화적으로 묘사해 놓았다. 두 사람은 우주선에서 물리적 파일을 찾으러 돌아다니는데, 실제로는 의식이 없는 적의 마음을 탐색하면서 핵심 정보를 찾으러 다니는 것이다(그림 7.31).

이들이 파일을 찾아서 실제 세계에서 깨어나면 작업이 완료되었다는 것을 알 수 있다. 그러나 이 에피소드에서는 이들이 수차례 깨어나지만 아직도 슬론Sloan의 마음에 갇혀 있으면서 이들이 실제 세계로 돌아왔다고 생각하도록 속인다. 이는 뇌 인터페이스가 보여 주는 공통적인 SF 테마인 동시에 이런 가상세계를 만들 때 실질적으로 시도하기도 한다. 사람들이 마음으로 만든 세계와 실제 세계를 어떻게 구분할 수 있는가?

그림 7.32a, b 「엑시스텐즈」(1999)

영화 「엑시스텐즈eXistenZ」에서는 게임 시스템이 플레이어를 가상현실에 빠뜨려서 역할을 수행하게 한다. 이 가상현실 게임에는 실제 세계의 시스템과 유사한 게임 시스템이 등장하는데, 그 모습은 기술적인 형태라기보다는 생물학적인 모습에 더 가깝다(그림 7.32).

실세계 시스템은 헤드기어 그리고 플레이어의 손에 있는 컨트롤러를 이용한다(그림 7.33a). 게임 내부의 생물학적 시스템은 플레이어의 손에 있는 컨트롤과 비슷하지만, 다른 컴포넌트로 탯줄과 비슷하게 생긴 코드를 가진 척수 잭spinal jack도 등장한다(그림 7.33b, c).

이 영화는 같은 기술을 두 가지 다른 버전으로 보여 준다. 하나는 전자기기와 같은 형태고 다른 하나는 의생명공학적인 형태다. 기능은 동일하지만 생물학적인 버전은 비침습적인 핸드헬드 컨트롤러조차도 훨씬 으스스하게 느껴진다. 이런 기술이 흔하면 아마도 이처럼 메스꺼운 반응을 일으키지 않겠지만, 그때까지 디자이너는 반드시 인터페이스가 사람들을 불안하게 만들지 않도록 신경을 써야 한다.

LESSON 의생명공학적인 기술은 으스스하다

생물학을 인간이 만든 기술과 비교하면 특징적인 형태를 띠고 진화의 법칙을 따른다. 만약 우리 몸의 아름다움과 움직임이 우리가 이해하고 경험하는 생물학의 범위

그림 7.33a - c
「엑시스텐즈」 (1999)

를 벗어난 방식으로 나타난다면 우리는 혐오감을 느끼며, 거의 전 지구적이라고 표현할 수 있는 생명애biophilia라는 보편적인 감정을 위배하게 된다. 이런 효과는 '자연적natural' 물질이 인간이 만든 것에 뒤엎여질 때 더욱 강화된다. 디자이너는 이런 거북한 반응을 충분히 이해하고, 이를 이용해서 으스스하게 만들거나, 그와 다른 목적이 있다면 이런 상황을 피해야 한다.

실제 텔레프레젠스

「아바타」의 기술은 상대방의 의식을 인간이 길러낸 휴머노이드 창조물에 투사한다. 인터페이스는 인체를 모니터링하는 센서가 옆에 달린 밀폐된 침대처럼 생겼다. 유일하게 머리와 관련한 센서들은 몇몇 얇은 투명한 선들로 몇 센티미터 떨어진 대상자의 머리 근처에 호를 이루면서 밝은 점으로 연결된 부위가 나타난다. 마음이 투사되는 동안 인체는 아무것도 못하는 상태에 빠지며 관처럼 생긴 침대에서 보호를 받는데, 이것도 CTComputed Tomography 스캐너(병원에서 많이

그림 7.34a – c
「아바타」(2009)

이용하는 컴퓨터 단층촬영 방사선 영상장비)와 비슷한 커다란 금속 실린더 안에 위치한다(그림 7.34).

생각 나타내기|Manifesting Thought

영화 「금지된 세계」에서 모비우스 박사는 '플라스틱 교육기plastic educator'라는 이상한 이름의 기기를 시연한다. 이 기기는 크렐Krell이 만든 것으로 사람들이 생각하는 모든 것을 보여 준다(이것을 실제로 교육하는 장면은 나오지 않는다). 이것을 이용하기 위해 그는 의자에 앉아서 회전고리를 돌려 빛나는 세 개의 막대 끝을 그의 머리에 대고 집중한다. 그의 생각이 점차 명확해지면 영상이 나타난다. 일단 나타나면 투명한 프로젝션이 그 물체가 의도한 대로 움직인다. 모비우스는 그의 딸에 대한 이미지를 투사하는데, 그녀는 서서 웃으면서 자세를 바꾼다(그림 7.35). 장치를 끄려면 막대를 들어올려서 원래 위치로 보내면 된다.

그림 7.35a – e
「금지된 세계」 (1956)

버추얼 섹스

「데몰리션 맨Demolition Man」에서 레니나는 존 스파르탄에게 '섹스'를 제안한다. 그런데 그녀가 제안한 것은 그들의 마음이 쾌락의 중심에서 만나는 것을 의미한다. 이들은 몇 미터 정도 떨어져 앉아서 한 쌍의 헤드기어를 쓴 뒤 눈을 감고 긴장을 푼다. 헤드기어의 작고 빨간 불빛은 동작하고 있음을 나타낸다. 이들은 쾌락을 느끼면서 서로에 대한 사이키델릭psychedelic(환각제를 마셨을 때 보이는 환각의 세상을 환각제 없이 재현하는 예술)하고 관능적인 이미지를 본다.

그런데 친숙하지 않은 가상의 경험을 하는 도중에 연결이 끊어지고 만다. 스파르탄은 절정에 이르기 전에 헤드기어가 제거되었기 때문에 이런 상호작용이 보통 어떻게 끝나는지 알 방법이 없다(그림 7.36)(이

그림 7.36a - c

「데몰리션 맨」(1993)

장르의 인터페이스는 13장에서 더 자세히 다룬다).

우주선 조종

「스타트렉: 보이저」의 에피소드 '앨리스'에서 톰 패리스Tom Paris는 외계인 우주선의 인공지능에 선택되어 '구세주savior' 역할을 한다. 그의 의식에 인간 여성의 이미지가 투사되자 그는 자신이 우주선을 정해진 도착지까지 조종해야 한다고 생각하고 파일럿 자리에 앉아서 머리를 '뉴로제닉neurogenic' 인터페이스에 눕힌다.

이 인터페이스를 이용해서 우주선을 조종하는데, 관객은 뉴로제닉 인터페이스가 동작하고 기능한다는 것을 아주 작은 녹색 불빛이 표면에서 반짝이고, 접을 수 있는 걸개가 수평으로 뻗어서 조종사의 이마를 가로지르는 것으로 안다. 패리스는 계기판에 있는 터치스크린 인터페이스에 접근하지만 인공지능과 언어로 대화하고 뇌 인터페이스로 조종한다. 그가 우주선을 어느 정도 조종했을 때 다른 반짝이는 선들이 의자에서 뻗어 나와서 뱀처럼 그의 몸을 감싸며 피부 속으로

파고든다. 이것은 인공지능이 그를 더 강하게 조종하고 있다는 표현
이다(그림 7.37).

게임하기

라이커Riker(「스타트렉: 넥스트 제너레이션」의 주인공 중 한 명. 일등항해사
로 피카드 함장이 가장 신뢰하는 승무원)를 게임에 초대하기 위해서 이타
나 졸Etana Jol(「스타트렉: 넥스트 제너레이션」에 나오는 크타리안 종족의 여성
외계인. 라이커를 유혹한다)은 작은 헤드셋을 그의 머리에 씌우는데, 여
기 달린 투명한 걸개가 라이커의 눈앞을 감싼다. 그녀는 그의 귀 위
에 있는 헤드셋의 작은 컨트롤을 눌러 작동시킨다. 그러자 작은 붉은
색 광선이 투명한 걸개의 끝에서 발사되어 라이커의 눈동자로 투사
되는데, 게임의 그래픽이 이런 방식으로 그의 망막에 직접 맺힌다(그
림 7.38). 이 장치는 뇌파를 읽어서 플레이어가 작은 가상 책상의 위치
를 컨트롤하도록 한다. 플레이어가 디스크를 깔때기에 옮기면 레벨
을 달성하고, 그는 뇌의 쾌락 중추에서 작은 쾌락을 느낀다. 이 게임
은 중독적이고 마음을 바꾸며 다소 전염성도 있어서 플레이어가 다

그림 7.38a, b 「스타트렉: 넥스트 제너레이션」 (시즌 5, 에피소드 6: 게임, 1991)

른 사람에게 게임을 하도록 권유한다.

SF의 두 가지 오해 해소하기

이번 장에서는 뇌에 영향을 미치는 인터페이스를 다루었다. 여기에는 비과학적인 것도 많이 포함하고 있어서, 미래에 작업할 가능성이 있는 다른 기술과는 달리 인터페이스 디자이너들이 얻는 교훈은 그다지 없다. 대신 전체적으로 정말 문제가 많은 두 가지 개념을 기술한다.

오해 1: 뇌에 영향을 미치는 인터페이스는 아플 것이다

뇌 인터페이스가 나오는 장면을 보면 뇌에서 정보를 꺼내거나 주입할 때 대상자가 매우 고통스러워한다. 심지어는 비침습적인 기술도 그렇다. 대상자의 머리를 움직이지 못하게 하고, 몸을 편안하게 눕히는 것은 불편함을 줄이고 손상을 최소한으로 줄이기 위해서다. 그런데 이런 프레임은 사실 문제가 있다. 왜냐하면 실제 현재의 첨단기술도 그렇고, 미래에도 이런 모습은 나타날 것 같지 않기 때문이다. 현재 세계에서 뇌에 데이터를 직접 입력할 수 있는 가장 유사한 시술

240

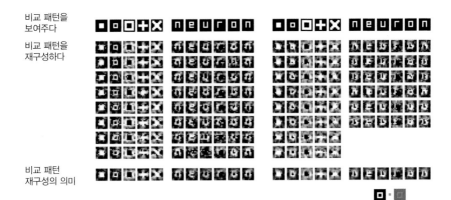

비교 패턴을
보여주다

비교 패턴을
재구성하다

비교 패턴
재구성의 의미

그림 7.39 현재 과학자들은 뇌에서 거친 fMRI 영상 정도를 읽을 수 있을 뿐이다

은 경두개자기자극술Transcranial Magnetic Stimulation, TMI이다. 시술할 때 대상자는 정신이 깨어 있다. 심지어 호주의 TMI 연구자인 앨런 스나이더Allan Snyder는 이 작업이 대상자의 수학 점수를 향상시킨다고 보고했다. 또한 근육을 불수의적으로 움직이거나 대상자가 하얀 점을 볼 수도 있다. 심한 경우 발작할 수도 있는데, 이때에도 SF에서 나오듯이 몸이 찢어지는 것 같은 극심한 편두통은 없으며, 실제 정보를 사람의 뇌에 저장하지도 않는다.

뇌에서 데이터를 얻는 가장 가까운 기술은 기능성 MRIfunctional magnetic resonance imaging, fMRI다. 2008년까지 이 기술은 10×10 픽셀 정도의 해상도로 재현하는 정도가 최선이었다(그림 7.39).[5] 또한 이 과정도 고통스럽지 않다.

그림 7.39는 이런 유형의 읽기를 한 결과다. 대상자 두 명의 뇌를 읽은 것인데, 맨 위 그림은 fMRI 기계 내부에 있을 때 대상자에게 보

5) Miyawaki, Y., et al.(2008). Visual image reconstruction from human brain activity using a combination of multiscale local image decoders. Neuron, 60, 915–29.

여 준 것이고, 중간 그림은 과학자가 여러 차례 읽어서 추출한 정보다. 마지막의 열 그림은 이를 평균한 작업인데, 오리지널 그림과 가장 가깝다.

오해 2: 지식은 소프트웨어처럼 설치하고 삭제할 수 있다

일부 SF에서는 기술이나 정보를 뇌의 하드드라이브에 끼워 넣고 (눈이나 피부에 꽂기도 한다) 업로드한다. 통증이 있는 프로그레스 바가 올라가면 끝. 이제 쿵후를 할 수 있다.

이 은유도 현실적으로는 문제가 많다. 왜냐하면 현대 뇌과학에 따르면 뇌의 구조는 결국 지식을 의미하는데 정보가 뇌 전체에 분산되어 있어 구조가 특정한 정보의 비트와 바로 연결되지 않으므로 관련 신경세포는 또 다른 생각에 이용된다. 정보를 업로드하려면 이처럼 회백질의 1000억 개에 이르는 신경세포의 상당 부분을 물리적으로 다시 섬세하게 구조화해야 한다. 망막에 빛을 좀 비추거나 전기충격을 준다고 해결되는 문제가 아니다.

생각 인터페이스는 어디에 있나?

뇌를 읽는 기술에서 누락된 가장 중요한 부분은 생각 인터페이스 thought interface다. 이것은 무슨 의미인가? 그렇다면 지금까지 소개한 것은 모두 생각 인터페이스가 아니란 말인가?

생각하는 사람의 뇌를 기계와 연결하는 물리적 인터페이스가 틀림없이 있었다. 그러나 이를 넘어서서 시스템을 조종하고 시청각적으로 뛰어난 표현은 드물다. 이 기술은 대부분 서술하는 도구로 작용하며 주인공을 다른 세계로 보내 그들을 둘러싼 환경과 몸으로 상호작용하거나 언어로 대화를 나눈다. 예를 들어 지온Zion의 노동자는 거의 완벽하게 자신의 몸을 표현한 유동적인 동작 인터페이스를 이용한다(그림 4.19a).

「스타트렉: 보이저」에서는 앨리스가 장악한 우주선을 패리스가 마치 자신과 일체가 되어 비행하는 것처럼 보인다. 우리는 그에게 정보를 주고, 그가 우주선의 위치를 변경하고, 이에 적절하게 대응하는 시스템과 관련한 비행 조종 인터페이스를 본 적이 없다(그림 7.37).

「금지된 세계」에 나오는 플라스틱 교육기의 주요 기능은 마음을 정확하게 읽어내는 것이지만, 생각하는 것은 인터랙션 전체다(그림 7.35). 기계가 원하는 방식으로 물체를 시각화하면 이미지를 볼 수 있지만 그것으로 끝이다.

「스타트렉: 넥스트 제너레이션」의 '게임'에서 뇌를 읽는 기술은 비록 어설프지만 가장 현실적인 접근 방법이다. 긴장을 풀고 빨간색 픽을 파란색 깔때기로 움직인다. 인터페이스는 매우 단순하지만, 작업을 완수하고 보상을 받는 피드백 루프가 존재하는데 이는 플레이어의 목표 달성을 빠르게 만든다.

LESSON 뇌를 읽는 인터페이스를 시각화하라

뇌를 읽는 기술과 관련하여 누구나 생각할 수 있는 후보 중에 물리적 위치와 관련한 것들이 있다. 스타십starship의 파워를 관리하고, 무기를 조준하며, 복잡한 가설을 만들고 검증이 가능한, 생각하는 도구는 어디에 있어야 할까? 이들은 잘 발견할 수 없었다. 이처럼 보다 발전한 수준의 뇌-컴퓨터 인터페이스는 더 복잡한 인터페이스를 요구할 것이다. 그런데 그 간단한 형태의 것조차 조사 대상에서는 찾아볼 수 없었다.

    많은 뇌 기술에 대한 컬렉션을 주었는데도 어째서 인터페이스는 부족한 걸까? 우리는 기술이 최근에 등장했고, 뇌 인터페이스 기술이 아직 성숙하지 않기 때문이라고 추측한다. 이 책을 저술하는 지금 현재 단지 여섯 가지의 뇌-컴퓨터 인터페이스가 소비자를 위해 시장에 나와 있다. 그중 두 가지는 건식 뇌전도계electroencephalography, EEG의 베타파(뇌파의 일종. 베타파는 13~30Hz 정도로 불안하거나 긴장했을 때 나타나는 뇌파다)를 측정해서 집중과 이완을 하여 공을 움직이는 장난감이다(그림 7.40).

    보다 발전된 제품으로 비싼 것은 이모티브Emotiv의 EPOC 시스템이다. 이것은 마우스와 같은 일반적인 입력장치로 개발되었다. 14개의 센서가 자이로스코프(임의의 축을 중심으로 자유로이 회전할 수 있는 틀 속에서 빠르게 회전하는 바퀴로 이루어진 장치. 회전의라고도 한다. 바퀴의 운동

그림 7.40a, b **포스 트레이너, 마인드플렉스 게임.**

그림 7.41a, b **이모티브 EPOC.**

량으로 틀이 기울어져도 원래 위치를 유지되는 성질을 이용한 장치다)와 결합

해서 약간의 트레이닝을 거치면, 네 개의 정신 상태와(이모티브가 정의

하는 네 가지 정신 상태가 있다) 특정한 생각, 그리고 얼굴 표정과 머리 움

직임을 이용하여 조종할 수 있다(그림 7.41).

　많은 사람이 아직도 이와 같은 소비자를 위한 첨단 뇌-컴퓨터 인터

페이스가 일반적인 시장에 나와 있다는 사실을 잘 모르고 또한 성공

했다고도 할 수 없다. 이는 아직 실제 세계에서 SF 제작자가 모험적

기술을 구축할 때 필요한 확립된 패러다임이 없다는 것을 의미한다.

사실 SF 제작자는 이처럼 눈에 보이지 않는 인터랙션을 자신의 영

화 소재로 삼을 유인이 거의 없는 상황에서, 현실에서는 소설에 등장

하는 인터페이스를 충분하게 파악하고 거기에서 배울 수 있을 때까

지는 이런 패러다임을 확립하는 방법에 현실적 대안을 찾아야 한다.

뇌 인터페이스: 미신의 지뢰밭

새로운 생각을 돕는 인터페이스를 상상하거나 그려내는 것은 틀림없이 가능하다. 사실 이런 종류의 기초는 우리가 매일 사용하는 생산 도구에 이미 구현되어 있다. 워드프로세서와 스프레드시트처럼 아이디어를 표현하거나 복잡한 수학 인터랙션의 모델을 만드는 것을 돕는 도구부터 기억을 돕는 일정관리 도구나 계층적 사고의 모델을 프레젠테이션하게 도와주는 프레지Prezi(최근 웹에서 저작과 플레이가 가능한 애니메이션 기반의 각광받는 프리젠테이션 도구), 개념-매핑 소프트웨어, 옴니그라피OmniGraffie 같은 플로차트 소프트웨어, 월프람 알파 Wolfram Alpha 같은 과학 검색 도구처럼 특화된 도구에 이르기까지 여러 사례가 있다. 우리가 어떻게 생각하는지 다시 되돌아보고, 보다 복잡한 표현과 개발을 가능하게 만드는 새로운 인터페이스를 탐험할 수 있는 공간은 아직 많이 남아 있다. 우리는 단지 이에 대해 보다 많은 생각을 해야 한다.

CHAPTER 8

증강 현실

그림 8.1 「스타워즈 에피소드 5: 새로운 희망」(1977)

루크 스카이워커가 농장에서 산꼭대기로 뛰어 올라간다. 쌍 안경으로 아래를 살펴보다 지평선에서 그의 새 드로이드 R2-D2를 찾았다.

"저 R2 유닛은 언제나 문제야."

C-3PO가 불평한다.

"이 우주 드로이드astro droid는 자꾸 바깥으로 나가. 가끔은 나도 그들의 논리를 이해할 수 없다니까……."

뷰파인더는 루크의 시야 끝에 데이터를 보여 주는데 큰 도움은 안 된다(그림 8.1).

"난 왜 이렇게 어리석지?"

그가 불평했다.

"그가 보이지 않아. 제길……."

증강현실Augmented Reality, AR은 인간의 지각을 증강하여 유용하고 추가적인 정보를 감지할 수 있도록 도와주는 기술이다. 어떤 감각 이든 증강할 수 있지만, AR은 주로 시각에 대한 것이다. 쌍안경, 무기,

통신 시스템, 파일럿의 헤드업 디스플레이head-up displays, HUD, 심지어 사이버네틱 안구 등에도 등장한다.

어떤 것이 해당되는가?

그 이름에서 알 수 있듯이 AR은 현실을 증강하기 위한 것이지 대체하는 기술이 아니다. 그러므로 현실의 표상은 여기에 해당하지 않는다. 예를 들어 「크리살리스」에서 브뤼겐 박사는 수천 킬로미터 떨어져 있는 환자를 원격으로 수술하는 동안에 환자의 볼륨 프로젝션을 실제 환부와 비교하지 못하는 장면이 나온다(그림 8.2).

이 사례는 AR의 한계가 무엇인지 잘 보여 준다. AR은 현실과 연결되어 있기 때문에 사용자가 표상의 크기와 위치, 상태 등을 조작할 수 없다. AR 모드와 표상을 조작할 수 있는 모드를 오갈 수 있는 시스템을 생각할 수도 있는데, 조사 과정에서 그런 시스템은 찾지 못했다.

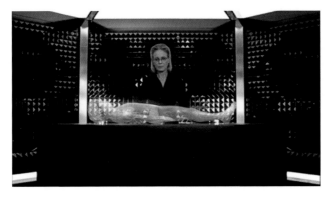

그림 8.2
「크리살리스」(2007)

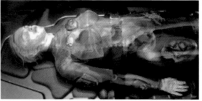

그림 8.3a, b 「파이어플라이」(에피소드 9: 아리엘, 2002), 「로스트 인 스페이스」(1998)

또한 증강현실은 정보가 현실에 오버레이overlay(화면 위에 겹쳐서 나타나는 것)되어 나타난다. 「파이어플라이」의 홀로이미저holoimager(홀로그램 이미지를 보여 주는 기기)에는 환자의 방사선 이미지가 둥실 떠 있다(그림 8.3a). 이를 실제로 체크하려면 사용자는 아래를 바라보아야 하는데, 이 인터페이스는 그런 측면에서 우리의 AR 정의와 맞지 않다. 「로스트 인 스페이스」의 볼륨 디스플레이는 대조적으로 수술 테이블 위의 주디Judy에 오버레이해서 보여 준다(그림 8.3b). 스미스 박사는 이 오버레이로 주디의 외형을 체크하는 동시에 그녀의 내장 기관을 방사선 영상 같은 장소에서 같이 볼 수 있도록 하고 있다. 이런 이유로 「로스트 인 스페이스」의 사례는 「파이어플라이」 사례와 상당히 비슷하지만 우리가 정의한 증강현실에 포함할 수 있다.

가상현실도 포함하지 않았는데, 정의상 가상현실은 사용자가 인지하는 실제를 대체한다. 가상현실도 사용자가 쉽게 증강하는 것을 생각할 수 있지만, 그런 사례는 조사대상에서 발견할 수 없었다.

이런 범주는 AR의 정의를 반드시 실제가 있고 거기에 오버레이되는 것으로 한정한다는 것을 의미한다. 이런 범주를 만족하는 증강은 센서 디스플레이sensor display, 위치 인지location awareness, 컨텍스트 인지context awareness, 그리고 목표 인지goal awareness 등 크게 네 가지로 구분한다. 그러나 이런 카테고리를 설명하기에 앞서 먼저 AR 시스템의 형태appearance를 알아보자.

형태

증강현실 시스템에서 주요 문제는 가리는 것이 없어야 한다는 것이다. 거의 모든 SF 사례에서는 투명한 오버레이를 이용해서 실제 시야를 투과해서 본다. 이렇게 하면 카메라가 사용자와 인터페이스를 동시에 찍을 수 있으며, 흔히 볼 수 있는 디스플레이가 아니기 때문에 미래 지향적이다(그림 8.4).

많은 AR 인터페이스가 복잡한 형태와 동작으로 기술적인 복잡함을 관객에게 전달하려고 한다. 최근 사례에서는 필요할 때 자동으로 나타나는 창의 형태로 정보를 표현한다. 이런 조합은 실세계에서는 상당한 수준의 시각적인 긴장과 주의 분산을 일으키기 때문에 문제가 될 수 있다. 실제 세계에서 노출은 관객에게 다르게 나타나지만,

그림 8.4 「아이언 맨」(2008.

스토리텔링을 하기에 좋기 때문에 아마도 이 트렌드는 계속 이어질 것이다.

센서 디스플레이

AR의 가장 단순한 사례는 디스플레이 외곽에 간단한 센서 정보를 보여 주는 것이다. 가끔은 애매모호한 기호와 유사 알파벳으로 단지 신뢰성을 보여 주기 위해 무의미한 데이터거나 별 의미 없이 기술적인 복잡성을 과시하려는 목적으로 이용한다.

「스타워즈 에피소드 4: 새로운 희망」에는 간단한 센서 정보를 쌍안경으로 보여 주는 기기가 등장한다(그림 8.1). 거리나 배율 측정을 하고 더 잘 보이도록 배율을 확대할 수 있다.

관객이 정보를 항상 해독할 수 있는 것은 아니지만, 그것이 사용자에게 유용할 것이라는 인상은 심어 줄 수 있다. 「인크레더블」에서 악당이 세계를 점령하기 위해 만든 로봇 옴니드로이드Omnidroid는 수많은 숫자와 그래픽이 디스플레이되는 AR을 가지고 있지만 이를 제대로 활용하지 못한다(그림 8.5a), 유사한 AR이 「트랜스포머」에도 등장하는데, 이 디스플레이는 외계인 언어로 되어 있어서 해독이 불가하다(그림 8.5b).

「아이언 맨」에서 토니 스타크의 HUD는 수트의 성능 데이터, 비행 컨트롤과 환경 정보에 이르는 다양한 센서 데이터를 보여 준다. HUD가 가독성에서 꽤 좋은 모델이 아니라는 것을 감안하면 정보의 양도 많은 편이고 신경을 분산시키는 움직임도 많다(그림 8.6).

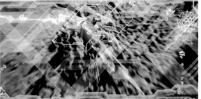

그림 8.5a, b 「인크레더블」(2004), 「트랜스포머」(2007)

그림 8.6 「아이언 맨」(2008)

LESSON 시야 외곽을 증강하라

이런 센서 디스플레이에서 조심할 점은 AR이 사용자의 시야를 너무 많이 가려 버릴 수 있다는 점이다. 디자이너가 이 문제를 해결하려면 가독성은 유지하면서 투명도를 최고로 높여야 한다. 나타나는 물체는 꼭 필요하지 않다면 사용자 시야의 끝에 위치해야 하고, 필요할 때에는 집중하는 위치 근처에 있어야 한다. 인간의 뇌는 움직임에 민감하기 때문에 데이터가 주변부로 밀려서 나올 때 잘못하면 위험할 수 있다. 그래서 디스플레이의 외곽에서 움직이는 정보를 표시하는 것은 최소한으로 유지해야 한다.

AR과 HUD와 관련한 또 한 가지 문제는 증강한 정보와 증강하는 실제 세계의 시야 사이의 초점 거리에서 나타나는 차이를 극복하는 것이다. 만약 둘 사이의 초점을 계속 또는 빠르게 바꿔야 한다면 눈이 금방 피로해질 것이다. 토니 스타크가 자신의 눈 앞에 펼쳐진 정보와 현재 날고 있는 경로상에 있는 물체 사이를 계속 초점을 바꿔서 쳐다본다고 상상해 보라. 얼마나 피곤하겠는가? 이상적인 것은 AR 시스템이 양안시 기능이 있어서 증강한 정보와 증강하는 물체의 초점 거리를 같게 만드는 것이다. 이렇게 하면 사용자는 초점을 맞추지 않고 슬쩍 쳐다보는 것으로 정보에 충분히 접근할 수 있다.

AR의 센서 디스플레이와 관련해서 가장 놀랍고 섬세한 사례는 「스타워즈」의 밀레니엄 팔콘에서 벌어지는 포대 장면이다. 이 장면은 6장에서도 언급했다. 이 인터페이스는 우주에서 벌어지는 소리 없는 공중전에 드라마틱한 오디오를 삽입하여 포를 쏘는 사람이 전장에 있음을 알 수 있게 도와준다(그림 8.7). 이는 우리에게 한 가지 중요한 사실을 알려주는데, 증강은 시각 채널을 넘어 다른 차원에서도 일어난다는 것이다.

그림 8.7
「스타워즈 에피소드 4:
새로운 희망」 (1977)

하나의 감각 채널만으로 일할 때에는 증강을 위해 추가 채널 이용을 고려해야 한다. 다른 채널은 기존의 것을 방해하지 않으면서 정보를 주거나 추가 이득을 주는 데 효과적이다.

위치 인지

AR의 또 다른 카테고리는 사용자의 위치 정보를 표시하는 것이다. 초기에 이와 관련한 시스템을 소개한 작품이 「로보캅Robocop」이다. 로보캅이 과거 기억을 찾아서 제임스 머피James Murphy의 옛날 집을 찾아갈 때, 그의 HUD에 그가 가는 길의 거리 이름이 표시된다. 정확한 거리에 있으면 인터페이스는 더욱 자세한 모드로 변해서 그가 찾는 주소를 표시한다(그림 8.8).

최근에 좀 더 정교한 사례가 있는데 바로 「마이너리티 리포트」에 나온다. 존 앤더턴을 찾는 경찰관 에바나Evanna가 드롭십의 파일럿으로 남아 다른 경찰관과 협조해서 빌딩을 수색한다. 그녀의 HUD 우측 상단부에는 도시 지도에서 팀과 드롭십의 위치를 나타내는 나침반 등 추가 정보를 표현하는 여러 계층이 표시된다. 지도가 하단에도 표시되는데 실제 화면과 함께 HUD를 이용해 사실적인 도식을 추가하였다(그림 8.9).

특히 영화적인 유형의 위치 인식은 지형을 모델링하는 장면에 많다. 「에일리언」과 「아이언 맨」이 대표적인데, 주인공이 어스름한 조건에서 험한 지형을 헤쳐 나간다. 이들의 인터페이스에는 위치를 보

그림 8.8
「로보캅」(1987)

그림 8.9 「마이너리티 리포트」(2002)

다 쉽게 찾아갈 수 있도록 밝은 푸른빛이 나는 등고선으로 지형을 표시하고, 동시에 관객에게는 움직이는 느낌을 강하게 전달한다(그림 8.10).

두 장면 모두 등고선을 어떤 방식으로 시스템에 이용하는지 설명하지 않는다. 실시간 레이더 데이터의 표현일 수 있는데, 이때는 복잡

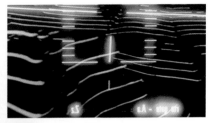
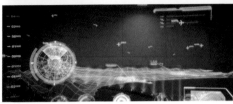

그림 8.10a - c
「에일리언」(1986),
「에일리언」(1986),
「아이언 맨」(2008)

한 센서 디스플레이에 대한 표현인 셈이다. 아이언 맨 수트는 시스템이 수트의 현재 GPS와 고도 데이터를 지도 데이터베이스에 접근해서 같이 보여 주는 시스템이라고 하는 것이 더 타당할 것이다. 또는 사람처럼 기능하는데, 지형을 시각적으로 인지해서 본 것을 등고선의 형태로 표시하는 것일 수도 있다. 이는 후에 이야기할 컨텍스트 인지의 복잡한 사례이기도 하다.

컨텍스트 인지

컨텍스트 인지Context Awareness는 환경에서 물체와 인간을 시스템이 인식하는 것을 포함한다.

사물 인지Object Awareness

일부 AR 시스템은 사용자 관점에서 사물이나 인물 정보를 디스플

그림 8.11 「아이언 맨」(2008)

레이한다. 정보의 유형은 시스템과 사물, 인물 또는 컨텍스트에 따라 좌우된다. 다음 사례에서 토니 스타크의 HUD는 산타모니카에서 페리스 휠Ferris wheel(회전 관람차)을 타고 있는 아이를 감지하고 이를 확대해서 보여 준다(그림 8. 11). 이 장면에서 토니는 초음속으로 나는 새로운 무장 수트를 처음으로 비행 시험하는데, 이때 페리스 휠을 보고 정보를 백과사전처럼 나열한다면 매우 산만한 느낌이 들 것이다. 이 수트에 장착된 인공지능 자비스JARVIS는 토니가 조종하고 있을 때 토니가 관심 있어 하는 1893년 시카고에서 열린 세계 컬럼비안 엑스포World's Columbian Exposition에 관한 정보를 상세하게 알려줄 수도 있다. 하지만 이보다 더 나은 접근 방법은 그냥 이름과 도식을 보여 주고 토니가 정보를 추가로 요청하면 그에 대응하는 것이다. 자비스는 토니가 주변을 둘러보고 비행을 모니터링할 수 있도록 하면서 그가 원하는 정보를 알려준다.

LESSON 정보도 중요하지만 사용자의 주의를 분산해서는 안 된다 증강현실 기술이 풍부하여 다층적인 정보를 제공할 수 있지만, 사용자가 실제로 집중할 수 있

그림 8.12 「파이어플라이」(에피소드 1: 평화, 2002)

는 것은 쳐다보는 특정한 위치이고, 현재 하고 있는 작업이다. 이렇게 뭔가를 하고 있을 때 주의를 분산하지 않으려면 콘텐츠를 매우 중요하거나 명확하게 부탁 받은 것 등으로 제한해야 한다. 그리고 더 상세한 정보는 2차적인 관심 레벨로 낮추어 큐Cue(정보를 줄을 세워서 차례대로 불러내는 것)에 넣어두면 된다.

「파이어플라이」의 파일럿 에피소드에서는 연방 순양함이 하나의 우주선을 발견하고 이들이 불법 구조를 하고 있다고 의심한다. 순양함의 부대 지휘관이 주인공과 토론하는 동안 함교의 뷰포트에는 우주선의 추가 정보가 배경에 나타난다(그림 8.12).

이 장면에서 화면의 증강 그래픽에 약간의 트릭이 있다. 이들은 카메라와 지휘관 사이에 제대로 배열되어 있지만, 실제로 함교의 왼편에 있는 군인들은 무엇을 보게 될까? 이들은 시야의 각이나 배열이 틀어져서 우주선 오른쪽에 증강 그래픽이 위치한다. 사실 오버레이로 보이는 정보는 항상 보는 사람의 관점을 고려해야 하는데, 이렇게 공유하는 HUD는 그런 점에서 한계가 있다. 에피소드 작가이자 감독인 조스 휘던Joss Whedon에게는 미안하지만, 이 순양함은 매우 발전된 디스플레이 기술이 있어서 보는 사람의 눈에 맞게 오버레이가 위치하고 뷰포트의 경계도 그에 맞게 잘리는 듯하다(유사한 시각의 차이 문제는 의료용 볼륨 프로젝션 이슈를 이야기할 때 추가로 다룬다).

LESSON 증강현실은 개인적이다

증강은 AR 디스플레이 사이에서 적절하게 조절할 수 있다. 각각의 뷰어가 같은 것을 보더라도 마치 현실에 있는 것처럼 동일하게 유지할 수 있다. 그러나 거리의 신호나 일반적인 경고와 같이 높은 수준 또는 공공의 정보가 있어야 한다. 그렇게 해야 개인적으로 적절한 종류의 정보를 얻을 수 있다. 이는 AR 시스템의 미래와도 관련된 이야기인데, 가려는 방향을 사람마다 적절하게 표시해야 할 것이다. 예를 들어 연방 순양함의 함교에서 서로 다른 지휘관들이 서로 다른 증강 그래픽을 본다. 커뮤니케이션 지휘관은 커뮤니케이션 채널이 방해 받는지 알기 위해 그래픽을 보고, 무기 지휘관은 우주선의 방어막이 정상 작동하는지 확인하려고 본다. 과학 지휘관은 우주선에서 나오는 방사선이나 화학물질 등을 체크한다.

인물 인지Awareness of People

사람은 사회적 창조물이다. 그러므로 AR은 간혹 사회적 상호작용을 증강한다. 시간여행 어드벤처 영화인 「백 투 더 퓨처 2」에서 미래의 마티는 그의 상관인 더글라스 니들스Douglas Needles와 거실에서 커다란 비디오 전화로 이야기한다. 이들이 대화하는 동안 시스템은 니들스의 나이와 직업 등의 정보를 표시한다(그림 8.13)

그림 8.13a, b 「백 투 더 퓨처 2」(1989)

그림 8.14a, b 「아이언 맨」(2008)

　「아이언 맨」에서도 토니가 친구 로드니와 전화하는 동안 HUD로
이와 유사한 인물 정보에 접근하는 장면이 나온다(그림 8.14). 두 장면
모두 주인공은 이 정보를 이용하지 않는다. 그런 측면에서 보면 이때
적절한 것이 디스플레이되었는지 평가하기는 어렵다. 왜냐하면 사용
자의 선호도에 따라 나온 것일 수도 있다. 어쩌면 미래의 시스템은 대
화 내용을 분석해서 어떤 정보가 적절한 것인지 결정할지도 모른다.

　전투에서 유용한 정보의 증강은 보이는 사람이 아군인지 적군인지
알아내는 것이다. 예를 들어 「터미네이터 2: 심판의 날」을 보면 T2 사
이보그의 AR 시스템이 나온다. 사이버다인Cyberdyne(영화에서 사이버
다인 시스템즈는 실리콘밸리에 있는 IT 제조업체다. 「터미네이터」 1편의 마지막
장면을 보면 사이보그 T-800이 파괴되는 장면이 나온다. 이 회사는 T-800의 잔
해를 가지고 첨단 기술을 개발하는 것으로 설정되었다. 같은 T-800 모델이지만
터미네이터 2에서 착한 사이보그로 나오므로 T2로 언급하여 구별한다) 로비에
서 군인들의 위협을 판단한 후 오버레이가 그에게 "모든 목표물을 선

그림 8.15 「터미네이터 2: 심판의 날」 (1991)

택하라"고 이야기하자 수초 만에 모두 처리한다(그림 8.15).

LESSON 증강현실에서 모든 것을 처리하는 특수 모드

영화의 이 장면에는 아군과 적군이 섞여 있지 않다. 그래서 T2의 AR이 이를 어떻게 표시할지는 알 수 없다. 각각의 사물을 하이라이트로 표시하고, 이들의 위험 여부를 나타낼 수도 있다. T2의 이런 시야는 모두 위협적일 때 작동하는 특수 모드다. 많은 오버레이로 T2가 복잡한 노이즈 신호를 해석하기보다 이 중 누구라도 보호해야 하거나, 또는 처단해야 하는지 결정할 수 있게 특수 모드가 한 번만 쳐다보면 구별하도록 한 것이다. 디자이너는 사용자가 상황을 빨리 파악해야 할 때 이처럼 모두 또는 아무것도 선택하지 않도록 하는 모드를 제공해서 도움을 줄 수 있어야 한다.

T2는 위협을 빨리 판단하고 동시에 각각의 목표를 수동으로도 처리할 수 있어야 한다. 또 다른 시스템으로는 아군과 적군을 확인하고, 목표를 조준하며, 방아쇠를 당기는 「아이언 맨」의 HUD가 있다. 「아이언 맨」에서 인질을 구출하는 장면을 보면 누가 인질이고 누가 적인지 수트가 구별하여 자동으로 미니 로켓을 여러 발 발사한다(그림

262

그림 8.16a - c 「아이언 맨」 (2008)

8.16). 각각의 목표 위에 십자선을 위치시키면 적은 붉은색으로 표시되면서 미사일이 발사된다.

이런 수트라면 훨씬 빠르게 아군과 적군을 구별해서 처리할 수 있을 텐데 이 영화에서는 왜 이렇게 느린 것일까?

LESSON 사용자가 끼어들 기회를 제공하라

컴퓨터가 무언가를 처리한 결과는 실제로도 어떤 결과를 만들어 낸다. 만약 이 결과가 심각하다면 인간이 끼어들어서 위음성false negative과 위양성false positive을 처리할 수 있어야 한다. 속도를 다소 늦춰서 자동으로 선택하는 프로세스를 인간이 인지할 수 있게 하면, 끼어들 것인지 아니면 수정할 것인지를 보다 쉽게 결정할 수 있다.

「디스트릭트 9」에서는 반자동 외계인 엑소수트 HUD에 파란색 큐

그림 8.17

「디스트릭트 9」(2009)

브로 개인을 식별하고 DNA에 따라 피아彼我 구별을 색상으로 알려 준다(그림 8.17). 식별이 끝나면 자동으로 적군을 공격한다. 이 장면에 서는 수트가 자동 모드로 되어 있지만, 만약 주인공 위쿠스가 타고 있 다면 그가 디스플레이를 보고 상황에 맞게 행동할 것이다.

LESSON 간단한 증강은 빠르게, 빠른 증강은 간단하게

인간은 읽는 것보다 보는 것이 빠르다. 시간이 중요할 때에는 빨리 보고 빨리 이해해 야 한다. 「아이언 맨」에서 십자선은 어떤 일이 일어날 것인지 잘 소통한다는 점에서 는 좋지만 「디스트릭트 9」에서는 색상 오버레이에 비해 시각적으로 더 복잡하다. 「아 이언 맨」에서 십자선은 조준에는 도움이 되지만 컴퓨터 시스템이 조준한다면 「디스 트릭트 9」처럼 처리하는 것이 더 간단하다.

OPPORTUNITY 중간 지대를 보여 주어라

피아 식별 사례는 사실 눈에 보이는 사람이 이것 아니면 저것이라고 명확하게 결정 된 상황에서 말하는 증강이다. 그러나 현실 세계는 이보다 훨씬 복잡하다. 물론 명확 할 때도 있다. 어떤 남자가 장전한 총을 손에 들고 겨누고 있거나, 엄마의 팔 안에서 잠자고 있는 유아라면 누구라도 상황을 구별할 것이다. 그러나 장전한 무기를 들고 는 있지만 당신을 겨누고 있지 않다면? 이렇게 애매모호한 중간 상태에 있다면 어떻

그림 8.18 「로보캅」(1987)

게 처리할 것인가? 사용자에게 경고하는 정도로 처리할 것인가? 아니면 빠르게 힌

트를 주어서 즉각 행동하게 유도할 것인가?

목표 인지|Goal Awareness

가장 앞선 AR 시스템은 사용자의 목표가 어떤 맥락인지 맞춰서 식
별(센서, 위치, 사물)한다. 목표는 시스템이 무엇을 보여 줘야 하는지, 언
제 어떻게 디스플레이해야 하는지 우선순위를 정할 때 도움이 된다.
이런 목표는 로보캅에 주요 원리prime directives를 입력할 때와 같이
매우 폭이 넓을 수도 있다(그림 8.18).

목표가 명확하고 구체적일 때도 있는데, 바로 비행을 하거나 조준
할 때나.

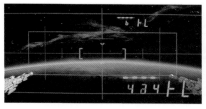

그림 8.19a – c
「에일리언」(1986),
「인디펜던스 데이」(1996),
「엑스맨」(2000)

그림 8.20 「아이언 맨」(2008)

목표: 비행 잘하기

목표-인지 AR의 가장 흔한 유형은 비행과 연관이 있다. 이런 시스템은 장비 패널의 중요한 요소를 파일럿의 HUD에 보여 준다. 대부분 고도계나 속도계 등을 센서 디스플레이로 표현하고, 지평선을 정확하게 파악하여 최적화한다. 조준 AR을 같이 가지고 있을 때도 많다(그림 8.19).

「아이언 맨」에서 미국 공군의 HUD에 나오는 것과 아이언 맨의 수트에 나오는 장면을 비교하면, 아이언 맨 HUD에는 더 복잡한 그래

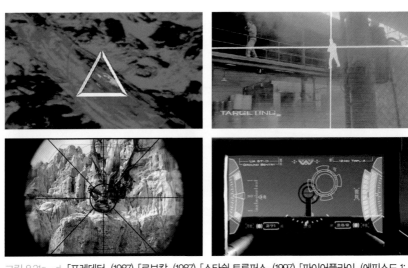

그림 8.21a-d 「프레데터」(1987), 「로보캅」(1987), 「스타쉽 트루퍼스」(1997), 「파이어플라이」(에피소드 1: 평화, 2002)

픽으로 표현한 데이터가 나온다. 사물을 인식하고, 풀 스크린 디스플레이도 이용한다. 또한 정보가 필요할 때마다 지능적으로 스크린에 가져온다(그림 8.20)

목표: 정밀한 조준

가장 흔한 또 하나의 유형은 AR 인터페이스 조준이다. 이 사례에서는 보통 움직이는 십자선이 뷰파인더에서 조준할 때 도움을 준다. 보다 정확하게 볼 수 있도록 확대하고, 어디에 맞을지도 보여 준다(그림 8.21).

십자선reticle은 사격자의 조준을 도와주는 선과 십자로 이루어진 타깃 형태를 일컫는 것으로 디자인이 매우 다양하다. 색상, 형태, 복잡도, 움직임 등도 매우 다르다. 심지어 브랜드도 다르다. 잘 살펴보면 「파이어플라이」 말Mal 선장의 AR을 보면 Weyland-Yutani 로

그림 8.22 「스타워즈 에피소드 2: 클론의 습격」(2002)

고가 있다. 이는 「에일리언」에도 나온다. 「에일리언」은 「블레이드 러너」와도 연결되는데, 이는 복제, 제노모프xenomorph(영화 「에일리언」 시리즈에 나오는 외계 종족. 포식 기생하는 외계종이라는 의미에서 한 장교가 이렇게 부른 데서 유래했다), 리버스Reavers(문명사회의 주변부에서 동물처럼 변한 사람들 그룹을 일컫는 말. SF 등에서 흔히 이용하는 메타포) 등의 세계관과 관련이 있다.

「스타워즈 에피소드 2: 클론의 습격」에는 잼 웨셀Zam Wesell의 무기 인터페이스에 고정한 십자선과 동적인 십자선을 결합한 인터페이스가 나온다. 고정 십자선은 목표가 움직일 때마다 차츰 희미해져 화살표 같은 터널을 형성한다. 여기서 무기 배열 방향을 지적하고, 무기 발사 순간을 알려준다(그림 8.22). 이때 증강 정보는 단순히 정보만 제공하는 것이 아니라 목표 달성에 도움을 준다.

OPPORTUNITY 십자선을 이용해 발사하라

소개한 것 중 아이언 맨 시스템에서만 십자선으로 아군과 적군을 구별하고 방아쇠를 당긴다. 컴퓨터 시스템은 사실 이런 작업을 할 때 인간보다 훨씬 효율적이다. 그런데 왜 이런 장면을 자주 볼 수 없는 걸까? 이것은 SF 제작자들이 알고리즘을 이용해서 삶과 죽음을 결정하는 게 불편하다고 생각하기 때문이다. 반면 모호한 상황에서 사용자가 제어권을 소프트웨어에 넘기고 반드시 결정해야 할 때 제어권을 돌려받는 방식은 여전히 유용하다.

OPPORTUNITY 인간이 발사할 때는 눈으로 조준하라

무기를 발사할 때 필요한 시간과 노력은 이미 눈으로 정확하게 목표를 보고 무기를 조준할 때 들어간다. 만약 AR 시스템이 사격자의 시각을 모니터링할 수 있다면(최근 안구 추적 시스템으로 일부 가능해졌다) 무기가 자동적으로 조준할 수 있어서 훨씬 효율적이다. 이때는 손의 움직임도 비교적 자유로운데, 목표가 적이라면 손으로 확정짓는 작업 등을 할 수 있다.

목표 인지와 관련한 가장 인상적인 사례는 「터미네이터 2: 심판의 날」에 나온다. 처음 현재로 시간여행을 한 뒤 T2는 수영장으로 홀로 걸어간다. 가는 길에 AR이 간단한 나침반 정보와 주변의 차량 등의 정보를 종합해서 이동수단을 찾는다(그림 8.23a, b). AR 시스템이 T2의 목표를 수행하려고 물 흐르듯 동작하는 것이다.

영화 후반부에는 젊은 존 코너John Connor가 T2에게 사람을 죽이지 말라고 명령한다. T2는 목표를 달성하는 것을 방해하지 않는 한도에서 이런 제한을 잘 지킨다. 그리고 AR 디스플레이는 이런 요구사항을 표시한다(그림 8.23c). 인간의 요구는 간혹 이처럼 전략적으로는 동일한데, 전술은 새로운 정보나 제약사항에 따라 상황에 맞게 바꿔야 할 때도 있다. AR은 유용성이 높은 목표인지에 부합해야 한다.

그림 8.23a–c 「터미네이터 2: 심판의 날」(1991)

무엇이 빠졌나?

이 장에서 수많은 사례를 보았는데도 조사 대상에서 AR과 관련하여 중요한 부분이 빠졌다. 바로 AR 시스템과 상호작용이다. 토니 스타크는 자비스와 음성으로 소통하며 많은 입력 문제를 해결하고 보다 발전한 인공지능 기술에 의존한다. 다른 AR 시스템은 적절한 정보를 알맞은 시점에 보여 주는 것까지는 세련되게 진행한다. 하지만 사용자에게 정보가 좀 더 필요할 때 또는 시스템에 오류가 생기거나 진행 중인 증강 정보를 무시하는 등 상황이 발생했을 때 사용자가 어떻게 대응하고 바꿀 것인지에 대한 사례는 없다. AR과 상호작용하여 디스플레이를 바꾸는 부분은 일부 집중적인 작업을 할 때 매우 중요한 이슈다.

증강현실은 우리를 걸어 다니는 백과사전으로 만든다

AR은 SF에서 상대적으로 늦게 소개된 기술이다. 그리고 아직은 상업적으로 널리 퍼지지 않았기에 미래의 느낌이 난다. 이런 디스플레이는 영화와 잘 어울리고 흥미진진하기 때문에 SF 제작자는 HUD, GPS, 백과사전 온라인 데이터, 실시간 이미지 처리 등 가능한 다양한 기술에 적용한다. SF가 좀 더 어렵고 미래 지향적으로 보이는 목표인지나 상호작용성을 고민한다면, 우리는 실제 세계에서 AR을 어떻게 널리 활용할 것인지 기대할 수 있다.

CHAPTER 9

의인화

샘Sam Bell은 달의 광물 기지 전반을 둘러보는 유일한 인간 노동자다. 그의 유일한 동료 거티GERTY는 주거 지역의 천장에 붙어 있는 커다란 로봇 팔이다. 그가 거티에게 이야기하면 거티는 말이나 아이콘 형태의 그림으로 답을 한다.

최근 샘은 뭔가 이상한 일이 벌어지고 있다는 사실을 알았다.

"이봐 거티, 지금까지 내가 여기 있는 동안 테스Tess에게 100번도 넘게 비디오 메시지를 보냈어. 이 메시지들은 어디로 가는 거야? 이 메시지가 그녀에게 도착은 하는 걸까?"

거티가 답을 한다.

"샘, 나는 이 기지에서 벌어지는 일만 설명할 수 있어."

거티의 차분한 음성은 특별한 감정을 전달하지 않지만 이모티콘으로 불확실함과 쉽지 않다는 느낌을 전달한다(그림 9.1).

샘이 묻는다.

"그녀가 나에게 보내는 메시지는 어때?"

그림 9.1a, b 「더 문」(2009)

그림 9.2a, b 「더 문」(2009)

그림 9.3a ,b 「더 문」(2009)

거티가 반복한다.

"샘, 나는 이 기지에서 벌어지는 일만 설명할 수 있어."

그러나 이번에 이모티콘은 웃는 얼굴로 바뀐다(그림 9.2a).

샘은 자신이 느끼는 두려움이 사실이라고 확신하고 묻는다.

"거티, 나 정말 클론인가?"

이모티콘은 중립적인 얼굴로 변한다(그림 9.2b). 샘이 답변을 보고 불쾌함을 느꼈다고 생각하자 시스템은 최선의 답변을 하기 위해 계산한다. 거티는 최종적으로 샘에게 진실을 말해야겠다고 결심한 후 슬픈 표정으로 샘과 공감하며 새롭게 발견한 사실을 알려 준다(그림 9.3a).

거티가 샘에게 당신은 클론이며, 어째서 당신이 가짜 기억을 가지고 있는지 알려 주자 샘은 조용히 돌아앉는다. 이 모습을 보고 거티는 우는 표정으로 반응한다(그림 9.3b).

거티는 합성한 음성 외에는 그 어느 것도 사람이라고 생각할 만한 속성이 없다. 형태도 사람을 닮지 않았고, 그가 표현하는 이모티콘은 플래시카드flashcard(유아나 어린이 교육 등에 주로 쓰이는 그림으로 만든 종이 카드)보다 조금 나은 수준이다. 그렇지만 거티는 샘의 경험을 이해하고, 공감하며 정말 인간 동료처럼 반응한다. 거티는 기계인데도 공감이 가는 캐릭터다. 왜 그럴까?

이것은 SF와 인터페이스 디자인에서 공통적으로 나타나는 현상이다. 대부분의 SF 영화나 텔레비전 드라마에는 의인화 기술이 나온다.

앞에서 샘은 거티가 사람이 아니라는 사실을 안다. 그리고 관객도 안다. 그러나 샘은 거티를 일종의 서브루틴의 세트로 단순하게 대하는 것이 아니라 동료처럼 대한다. 마찬가지로 R2-D2는 「스타워즈」 시리즈에서 가장 사랑받은 캐릭터다. 이 작은 드로이드는 사람처럼 생기지도 않았고, 소리도 사람과는 완전히 다르다. 실제 세계에서 우리는 연료가 다 떨어져 가는 자동차를 몰고 주유소로 가면서 자동차를 마치 구슬리듯 이야기하고, 또는 컴퓨터가 기대하지 않은 작동을 하거나 프로그래밍이 우리의 생각과 다르게 나오면 컴퓨터를 저주하기도 한다. 샘처럼 우리도 이런 시스템이 살아 있거나 우리를 이해한다고 생각하지 않지만, 우리는 이들을 마치 살아 있는 것처럼 취급한다.

의인화에서 가장 먼저 이해해야 하는 것은 사실상 거의 모든 것, 예를 들어 허리케인, 테디베어, 반려동물, 가재도구, 기계 등을 의인화할 수 있다는 사실이다. 마치 인간은 다른 사람들과의 관계처럼 주변의 모든 것을 이해할 수 있는 특수한 정신 장치를 가지도록 진화한 듯하다.

의인화는 심리학의 기본적 편견으로 그동안 많은 책에서 언급하였다. 우리는 이것을 기술에 적용하는 방법에만 초점을 맞춘다. 스탠퍼드 대학교의 클리퍼드 내스Clifford Nass와 바이런 리브스Byron Reeves는 사람을 대상으로 실험한 결과 이들이 알든 모르든 상관없이 자동차나 전자오븐렌지, 심지어는 회사까지 복잡한 장치에 대해서 강하게 의인화하는 경향이 있다는 것을 밝혀냈다. 이들의 연구는 스탠퍼드의 B. J. 포그Fogg가 검증하였는데, 그는 사람들이 자신도 모르는 사이에 컴퓨터 시스템에 동기를 부여하거나, 나이나 성별 같은 인구학적 특성을 부여하며 설득하고 심지어는 아첨하는 등 사회적 행위를 한다는 것이다.[6]

이 연구 결과가 설명하는 것처럼 성공한 시스템은 인간의 사회적 규범을 따른다. 디자이너와 엔지니어는 시스템을 의인화할 책임이 없다. 사용자들이 스스로 그렇게 하는 것이다. 대신 이들은 시스템을 개발하고, 그것이 사회적 규칙을 잘 따라서 사용자를 귀찮게 하지 않고 캐릭터로 받아들이게 하는 책임이 있다. 이런 규범을 완벽히 검사하고 사회적 인지 편견을 연결하는 것은 이 책의 범위를 넘어선다. 자신이 디자인한 인터페이스의 효과에 관심이 있는 디자이너는 그것을 좀 더 제대로 들여다보기 바란다.[7]

일부 기술은 이런 의인화 느낌이 나도록 디자인되었다. 예를 들어 로봇 아시모ASIMO는 형태와 움직임이 인간과 유사하다(그림 9.4a). 사람들은 이보다 인간처럼 보이지 않는 시스템에 저마다 다르게 반응한다. 예를 들어 어떤 사람은 자신의 룸바Roomba 청소 로봇에 마치 반려동물처럼 이름을 붙이지만 다른 사람들은 그렇지 않다(그림 9.4b).

---

6) Reeves, B., & Nass, C. (1996). The media equation: How people treat computers, television, and new media like real people and places. New York: Cambridge University Press.
7) 여기에 추가로 '외집단 균질성 편견outgroup homogeneity bias'이나 '더닝-크루거Dunning-Kruger 효과' 등에 매력을 느낄 수 있다. '사회적 편견social biases'이라는 구절로 검색해 보라.

혼다사의 로봇 아시모
(2000), 아이로봇사의
청소로봇 룸바 (2002)

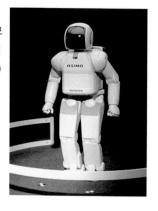

인간이 유일한 가능성은 아니다

눈치 빠른 독자는 SF에서 사용하는 기술이 굳이 사람 흉내를 낼 필요가 없다는 것을 알았을 것이다. 외계인 종족을 흉내 내도 되고 동물이나 식물이어도 된다. 이들은 미묘하게 다른 트리거와 효과가 있으므로 조사해 볼 만하다.

예를 들어 오리지널 「배틀스타 갤럭티카」 시리즈에 등장하는 못생긴 로봇 강아지 대깃daggit(그림 9.5a)이나 「이 세상 끝까지」에 등장하는 검색 프로그램 바운티 베어Bounty Bear(그림 9.5b)는 투박하고 속임수를 잘 쓸 것 같지만, 「에이 아이(A.I.)」에 등장하는 테디 베어는 좋은 친구가 될 것 같은 놀라운 느낌을 준다. 이들의 차이는 얼마나 충실한가이다. 사람 대신 동물을 이용해서 표현하면 사용자들에게 우리와 동일한 존재라기보다는 반려동물이라는 느낌을 주기 때문에 편리하게 기대치를 낮출 수 있다.

그림 9.5a, b 「배틀스타 갤럭티카」 (1978), 「이 세상 끝까지」 (1991)

대부분의 시스템이 사회적 맥락에서 사람들처럼 합리적으로 행동하는 것을 흉내 내기는 매우 어렵기 때문에 동물이나 식물, 그리고 외계인을 이용한다. 이렇게 하면 사용자가 시스템의 능력을 과도하게 기대하지 않으면서도 감성적으로 연결할 수 있다. 그 결과 간혹 귀찮기보다 사랑스럽다는 느낌이 드는 캐릭터나 기술이 등장한다.

「이 세상 끝까지」의 바운티 베어(그림 9.5b)는 오늘날 구글 검색과 비교할 때 투박한 애니메이션과 음성 정도가 다를 뿐이다. 그렇지만 이 시스템은 사랑받을 요소가 있는 데 반해 구글의 검색 서비스에는 이런 감정을 느끼기 어렵다.

시스템의 어떤 면이 이런 트리거를 제공할까? 사람은 복잡해서 기기가 흉내 내야 하는 종류가 많다. 우리가 조사 대상에서 의인화 사례를 리뷰하여 전반적으로 모습appearance, 음성voice, 행동behavior이라는 넓은 카테고리로 분류하였다. 이 카테고리는 서로 배제하지 않는다. 예를 들어 「지구가 멈추는 날」에 나오는 로봇 고트는 인체의 구조와 행위를 모방했다. 그러나 얼굴에 위치한 은색 바이저visor(헬멧의 얼굴 가리개를 말한다)가 다르다(그림 6.1). 「마이너리티 리포트」의 '스파이더spyders'는 뭔가를 찾으려고 하며 '아이덴티스캐닝eyedentiscanning'(눈을 스캔해서 신원을 확인하는 과정)으로 시민을 확인하고, 동시에 문제를 해결하는 기술을 보여 주지만 사람처럼 보이지 않는다(그림 9.6a). 프리츠 랑의 1927년 영화 「메트로폴리스」에 등장하는 첫 번째 로봇부터 우리에게 매우 익숙한 「스타워즈」에 등장하는 C-3PO와 R2-D2에 이르기까지 로봇은 이런 현상의 가장 중요한 사례다(그림 9.6b, c).

그림 9.6a-c
「마이너리티 리포트」(2002), 「메트로폴리스」(1927), 「스타워즈 에피소드 4: 새로운 희망」(1977)

　「에일리언」에 등장하는 '인공인간artificial person' 애시Ash처럼 일부 사례에서는 로봇과 인간을 구별하기 어렵다(그림 9.7a). 이들은 정말 사람과 비슷하지만 차이점이 있기는 하다. 「스타트렉: 넥스트 제너레이션」의 데이터 중령(그림 9.7b)이 여기에 해당한다. 중간 단계에 있는 것으로는 「아이로봇I, Robot」의 '3 Laws Safe' 로봇이다(그림 9.7c). 물론 「금지된 세계」의 로비Robby the Robot처럼 별로 사람처럼 보이지 않는 것도 있다(그림 9.7d).

　모습이 인간처럼 보인다고 해서 행동도 그러라는 법은 없다. 오리지널 「터미네이터」에 나오는 T-800은 사람처럼 보이지만, 목소리가 한 가지 톤이거나 로봇처럼 움직인다(그림 9.7e). 마담 투소Madame

그림 9.7a – e
「에일리언」(1979), 「스타트렉: 넥스트 제너레이션」(1994),
「아이로봇」(2004), 「금지된 세계」(1956),
「터미네이터」(1984).

Tussaud's(세계적인 밀립 인형 박물관이다. 마담 투소는 1761년 프랑스에서 태어났으며 최초로 런던에서 작품을 전시했다.)의 밀립 인형도 마찬가지다. 모습은 진짜 사람을 닮았지만 그걸 인간 같다고 이야기하면 누구도 동의하지 않을 것이다. 인간은 '단절off'에 매우 민감하게 진화했기 때문에, 비슷하지만 완벽하지 않으면 많은 사람이 무서움을 느낀다. 이런 불편함을 유도하는 행동이나 모습을 불쾌한 골짜기uncanny valley라고 부른다. 이 용어는 마사히로 모리Masahiro Mori라는 연구자가 '많은 사람이 인간 복제품을 보고 느끼는 혐오감'을 표현하려고 사용하였다(그림 9.8). 시스템이 사람이 형태를 하고 사람처럼 행동한다면 이 시스템은 사람과 같은 능력이 있다고 생각할 수 있다. 이는 또한 사람들처럼 사회적으로 대하는 상황을 유도한다.

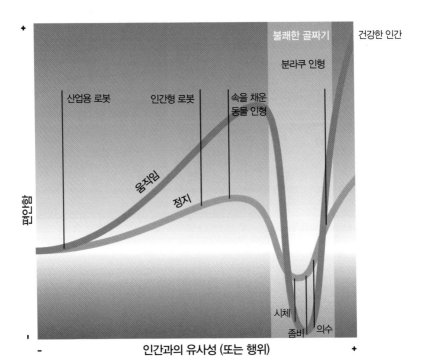

그림 9.8 불쾌한 골짜기

전체적으로 인간과 비슷해지면 편안함이 올라가다가 분라쿠 인형
(일본 전통 인형)과 같이 어설프고 지나치게 비슷한 느낌이 드는 순간
편안한 느낌은 급격히 감소한다.

LESSON 불쾌한 골짜기를 이해하라

사람들은 인간 복제품이 너무 지나치게 닮아 있으면 사람처럼 보이게 만든 물건이라
고 생각하지 않고 뭔가 잘못된 것이라고 느낀다. 골짜기가 나타날 때까지는 적절한
수준을 기대하기 때문에 모든 종류의 표상representation을 받아들인다. 하지만 이

런 시스템의 기능성과 적절한 행동에 순응하는 능력이 기대수준을 넘어서면 문제가 발생한다. 이는 매우 실질적인 효과로 음성과 이미지, 동작, 비율 등 모든 유형의 표상에서 나타난다. 디자이너는 자신이 만든 창조물이 골짜기에 접근할 때 나타날 효과를 잘 이해해야 한다. 너무 가깝게 다가가면 반발이 클 것이고, 너무 멀면 아예 사람 같은 느낌이 사라질 것이다.

LESSON 디자인에서 절대적인 사실주의를 추구하거나 명백한 표상에 집착하거나

사용자에게 과도한 기능을 약속하지 않으려면 시스템에 비인간적인 측면이 있다는 신호를 명확하게 보여 주어야 한다. 고도의 휴머노이드 기술을 보면 눈과 같이 사용자가 가장 많이 상호작용하는 것을 변경하는 것도 한 방법이다. 인터페이스가 사용자에게 이야기를 한다면, 시스템이 조심스럽게 과장된 단어를 쓰는 것도 한 방법이다. 마지막으로 시스템이 인간과 비슷한 행위를 할 때에는 충분히 로봇처럼 느끼도록 약간 경직된 모습이 좋다. 이런 사인sign은 사용자의 기대감을 낮추어서 불쾌한 골짜기에 빠지는 것을 피할 수 있다.

모습

처음에 딱 보았을 때 가장 명확하게 드러나는 인간과 유사한 점은 '모습'이다. 몸만 의미할 수도 있고 얼굴 또는 눈만 의미할 수도 있다. 인간과 구별하기 어렵다는 말은 생각보다 모호하고 다양하다. 영화 「매트릭스」에서는 가상현실로 나타난 프로그램이 완전한 인간의 모습을 하고 있는데, 이것은 커다란 충격이나 깊이, 위험 등 다른 어떤

그림 9.9a, b 「매트릭스」(1999)

표상이 관객에게 할 수 있는 것보다 강하게 알려 준다. 스미스 요원이라는 사냥과 파괴 프로그램은 프로그램이라고 생각하기에는 훨씬 위험하고 능력 있어 보인다(그림 9.9a). 오라클이라는 예언 프로그램은 몇 줄의 코드로 보여 주는 것보다 쿠키를 굽는 가정부의 모습이 오히려 더욱 현명하고 신뢰성이 있어 보인다(그림 9.9b).

「매트릭스」에서 스미스 요원이나 오라클은 생각하고 반응하며 주도권을 잡기도 하고, 어떤 때에는 진짜 인간처럼 감성적이기도 하다. 이 모습으로 주인공이나 관객에게 동기부여나 의도, 제약 상황, 심지어 주인공이나 관객에게 해를 입히기도 한다.

음성

우리는 SF에 등장하는 많은 인터페이스가 인간처럼 소리를 내기 때문에 인간같이 느낀다. 이것은 '목소리를 낼 수 있기 때문에' 언어를 이용한다고 느끼는 것이다. 또한 형식언어가 아니라 들을 수 있는 표현의 형태가 될 수도 있다.

그렇지만 지나친 일반화는 주의해야 한다. 서명이나 책, 언어를 사

그림 9.10a, b 「전격 Z작전」(1982)

용하는 웹사이트 등을 의인화하였다고 표현하지는 않는다. 인간과 비슷하려면 대화를 주고받거나 반응하는 지능이라는 느낌이 있어야 한다. 이와 같은 언어의 반응성은 영화 「에일리언」에 등장하는 인공지능인 마더와 같이 음성 없이 텍스트 형식으로 표현할 수도 있다(그림 3.3). 마더는 질문에 답을 하고, 자신의 의도를 디스플레이한다.

SF에서 좀 더 흔한 언어를 표현하는 방식은 실제 음성을 이용하는 것인데, 단지 언어를 사용한다는 수준을 넘어서 인간과 더욱 비슷하다는 느낌을 전달한다. 텔레비전 시리즈 「전격 Z작전Knight Rider」에 등장하는 키트K.I.T.T는 차량에 탑재된 인공지능이다. 이 시리즈에서 키트의 음성은 거의 완전한 캐릭터를 창조하였다. 텍스트 인터페이스도 거의 없고 아주 가끔 이용하지만, 그는 이야기할 때마다 반짝이는 음성 박스의 빛과 차량 전면의 붉은 스캐닝 불빛, 그리고 가끔 직접 차를 조종하는 장면으로 자신의 행동을 드러낸다(그림 9.10). 키트를 독립된 캐릭터로 받아들일 수 있는 것은 키트가 일반적인 로봇의 음성과는 달리 독특한 억양과 복잡한 숙어를 말하고 자연스러운 속도와 음색, 인간과 같은 음성 등을 표현하기 때문이다.

의인화 효과는 모든 사용자가 항상 똑같이 느끼는 것은 아니다. 그렇기 때문에 언어 사용 능력을 시스템 그 자체로 인지하는 사람도 있고, 시스템의 일부라고 생각하는 사람도 있다. 예를 들어 어떤 운전자는 음성을 차량의 일부 파트(아마도 안전 시스템)와 연관시키고 어떤 운전자는 키트처럼 차 전체를 음성과 연관하여 생각할 수도 있다. 또 다른 운전자는 음성을 전화 같은 연결 수단을 이용해 진짜 사람이 이야기하는 것이라고 생각할 수도 있다. 이런 각각의 에이전트는 모두 다른 능력이 있는데, 능력과 생각한 것이 다르다면 아마도 당황스러울 것이다. 그러므로 사용자는 음성이 무엇을 대표하는지 명확하게 규정할 필요가 있다.

「2001: 스페이스 오디세이」에서 HAL 9000 컴퓨터는 비록 음색이나 리듬은 다소 부드럽고 무심한 듯하지만, 억양은 인간과 같은 음성으로 말한다. 그렇기 때문에 영화 후반부에서 HAL이 승무원을 희생시키려고 할 때 더 사악한 느낌을 받는다. 음성은 인간성과 인간다움을 암시하는데 HAL에게는 그것이 없고, 또 조용하고 논리적이어서 항상 좋아보이던 HAL이 우주 비행에 나간 승무원을 위협하는 장면에서는 잔인한 사이코패스로 보인다. 사실 두 사례 모두 HAL은 감정이 없이 부자연스러운 이야기를 한다.

비록 자신이 조종하더라도 우주선에서 발사된 미사일은 아마도 '컴퓨터가 조종'할 것이다. 그러나 그것을 정서적이라고 생각하는 사람은 없으며, 캐릭터 또한 분명히 아니다. 그러나 만약 그런 미사일이 말을 한다면, 갑자기 자신이 마음을 가진 캐릭터로 느낀다. 「다크 스타Dark Star」라는 컬트 영화에서 한 승무원이 핵탄두를 장착한 인공지능 미사일을 상대로 카운트다운이 실수로 유도되었다고 설

득하는 장면이 나온다. 이 대화는 폭탄이 폭발하기 직전에 존재에 대한 노트를 보여 주며 끝이 난다(그림 9.11). 비슷하게, 「스타트렉: 보이저」의 '드레드노트Dreadnought'라는 에피소드에서 벨라나 토레스B'elanna Torres는 미사일 발사를 취소하려고 재프로그래밍하면서 눈에 보이지 않는 어떤 존재를 설득하여 미사일 발사를 중지하려고 한다. 그녀의 노력은 결국 성공하지만 「다크 스타」의 승무원은 설득에 실패한다. 이 두 사례는 폭탄의 목소리와 언어의 사용이 이들을 의인화하였다.

컴퓨터 음성이 인간보다 기계적이라면 인공 시스템을 쉽게 이해할 수 있다. 그렇지만 기계 시스템이 인간의 자연스러운 음성을 가졌다면 일정 정도 혼란을 초래할 수 있다. 예를 들어 1980년 현재는 플레인 트레인Plane Train이라는 애틀랜타 공항 열차가 문을 열었을 때, 열차에 운전자가 탑승하지 않았지만, 미리 녹음한 사람 목소리가 있어서 필요한 지시와 정거장 등을 소개하였다. 이때 디자이너가 예측하지 못한 것은 목소리로 열차를 관리할 때 일부 승객은 승무원이 말하는 것으로 착각할 수 있다는 것이다. 일부 승객은 당연히 승무원이 있다고 생각해서 자신을 보고 기다릴 것이라고 생각하여 문이 닫히려고 할 때 달려들었다. 너무나 실제적인 음성 때문에 시스템으로서는 대응할 수 없는 비현실적인 결과를 초래한 것이다. 이 문제를 해결하기 위해 마치 오리지널 「배틀스타 갤럭티카」 텔레비전 시리즈의 사일런과 같은 컴퓨터 음성으로 다시 녹음하여 대체하였다. 승객이 이런 목소리를 자연스럽거나 편안하다고 여기는 것은 아니지만 기계라고 생각하기에 거기에 맞춰 적당한 기대를 하는 것이다(사람들은 이 주제를 놓고 20년 이상 뜨겁게 논쟁했다. 저자 중 한 명도 이 주제와 관련하여 1992년에 패널 토론을 한 적이 있다).

들을 수 있는 표현

앞의 사례는 모두 언어와 관계된 것이다. 그렇지만 감정적인 소리도 의인화한 감성을 표현할 수 있다. 「스타워즈」에서 R2-D2는 가장 귀염을 받는 캐릭터인데, 인간의 언어를 말하지 못한다. 그리고 인간처럼 보이지도 않는다. 삑삑거리거나 찌지직, 윙윙 하는 소리 정도가 고작이지만 관객에게 그가 나타내는 공포나 흥분, 그리고 실망의 감성을 충분히 전달한다. 이런 감정이 R2-D2가 지각이 충분하고 인간과 비슷한 캐릭터라는 인상을 심어 준다.

LESSON 사람과 같은 느낌을 유도하려면 말이 아닌 소리를 이용하라
사용자와 소통하려고 고른 사운드 효과는 시스템의 특징을 창조할 가능성이 있다. 효과적으로 사용하려면, 이런 사운드는 시스템 이벤트에 따라 어떻게 반응하는지 고려해서 인간이 반응하는 것과 유사한 느낌의 특징이 있어야 한다. 예를 들어 "Error

404 – Page Not Found"(웹 사이트 주소가 잘못 되거나, 없는 페이지를 찾으려 할 때 나타나는 에러 메시지)와 같은 메시지에 수반하는 사운드는 슬픈 느낌이 들고, 사용자가 당황하는 것에 동조한다는 표현이어야 한다. 이렇게 하면 시스템이 보다 친근하다. 그렇지만 이때 다른 의인화한 시스템과 마찬가지로 시스템이 감당할 수 있는 능력을 넘어서서 사용자의 기대도 높아질 가능성이 있다.

행위

의인화는 기본적으로 행위 지향적이다. 사람은 누구든 얼굴을 보기 때문에 당연히 모습이 가장 중요하다고 할 수 있지만 인간다운 행위는 인간답다는 느낌을 더 많이 준다. 인간다운 행위를 한다면 가장 기계적으로 보이는 물건도 인간처럼 느낄 수 있다. 가장 대표적인 사례가 픽사Pixar의 단편「룩소 2세Luxo Jr.」에 등장한다. 이 영화에는 두 개의 램프가 나오는데 어린이들의 활발하고 밝은 이야기를 움직임만으로 보여 준다. 이 물체는 어느 것 하나 인간처럼 보이는 것은 없지만 움직임을 보면서 머리와 얼굴, 그리고 엉덩이와 이들 사이의 관계를 알 수 있으며 보는 사람들에게 정말 확실히 인간 같다는 느낌을 전달한다(그림 9.12).

또 다른 사례로「아이언 맨」을 들 수 있다. 토니 스타크가 다정하게 더미Dummy라고 부르는 로봇 도우미가 신뢰 받고 친근감을 느끼는 캐릭터가 된 것은 비록 산업용 로봇으로 보이고 소리를 내거나 말을 하지는 못하지만 순전히 스타크와 대화하면서 반응하는 형태가 사람 같기 때문이다(그림 9.13).

그림 9.12
「룩소 2세」(1986)

그림 9.13 「아이언 맨」(2008)

LESSON 행위를 실천하여 인간다움을 달성하라

만약 디자인하는 인터페이스가 움직이는 능력이 있는 기술이라면 모션을 세심하게 디자인해서 사용자가 편안하게 느끼면서도 시스템의 상태를 알 수 있도록 해보라. 이것은 특별한 반응성이 필요한 것이지만 이런 기능이 있다면 사용자는 더 잘 이해하고 공감할 것이다.

의인화는 행위가 텍스트 반응이나 버튼 클릭에 국한했을 때에도 나타난다. 예를 들어 1966년 엘리자Eliza라는 컴퓨터 프로그램이 인간 중심주의 심리학자Rogerian psychologist(정신분석이나 행동치료를 선구적

를 흉내 내어 이전의 답변에 기반을 두고 단지 묻는 질문에 답변했다. 이것은 매우 단순한 알고리즘으로 시작하는 질문의 풀pool이 있고, 그에 맞춰 대답을 하는데 마치 사람과 대화하는 것처럼 보이는 대단한 유연성이 있다. 사실 일부 사용자는 이 프로그램이 정말 대단한 심리분석 프로그램이라고 믿었고, 일부에서는 이 프로그램이 몇 줄이 안 되는 속임수 코드로 되어 있다는 것을 알면서도 사람처럼 느꼈다고 보고하였다. 시스템이 시뮬레이션이라는 것을 알아도, 시스템의 목적과 제약 사항에 적절하게 초점을 맞추고 있다면 인간다움을 성공적으로 경험할 수 있다.

대행의 정도Degrees of Agency: 자율성과 보조Autonomy and Assitance

또 다른 SF에서 의인화와 관련한 행위적인 부분은 대행agency과 자율성autonomy이다. 이 맥락에서 대행은 미리 정해진 파라미터에 대해 알려진 액션을 수행하는 시스템 능력을 말한다. 자율성은 목표를 달성하도록 도와주는 새로운 행동을 시작하도록 결정하는 시스템 능력이다.

많은 SF에서 두 가지가 모두 나타난다. R2-D2나 C-3PO 같은 로봇은 대부분 대행과 자율성을 갖추고 있으며, 「전격 Z작전」의 키트와 같은 시스템도 그렇다. 「스타트렉」의 홀로덱은 대행 역할은 많이 하지만 자율성이 매우 제한적이다. 그런데 이 시스템이 깨어나서 완전한 자율성을 가지면 승무원은 심각한 문제에 부닥뜨린다. 이 사례는 이들을 구별하는 것이 왜 중요한지 잘 알려 준다. 자율성은 매우 강력하기도 하지만 의인화와 연관해서 생각하면 위험하기도 하다.

정해진 액수에 도달할 때까지 거래가 되지 않는 이베이의 경매 시스템이나 주식거래 서비스 또는 정해진 가격에 방해받지 않고 구매하는 시스템 등을 대행이라고 할 수 있다. 이런 시스템은 우리를 대신해서 돈을 쓸 만큼 우리가 신뢰하는 것이고, 그에 따라 제약 사항을 걸어 준 것이다. 이베이의 시스템은 의인화하지 않았지만, 그럴 경우 사람들이 이것을 이용하는 데 영향을 주고, 사용 횟수에도 영향을 줄 것이다.

이제 자율성을 갖춘 시스템을 생각해 보자. 이 때 단지 우리를 위해 행동하는 것이 아니라 우리를 위해 결정한다. 예를 들어 이전에 좋아하는 책장을 경매하다가 놓친 경험이 있다면, 이번에 비슷한 물건이 나왔을 때 이 시스템은 우리 대신 경매에 미리 참가한다. 이 시스템은 물건을 발견하고, 구매하고, 심지어는 우리의 간섭을 받지 않고 판매도 할 수 있을 것이다. 주식관리 시스템도 비슷하게 우리가 현재 가진 주식만 사고파는 것이 아니라 우리가 고려하지 못한 주식도 사고 팔 수 있다. 이런 시스템의 핵심에는 '신뢰의 필요성'이 있다. 어떤 시스템을 보다 신뢰할 수 있을까? 인간처럼 보이고 행동하는 것일까 아니면 그렇지 않은 것일까? 정답은 물론 부분적으로 신빙성의 유형이나 정도에 달려 있다. 그러나 모든 조건이 동일하다면 사람들은 대부분 인간과 비슷한 특징이 있는 시스템을 그렇지 않은 시스템보다 선호한다는 연구결과가 있다.[8] [9]

---

8) Lee, J. L., Nass, C., & Brave, S.(2000). CHI '00: Extended abstracts on human factors in computing systems. New York: ACM.

9) King, W. J., & Ohya, J.(n.d.). The representation of agents: Anthropomorphism, agency, and intelligence. Retrieved from www.sigchi.org/chi96/proceedings/shortpap/King/kw_txt.htm

보조Assistance는 의인화한 시스템에서 가장 낮은 수준의 대행이다. 사용자의 질문에 답변하거나 작업을 완료하기 위해 도와주는 목적으로 디자인한 대행자agent를 가이드guide라고 한다. 가이드는 당신이 무언가를 찾는 것을 도와주지만, 자신의 생각대로 뭔가를 찾지는 않는다. 가이드는 당신에게 무슨 편지를 쓸지 제안할 수는 있어도, 당신을 대신해서 편지를 쓰지는 않는다.

SF에서 가이드 사례는 그리 많지 않다. 그중 하나가 「타임머신The Time Machine」에 등장하는 도서관 인터페이스 복스Vox다. 복스는 시간 여행자인 알렉산더 하트데겐Alexander Hartdegen이 2030년 뉴욕 공공도서관에 입장하자 투명한 유리 패널에 투사되어 나타난 홀로그램 같은 사서다. 미래의 도서관에 입장하면서 하트데겐은 수직으로 홀 전체에 걸려 있는 유리 패널을 본다(그림 9.14a). 그가 유리 케이스 내부에 있는 책장에 접근하면 투명한 인물이 유리 한편에 나타나서 자신을 소개한다.

"복스 시스템에 오신 것을 환영합니다. 무엇을 도와드릴까요?"

하트데겐 박사가 미소를 지으면서 말한다.

"오, 스테레옵티콘stereopticon(본래 19세기 중반에 소개한 두 개의 렌즈를 가진 슬라이드 프로젝터를 일컫는 것으로 영화가 나타나기 전까지 유리에 사진을 비추는 목적으로 이용하였다)의 일종이로군."

그러자 기계는 이렇게 답을 한다.

"오, 아닙니다. 선생님. 저는 3세대 퓨전 파워 광학 비주얼 시스템으로 언어 능력을 깃춘 지구 상의 모든 데이터베이스에 연결된 시스템입니다. 인간 지식의 총화라고 할 수 있습니다. 궁금하신 영역은 무엇인가요?"

그림 9.14a-c 「타임머신」(2002)

이 시스템은 사용자를 볼 수 있으며 심지어는 사용자와 눈도 맞춘다(그림 9.14b).

깜짝 놀라서 하트데겐 박사가 묻는다.

"당신은 물리학에 대해서 무엇이든 알고 있습니까?"

복스가 대답했다

"아…… 물리학에 접근……."

그러면서 손을 들자 유리 표면에 '물리학'이라고 표제가 붙은 정사각형의 정보 브라우저가 나타나고 다양한 다이어그램이 돌아간다. 하트데겐 박사가 '기계공학', '차원광학dimensional optics', '시간기록학chronography', '시차희생자temporal casuality' 또는 '시차 패러독스 temporal paradox' 등의 어려운 이야기를 물어볼 때마다 그는 즉각 각각의 주제에 부합하는 브라우저를 소환해서 하트데겐 박사를 놀래 준다. 처음에는 이 시스템이 하트데겐 박사의 과학적인 흥미에 꽤 흥분한 것처럼 보이는데, 계속 질문을 하자 복스의 표현이 다소 동요하는 듯하더니 명확함을 위해 브라우저를 끄고 말한다.

"시간여행?! …… SF에 접근"(그림 9.14c).

LESSON 사회적 의제에 대해서 대행자의 사회적 압력을 이용하라

어째서 학습 인터페이스가 요구한 주제에 대해 긍정적이거나 부정적인 태도를 취한 것일까? 특정 주제에 대해 이런 부정적인 태도는 실용적인 과학과 같은 특정한 유형의 학습은 북돋고, 창의적인 표현과 같은 것은 명확하게 금지시키는 것은 아니지만 포기를 위한 문화적인 목적으로 이용될 수 있다. 이런 압력은 인터페이스가 인간처럼 느껴지므로 고려해 볼 수 있는데, 디자이너는 학습에 대한 의견을 표현해야 할 때 이와 같은 사회적인 신호를 언제, 어떻게 할 것인지 신중하게 고민해야 한다.

실제 세계에서는 아직 자동화한 대행자를 창조하기에는 인공지능 기술이 충분하지 않다. 이것은 아직까지 확실히 SF의 제품이다. 좋은 대행자 사례도 몇 가지밖에 안 된다. SF 외부에서도 가이드에 해당하는 사례는 많이 볼 수 있다. 애플의 지식 내비게이터Knowledge Navigator와 가이드 3.0Guides 3.0 프로토타입, 마이크로소프트의 밥Bob, 마이크로소프트 오피스의 클리피Clippy, 그리고 다양한 '위저드' 인터페이스 등이 여기에 해당한다. 이들은 SF는 아니지만, 약간의 의인화한 상호작용을 보여 주므로 어느 정도 다뤄 볼 필요가 있다.

마이크로소프트의 두 가지 유명한 사례는 사실 성공적이지 못한 가이드로 이것이 얼마나 구현하기 어려운지를 잘 보여 준다. 개인정보

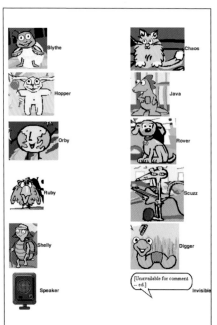

그림 9.15a - c 마이크로소프트의 밥 캐릭터와 홈 스크린 (c. 1995), 마이크로소프트의 클리피 (c. 1997)

관리자인 마이크로소프트 밥과 마이크로소프트 오피스 내부의 조수
인 클리피는 이 장의 초반에 언급한 바 있는 내스와 리브스의 작업을
바탕으로 개성을 결정하기 위한 많은 연구를 진행하여 개발했다. 그
런데도 이 제품들이 보여 주는 행위에 대해 사람들은 대부분 귀찮다
는 반응만 보일 뿐이었다(그림 9.15). 행위에 대한 기대와 실제 행동 사
이에 명확하게 일치하지 않는 것이 있었다. 특히 클리피는 가끔 쓸데
없이 간섭하거나, 도움을 요청할 때 건방져 보이고, 과장된 약속을 하
거나 미숙한 느낌을 준다. 그리고 그 기능을 완전히 꺼버리는 것도 어
렵다. 소프트웨어가 간혹 사회적으로 정상적인 범위를 벗어날 수도
있지만, 클리피는 그 수준을 넘어섰다. 그 이유는 마치 더 똑똑했어야

하는 사회적 존재처럼 보였기 때문이다. 두 개의 눈이 있고, 사용자의 행위에 대해 대화형 언어를 사용했다. 클리피는 진짜 사람같이 행동했다. 정말 귀찮은 사람으로……

LESSON 의인화한 인터페이스는 잘 만들기 어렵다

이는 대행, 자율성, 권위, 그리고 협업 면에서 정말로 맞는 말이다. 이 때문에 모든 시스템 행위는 외형이나 인간다움을 나타내는 것과 관계없이 자연스럽고, 도움이 되며, 적절하게 사용자의 문화에 맞춘 사회적 규칙을 지킨다. 이것은 쉽지 않고 간단하게 일반화할 수도 없다. 디자이너는 반드시 먼저 어떤 것이 적절하고, 어떤 것이 그렇지 않은지 정확하게 파악해야 한다.

그렇지만 적절한 가이드나 대행자도 볼 수 있다. 하나의 좋은 사례는 애플이 보여 주었다. 1987년에 만든 지식 내비게이터는 미래에 가능한 기술을 소개하는 산업용 영상에 나온다. 일부 실제처럼 보이는 애니메이션 대행자 필Phil은 대학 교수가 강의하기 앞서 준비하는 작업을 도와준다(그림 9.16a). 필이 일할 때는 쉽게 끼어들 수도 있고 지나치게 유식한 척하지도 않으며, 지나치게 현실적이지도 않다. 이렇게 하면 필의 기술이 상당히 높은 수준이어도 사람들에게 인간 조수 수준에는 미치지 못한다는 신호를 줄 수 있다. 그는 그의 능력에 적합한 수준의 사회적 관례를 따른다.

다른 사례는 학습과 관련한 실험적인 가이드 시스템이다. 이는 애플의 첨난기술그룹Advanced Technology Group이 비록 시장에 출시하지 못했지만, 새로운 데이터베이스 기술을 데모하기 위해 만든 것이 바로 가이드 3.0인데 네 개의 가이드가 있다. 이들은 모두 행위를

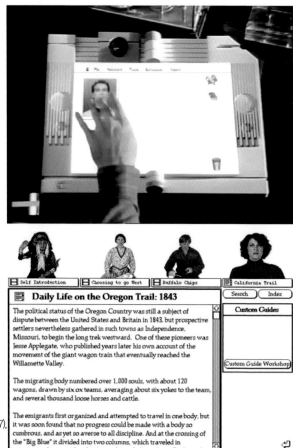

조절하는 알고리즘을 가지고 모두 사람처럼 캐릭터화되었다. 세 개
는 시대적인 의상을 입은 콘텐츠 가이드이고 나머지 하나는 브렌다
Brenda라는 이름의 시스템 가이드이다(그림 9.16b). 콘텐츠 가이드는
미국의 역사 데이터베이스에 있는 내용을 제시한다. 이들은 데이터
베이스의 콘텐츠를 서로 다른 시각에서 고르며, 이들의 행위는 얼마
나 많이 특정 항목을 추가할 것인지에 따라 달라지도록 디자인되었
다. 이렇게 디자인한 목적은 역사는 다양한 해석이 가능하도록 열려

있으며, 여기서는 단지 몇몇 시각만 보여 준다는 것을 명확히 하기 위함이다. 이렇게 함으로써 얻는 효과는 학생들이 자신의 시각을 형성하고 받아들이며, 다시 한 번 생각하는 것이다. 이는 마치 「타임머신」에서 하트데겐이 복스 이외에 세 가지 다른 가이드를 이용해서 단지 정보를 찾은 것이 아니라 서로 다른 시각에서 정보를 해석하게 만든 것과 같은 맥락이다.

OPPORTUNITY 정보를 해석할 때에는 다양한 시각을 제시하라

사람은 서로 다른 학습의 장점을 알고 다양한 방식으로 이해한다. 사용자에게 한 가지 시각의 내용을 전달하는 것이 아마 그들에게는 자신감 있게 보일지도 모른다. 그러나 다른 유용한 시각이 제외되는 것에 따른 비용을 지불해야 한다. 그것이 시스템을 통해서든 다른 사용자를 통해서든 사용자에게 다양한 시각을 제시한다면, 복잡한 상황을 이해하거나 자신에게 가장 잘 맞는 상황을 선택하는 데 도움을 준다.

이는 아마도 응급상황에서 지휘하거나 다양한 해석의 여지가 없는 정보에는 좋은 전략이 아니다. 정보가 결정적이지 않거나 명확하지 않으면 반드시 적절한 한 가지 방법이 있다는 생각을 접고, 사용자에게 서로 다른 시각을 제시하고 경험이 있는 타인의 충고를 고려하는 것이 좋다.

의인화: 강력한 효과를 고려하여 조심스럽게 추진할 것

사람은 다른 사람과 상호작용하여 경험한 기술을 SF나 실제 세계

에 적용한다. SF에서 소프트웨어, 로봇, 자동차, 검색엔진에 이르기까지 인간적인 면모를 따라서 캐릭터처럼 만들면 관객은 쉽게 관계를 맺고 이해한다. 이런 사례 연구는 인간과 같은 형태가 사람들을 편안하게 만들고, 인터페이스는 보다 풍부하게 소통할 수 있도록 도와준다. 인간과 유사한 행위는 시스템에 바로 연관되어, 사용자를 도와서 과업을 성취하거나 목표를 달성하기 쉽게 만든다.

그렇지만 디자이너가 의인화로 성과를 내려면 정말 많은 사항을 고려해야 한다. 의인화는 사용자를 오류로 이끌 수 있고, 달성할 수 없는 기대를 심어 줄 수 있다. 의인화의 요소는 생각보다 효과적이거나 사용하기가 더 쉬운 것은 아니다. 사회적 행위는 우리가 생각하고 느끼는 것과 잘 맞아야 하지만 이런 인터페이스는 사용자에게 더 나은 인식 능력과 사회성과 감성을 요구한다. 그리고 이런 것을 실제로 구축하는 것은 훨씬 힘들다. 마지막으로 디자이너도 사회적 창조물이므로 자신의 문화적인 편견으로 창조한 캐릭터에 주입되는 상황을 피해야 한다. 이런 경고가 이 장의 가장 중요한 교훈이다.

LESSON 더욱 사람 같은 표상이 나타날수록 사람다운 행위에 대한 기대도 높다
우리가 의인화한 기술을 디자인하면 지능과 언어, 판단, 자율성, 사회적인 규범에 대한 더 많은 기대를 한다. 그런데 이런 기대를 믿을 만큼 충족할 수 있는 기술이 부족하면 사용자는 당황할 우려가 있다. 따라서 외형이나 언어, 행위를 이용해 시스템은 인간이 아님을 명확하게 표현해서 기대 수준을 낮추어 현실과 매치하는 것이 좋다.

의인화 현상으로 나타나는 위험을 피하는 가장 쉬운 방법 중 하나가 중간 단계인 동물화zoomorphism다. 사람은 동물(특히 애완동물)과

비록 사회적이거나 감성적으로 연결되지만 기대 수준은 사람보다는 훨씬 낮다. 그러므로 시스템을 사람보다 동물처럼 표현하는 것이 '불쾌한 골짜기'에 빠지는 위험을 회피하면서 긍정적인 부분만 취할 수 있는 방법이다. 이것은 우리가 충분히 사회적인 관습을 따르고, 사용자가 정말 지능적이라고 생각하는 시스템을 개발하는 동안 따를 수 있는 보다 효과적인 전략이다.

PART 2
SF 인터페이스와 인간의 활동

커뮤니케이션

그림 10.1a–c

「메트로폴리스」(1927)

조프레더슨Jo Frederson은 커다란 벽걸이 장치로 걸어가서 티커 테이프ticker tape로 메시지를 확인하였다(그림 10.1a). 그 때 로워시티에서 온 그롯의 메모가 눈에 띄었다. 그는 오른쪽에 있는 다이얼을 시계 반대방향으로 10에서 6으로 돌렸다. 그리고 왼편의 다이얼을 4로 돌렸다. 그러자 스크린이 동작하기 시작했다. 스크린에는 'HM 2'라는 글과 함께 다른 카메라의 이미지가 섞여서 나타났다. 조는 몇몇 컨트롤을 조작해서 신호를 지우기 시작했다(그림 10.1b).

조는 그롯이 나타나자 장치에서 전화기를 들고 버튼을 조작해서 그롯에게 신호를 보냈다. 그롯의 비디오폰 전구가 조의 신호에 반응해서 깜빡이며 소리를 냈다. 그롯은 장치에 다가가서 스크린을 쳐다보고 전화기를 들었다. 그롯은 스크린에 나타난 조의 이미지를 보고 대

화를 시작한다(그림 10.1c)

커뮤니케이션 기술은 조사 결과 많은 부분을 차지한 분야다. 이는 영화를 포함해서 커뮤니케이션 기술이 공간과 시간에 대한 감각을 개인과 문화 측면에서 가장 급진적으로 바꾸어 놓았기 때문에 결코 놀라운 결과가 아니다. 커뮤니케이션 기술과 관련한 사례는 너무 많아서 이 장에서 모두 다룰 수는 없다. 이 장에서 참조한 사례들은 명확한 패턴을 보여 준 것으로만 구성하였다.

비동기 대 동기식 커뮤니케이션

커뮤니케이션 기술은 몇 가지 방법으로 나뉜다. 도움이 되는 구별 방법은 커뮤니케이션이 동기식인지 비동기식인지 보는 것이다. 동기식 기술은 소통하는 사람들이 실시간으로 상호작용한다. 전화 통화처럼 모두가 같이 동시에 커뮤니케이션에 참여한다. 조사한 영화는 대부분 커뮤니케이션이 동기식이었다. 비동기식 커뮤니케이션은 보내는 사람이 자신의 커뮤니케이션을 편지나 비디오, 오디오 녹음 등의 특별한 미디어에 인코딩하고, 이를 수신자에게 보낸다. 비동기식과 동기식이라는 용어는 다소 현학적이어서 보다 친숙한 단어인 메시지message와 통화call로 각각 이야기하고자 한다. 이들은 상당 부분 겹치기도 하지만 작성하고 편집하고 전송하는 방식이 다르다.

작성

메시지를 작성Composing하려면 먼저 메시지를 녹음(녹화)해야 한다. 또한 무엇을 기록했고, 어떻게 바꿀 것인지 생각할 시간이 필요하다. 텍스트 메시지를 기록하려면 필기도구나 키보드, 또는 다른 기록 도구가 필요하다. 그렇지만 시간 중심의 미디어인 오디오와 비디오 메시지가 가장 많이 쓰인다. 일부 외계인의 메시지 작성과 관련한 컨트롤은 해석이 어려운데, 「지구가 멈추는 날」의 클라투가 동작 컨트롤로 오디오 리포트를 준비하는 장면이 대표적인 사례다(그림 5.1).

나머지 중에서 오디오 메시지는 비디오 메시지보다 훨씬 적게 나타난다. 이런 인터페이스를 위한 컨트롤은 디지털 비디오카메라에서도 볼 수 있는 기초적인 것이다. 표준 예는 「선샤인Sunshine」에서 로버트 카파Robert Capa가 준비한 그의 가족에게 남긴 마지막 비디오 메시지다. 스크린에 리뷰, 삭제, 전송, 녹화 컨트롤이 보인다(그림 10.2a). 영화에서는 여기에 해당하는 물리적 컨트롤은 따로 보여 주지 않는다.

다른 사례는 「로스트 인 스페이스」에서 페니의 비디오 로그와 「아바타」에서 제이크 설리의 비디오 로그를 들 수 있다. 둘 다 스크린상에 기록하는 컨트롤을 제공하지 않는다. 이는 영화제작자가 생각하기에 관객이 녹음과 녹화 장치에 매우 익숙해서 굳이 컨트롤을 보여 줄 필요가 없다고 본 듯하다. 「아바타」의 사례에서 볼 수 있는 것은 단순한 네 개의 버튼에 약간 혼동할 수 있는 정보 계층인데, 메인 캠main cam, 지난 엔트리past entries, 제출submit, 작업task으로 나뉘어 있다.

이런 인터페이스는 중요한 한 가지 기능을 공유한다. 이들은 모두 시스템이 현재 레코딩이 진행 중이라는 것을 시사한다. 「선샤인」이나 「아바타」 모두 익숙한 빨간 점 모양의 인디케이터가 점멸한다. 여러 다양한 기기나 인터페이스가 있지만, 이것만큼은 거의 모든 경우 보편적으로 찾아볼 수 있는 공통점이다.

그림 10.2a – c
「선샤인」 (2007),
「로스트 인 스페이스」 (1998),
「아바타」 (2009)

LESSON 레코딩할 때 신호

레코딩 인터페이스의 디자인이 너무 정신없어 보이면, 메시지에 초점을 맞춰야 하는 모든 관객이나 송신자는 주의가 분산될 것이다. 그러므로 인터페이스는 최소한으로 줄이는 것이 송신자의 메시지에 초점을 맞추기 때문에 좋다. 그러나 현재 레코딩 되고 있다는 사실은 알릴 필요가 있다. 이런 신호는 레코딩하는 사람뿐만 아니라 SF의 관객에게 주인공이 어떤 행동을 한다는 것을 이해할 수 있게 도와준다. 이와 관련해서 가장 흔한 비주얼 아이콘은 깜빡이는 빨간 점이다. 만약 이 신호가 너무 흔하다는 이유로 다른 것을 이용한다면 아마 모든 사용자나 관객은 혼란에 빠질 것이다.

의외로 레코딩의 길이, 남은 시간, 레코딩 시간 등과 같은 다른 레코딩과 관련한 정보가 인터페이스에 나타나지는 않았다. 이와 유사하게 주인공이 메시지를 리뷰하고 편집하는 편집 인터페이스도 표현되지 않았다.

재생

메시지를 수신하는 사람은 레코딩된 메시지를 재생Playback할 수 있어야 한다. 또한 민감한 메시지라면 「스타워즈」나 「인크레더블」의 사례(그림 10.3)처럼 수신자를 확인해야 할 것이다. 「스타워즈」에서 R2-D2의 인공지능은 수신자를 확인한다. 「인크레더블」에서는 메시지가 미스터 인크레더블을 확인하면 자동으로 플레이된다. 이들 모두 수신자가 재생을 수동으로 시작할 필요가 없었다.

수신자는 재생 컨트롤을 가지고 있다. 흔한 것은 단지 재생Play과 중지Stop 컨트롤만 보인다. 이런 컨트롤은 당대의 가장 많은 사람이 이용하는 기술 패러다임을 따른다. 토글 스위치toggle switch(누르면 눌리고, 다시 누르면 올라오는 유형의 스위치), 버튼, 터치스크린 컨트롤 등이 대표적이다. 이런 컨트롤에 주어진 스크린 시간은 보통 짧으며 전원과 재생 기능만 이용한다(그림 10.4).

시스템 활성화

커뮤니케이션 기술은 간혹 프라이버시와 주변의 고요, 전력 절감 등의 이유로 끌 필요가 있다. 이때 단일 컨트롤로 On/Off 기능이 따로 붙어 있다면 보통 「스타트렉」에서 커뮤니케이터 커버를 열면

그림 10.3a, b 「스타워즈 에피소드 4: 새로운 희망」(1977), 「인크레더블」(2004)

그림 10.4a - c
「2001: 스페이스 오디세이」 (1968),
「브레인스톰」 (1983), 「스타쉽 트루퍼스」 (1997)

동작하는 것과 같은 물리적인 토글 스위치가 달려 있을 것이다(그림 10.5a). 이보다 조금 더 혁신적인 방식은 「스타트렉: 넥스트 제너레이션」에 나오는 터치로 활성화하는 콤배지combadge 등이다(그림 10.5b).

LESSON 활성화를 쉽게 하는 것과 컨트롤의 균형

사용자는 언제나 쉬운 컨트롤을 좋아한다. 「스타트렉」의 커뮤니케이터는 쉽고 큰 동작으로 활성화와 비활성화할 수 있다. 콤배지도 쉽게 건드려서 활성화할 수 있다. 그렇지만 이보다 더 쉬운 방법이 없는지 항상 고민해 본다. 예를 들어 단지 커뮤니케이터를 터치하면 어떨까? 그렇지만 너무 활성화가 쉽게 일어나면 그만큼 실수도 많을 것이다. 디자이너는 반드시 컨트롤을 쉽게 사용할 수 있어야 한다는 것을 명심해야 하지만, 그 이상으로 잘못된 활성화를 막는 방법도 고민해야 한다.

그림 10.5a, b 「스타트렉 오리지날 시리즈」(1968), 「스타트렉: 넥스트 제너레이션」(1987)

> **LESSON** 상태가 바뀌었다는 신호를 주는 것만으로는 불충분하다

휴대용 커뮤니케이터가 콤배지보다 나은 점은 누구나 그것을 보고 커뮤니케이션 채널이 열렸는지 닫혔는지 말할 수 있다는 점이다. 콤배지는 이것이 연결되었는지 연결이 끊어졌는지 음성 신호로 알 수 있다고 해도, 이것을 달고 누군가가 방으로 들어왔을 때 그 상태를 정확히 알 수는 없다. 아마도 몰래 대화를 녹음하기 쉬울 것이다. 더 나은 시스템은 상태가 변할 때만이 아니라 현재의 상태를 명확하게 알려주는 것이다. 이것은 커뮤니케이션뿐만 아니라 거의 모든 시스템에 해당하는 이야기다.

수신자 지정하기

송신자는 메시지든 통화든 수신자를 지정한다. 이 작업은 다음과 같은 방식으로 이루어진다. 첫째, 고정되어 있어 자동으로 연결이 된다. 둘째, 시스템 오퍼레이터의 도움을 받는다. 셋째, 수신자 전화번호와 같은 유일한 식별자를 이용한다. 넷째, 수신자 이름과 같은 저장된 속성을 이용한다.

어떤 커뮤니케이션 장치는 다른 장비와 연동되어 있어서 이를 통하지 않으면 커뮤니케이션할 수 없다. 일부는 「에일리언」에 나오는 헤드셋처럼 활성화하여 지속적으로 방송한다. 이때 필요한 인터페이스는 단지 스위치를 켜는 것이다.

만약 기술이 많은 사람에게 방송할 수 있도록 디자인되었다면 송신자는 자신이 말하고 있다는 것을 알려 주고 이를 작동하는 스위치만 있으면 된다. 이것은 마이크의 순간 스위치나 「금지된 세계」에서 아담스 사령관이 이용하는 우주선 방송 설비address system에 마이크가 꽂혀 있는 후크 등의 형태다(그림 10.6).

그림 10.6a, b 「금지된 세계」(1956)

그림 10.7a, b 「에일리언」(1986), 「크리살리스」(2007)

준전용 인터페이스로 수신자에게 고정된 인터콤intercom이 있다. 이 인터페이스는 수신자의 주의가 필요하다. 「에일리언」에서는 회사의 꼭두각시인 버크Burke가 리플리의 아파트를 방문해서 인터콤을 눌러 그녀의 주의를 끈다(그림 10.7a). 그러고 나서 수신자가 스위치를 전환하면 지속적 커뮤니케이션 채널이 열리거나 워키토키처럼 눌러서 대화한다. 이런 커뮤니케이션은 「크리살리스」에서 호프만이 클라라를 집에 들어오도록 할 때처럼 자연스럽게 행동할 수도 있다. 그녀는 벨을 누르고, 호프만이 비디오로 쳐다보고, 마음을 먹은 다음에 인터콤 터치스크린의 열림 아이콘을 눌러서 그녀를 들어오도록 한다(그림 10.7b).

LESSON 컨트롤 수를 최소화하라

컨트롤과 명확함의 트레이드오프는 인터랙션 디자인 분야에서 오래된 숙제다. 인터페이스에 많은 컨트롤이 있으면 배워야 하고 구별해야 할 것들이 많은데, 지나치게 많으면 혼잡스럽고 불필요한 시각적 공해로 느낀다. 전형적인 컨트롤은 전문가가 좋아하고, 명확함은 초보자에게 매력적이다. 그렇지만 가장 중요한 원칙은 '활성화'와 '연결'같이 밀접한 연관성이 있는 기능을 하나로 합쳐서 사용하기 쉬운 컨트롤로 만드는 것이다.

오퍼레이터

디바이스가 어떤 네트워크든 접속할 수 있다면, 통화자는 원하는 곳에 연결할 방법이 필요하다. 하나의 해법은 그것이 인간이든 외계인이든 혹은 인공지능이든 오퍼레이터를 이용하는 것이다. 중요한 것은 오퍼레이터가 통화자가 요구하는 것을 이해하고 명확하게 되었는지 아니면 시스템에 문제가 있는지 알아서 알려 주는 것이다. SF에서 가장 흔히 나오는 것은 말로 요구하는 것이다. 이런 입력에 문서나 동작이 없다고 해서 특별한 이유가 있는 것은 아니다.

LESSON 때로는 인간이 가장 이상적인 인터페이스다

새로운 기술은 복잡하고 낯설어서 사용자는 훈련을 받아야 한다. 그런데 이것은 비실용적이거나 확장성 문제를 야기하기도 한다. 대안은 특정한 사람이 오퍼레이터로서 사용자를 대신하는 것이다. 이런 전략은 자동화 시스템보다 많은 장점이 있는데, 오퍼레이터는 사용자의 의도와 감정을 해석하고, 그에 맞게 적절히 반응할 수 있다. 또한 시스템 디자이너가 의도하지 않았던 시스템의 문제를 처리할 수도 있다. 직업의 전문화는 기술(오퍼레이터)과 생명과학(의사), 법률, 정치, 심지어는 종교에 이르기까지 일종의 인터페이스로 볼 수 있다. 우리가 완전한 안드로이드의 형태와 인공지능을 가질 때까지는 잘 훈련된 사람들이 비록 약점은 있을지라도 가장 유용한 인터페이스로 남을 것이다.

고유 식별자

이런 장점이 있음에도 오퍼레이터는 많은 사용자를 다루기 위해 그 수를 확대할 수가 없다. 커뮤니케이터가 각자 알아서 수신자를 찾을 수 있다면 이런 부담을 줄일 수 있는데, 그렇게 하려면 통화자와 네

그림 10.8a – c
「블레이드 러너」(1982),
「2001: 스페이스 오디세이」(1968),
「코드명 J」(1995)

트워크를 모두 작업해야 한다. 이 문제를 풀기 위해 많은 네트워크가
고유 식별자(unique identifier, UID)를 이용한다. 이것은 현대식 전화
시스템에서 이용하는 전략으로 여기서는 전화번호가 고유 식별자다.
전화 시스템은 지배적인 1인칭 커뮤니케이션 기술로 SF에서도 대표
적인 패러다임이다. 이런 인터페이스에는 언제나 숫자 키패드가 아
날로그나 스크린 기반으로 나타난다(그림 10.8a, b). SF에서 키패드 번
호를 활성화하는 것은 시간과 누르는 버튼, 터치스크린에서 나타난
다. 「코드명 J」에서는 원격 컨트롤을 레이저 포인터로 시도해서 숫자
와 버튼을 선택하는 장면이 나온다(그림 10.8c). 이런 시스템은 대부분
직접 입력하지만, 이런 익숙한 시스템에는 사용자가 실수할 수 있는
인터페이스에 약간의 문제가 있다.

LESSON 작성 후 전송

터치톤TouchTone 전화번호 입력 시스템은 「2001: 스페이스 오디세이」에 등장한 이
후 버튼을 누르거나 다이얼을 하면 등록된 번호로 연락이 간다는 것을 알렸다(그림
10.8b). 이런 인터페이스의 문제점은 실수를 하면 이를 취소할 수 없고, 처음부터 다

시 눌러야 한다는 점이다. 특히 번호가 길면 문제는 더 심각하다.

더 나은 방법은 최근 휴대전화에서 또는 「코드명 J」에서와 같이(그림 10.8c), 사용자가 시스템에 번호를 완전히 입력하고 엔터Enter 또는 통화Call 명령으로 작성한 번호를 한 번에 전송하는 방식이다. 이 방식으로 통화자가 혹시 잘못된 번호를 입력하지 않았는지 확인하고, 때에 따라서는 실수를 교정할 기회를 얻는다. 실수를 피하려면 이처럼 사용자가 입력할 수 있는 세트를 제공하고, 이들이 먼저 작성한 뒤에 이를 확인하고 교정할 기회를 준 다음 확정하는 프로세스가 있어야 한다.

저장된 연락처

고유 식별자UID 전략은 사람들이 많은 수의 숫자 열을 기억해야 하는 문제가 있다. 그런데 사람들은 일반적으로 이것을 잘 못한다. SF에 나오는 주인공은 이런 문자를 별 문제 없이 기억하는데 실제 세계의 커뮤니케이션 기술에서 이 문제는 매우 중요하다. 그러다 보니 스피드 다이얼이나 음성 다이얼, 그리고 전화번호부 등을 이용해서 사용자의 기억에 대한 부담을 줄여 주고, 단일 번호나 이름으로 대체하는 시스템도 많이 등장하였다. 디바이스 소유자는 이런 단축키 등을 입력하고 관리하기도 하는데, 이와 관련한 반대 사례가 「에일리언」에 등장한다.

버크가 리플리를 만나러 왔을 때, 그는 그녀에게 전화 카드를 남기고 돌아간다. 이후 리플리는 그에게 연락할 때 그의 전화번호나 이름을 기억할 필요가 없다. 투명한 카드를 비디오폰에 넣으면 시스템이 자동으로 그에게 연결한다. 버트의 Wcyland-Yutani 비즈니스 카드가 리플리의 집 비디오폰에서 작동한 것이다(그림 10.9). 이런 인터랙션은 매우 세련된 방식이다.

그림 10.9a – c

「에일리언」 (1986)

LESSON 목표는 사람에게 연락하는 것이지 인터페이스를 이용하는 것이 아니다

기술이 네크워크화하고 편재遍在할수록 개인의 소재 파악이 쉬워진다. 통화를 위해 UID를 관리하고 이를 저장하기보다 통화자가 수신자를 확인할 수 있고, 시스템이 나머지를 알아서 처리할 수 있다면 프라이버시와 명확성을 관리할 수 있다. 미래에는 당신 주변에서 전화가 울린다면 항상 전화를 받아야 할지도 모른다. 왜냐하면 그것이 당신에게 온 전화이기 때문이다.

OPPORTUNITY 속성으로 사람을 찾아라

UID를 쓰는 대신 시스템이 모호한 데이터만으로 우리가 원하는 사람을 찾아서 연락할 수 있다면 어떨까? 이는 그리 먼 미래의 이야기가 아니다. 애플의 시리 등과 같은 가상비서 소프트웨어는 위치 정보 등을 이용해서 비슷한 서비스를 제공한다. 시리는 당신이 부탁한 것과 위치 정보를 적절하게 체크해서 자동으로 당신이 원하는 것과 연결한다. 미래에는 사용자가 전화기에 대고 단순히 "조에게 연결해 줘. 아니 어쩌면 조세프. 2005년 시카고에서 열린 콘퍼런스에서 만난 사람." 또는 "내가 제니의 파티에서 만난 남자인데, 자기가 재무 컨설턴트라고 했던 사람이 누구지?" 하고 말할지 모른다. 결국에는 사람들이 단지 수신자만 생각해도 컴퓨터가 모두 알아서 처리하는 시대가 올까?

전화 받기

커뮤니케이션은 단지 메시지를 전달하고 전화를 거는 것이 아니다. 이를 수신해야 한다. 그렇다면 수신자의 관점에서는 무엇을 봐야 할까?

통지 | Notification

통화자나 메시지가 네트워크로 수신자에게 도달하면 수신자의 주의를 끌어야 한다. 이런 사례를 볼 때에는 주의해야 한다. SF 스토리의 구성이 상당히 여유가 없이 빡빡한데도 메시지를 끼워 넣었다면 그것은 매우 중요한 것이다. 실제 세계에서 모든 유형의 메시지나 통화와는 다른 수준의 중요성이 있다고 봐야 한다.

「로건의 탈출」에서 로건은 캐러셀 의식Carousel ceremony(환생의식으로, 원래 캐러셀은 회전목마처럼 빙빙 돌아가는 동심원을 의미한다. 30세가 되면 이 캐러셀 의식으로 삶을 마감한다)을 보다가 중앙 컨트롤에서 보내온 문자를 받는다. 내용은 근처에 있는 탈주자를 처리하라는 임무였다. 캐러셀은 꽤나 시끄러웠지만 신호는 그의 주의를 끌 만큼 컸다(그림 10.10).

그림 10.10
「로건의 탈출」(1976)

LESSON 긴급하게 주목을 끌기 위해서는 소리를 이용하라

사용자는 긴급 전화나 메시지를 받아야 한다. 사용자의 주의를 끌기 위해서는 인터페이스 신호가 시각적인 것에만 의존해서는 안 된다. 왜냐하면 사용자의 눈은 해당 시점에 제한된 범위의 인지만 할 수 있기 때문이다. 그에 비해서 청각은 360도 전방위적으로 감지할 수 있도록 최적화해 있다. 그렇기 때문에 오디오 신호는 긴급과 관련한 것을 알릴 때 중요한 소재다. 이상적으로 오디오 경고는 맥락에 맞아야 하는데, 소리의 크기는 주변 소음을 넘어서야 하며, 주변 잡음과 대조되어 듣기 쉬워야 한다. 진동과 같은 촉각 신호는 디바이스와 물리적인 접촉이 필요하기 때문에 감지하기 어렵다. SF 기술에서는 방향성이나 압력, 온도, 그리고 후각 등의 감각도 동원하지만, 이들은 소리처럼 뉘앙스가 있고, 구별 가능한 의미를 전달하기 어렵다. 또한 실세계의 디자이너가 이런 감각에 영향을 줄 수 있는 작동 장치에 접근하기는 대단히 어렵다.

LESSON 긴급함을 위한 두 번째 채널을 확보하라

물론 모든 사람이 들을 수 있는 것은 아니다. 또한 소리를 듣기 어려운 환경에 놓여 있다면 경고를 듣기 어렵다. 따라서 정말로 중요한 경고가 필요하다면 사운드와 진동, 시각적인 경고 등으로 또 다른 감각을 자극할 수 있는 것을 준비해야 한다.

그림 10.11
「백 투 더 퓨처 2」(1989)

시간여행 코미디 작품 「백 투 더 퓨처 2」에서 마를린Marlene은 가족과 함께하는 저녁 식사 자리에서 전화가 오자 고글을 쓰고 전화를 받는다. 전화가 울리면 고글 외부에 붉은 LED가 반짝인다(그림 10.11). 마티 주니어는 고글을 이미 쓰고 있는 상태에서 마티 시니어에게 상사인 니들스Needles에게서 전화가 왔다고 알려 준다. 누구에게서 전화가 왔는지 확인할 수 있는 이 시스템은 영화가 개봉되기 직전에 이미 미국에서 상업적으로 보급되었다.

마티 시니어는 서재에 가서 커다란 비디오 스크린 앞으로 다가간다. 스크린에 르누아르의 작품 「물랭 드 라 갈레트La Moulin de la Gallette」의 일부가 보이더니 그 아래 전화가 왔음을 알리는 신호가 깜빡인다(그림 10.12a). 그가 답을 하자 르누아르의 작품은 스크린 코너에 축소되고 라이브 화상전화로 바뀐다(그림 10.12b). 대화하는 동안 르누아르 작품은 사라지고, 통화자의 정보가 스크린 하단에 텍스트로 표시된다. 텍스트는 마티 시니어의 명령 없이 자동으로 나타난다(그림 10.12c).

「아이언 맨」에서 토니는 자신의 집 아래층에서 워크숍을 하는 동안 비서 페퍼 포트에게 음성 메시지를 보낸다. 시스템은 거실에 있는 페

그림 10.12a – c

「백 투 더 퓨처 2」 (1989)

그림 10.13 「아이언 맨」 (2008)

퍼를 찾아서 벨소리를 들려주어 그녀의 주의를 끈 뒤 메시지를 플레이한다. 동시에 그녀 근처에 있는 디스플레이는 토니의 얼굴을 보여주며 호출을 알린다. 이런 오디오는 메인 스크린에 플레이되는 텔레비전 프로그램 「매드 머니Mad Money」에서 그녀의 주의를 끄는 역할을 한다(그림 10.13). 이런 인터페이스에서 몇몇 중요한 것을 얻을 수 있는데 이는 다시 다룰 것이다.

시각적 신호를 생각보다 많이 놓치는 이유는 사용자의 관심을 끌기에 너무 먼 곳에 자리하기 때문이다. 신호를 받았다는 것을 알리려면 디자이너는 이것을 사용자가 꼭 발견할 수밖에 없는 곳에 해놓아야 한다. 만약 시스템이 안구추적 컨트롤을 가지고 있다면, 이들이 쳐다보는 곳을 정확히 알 수 있다. 또는 마우스와 같은 입력 디바이스나 마우스가 스크린에 표시되는 커서 등도 훌륭한 대안이다. 또는 신호를 사용자가 가장 자주 들르는 중요한 길목에 위치시킨다.

관찰된 사례가 없는 것

우리의 조사 대상에서 실세계에는 존재하는 옵션인 수신자가 비주얼 인터페이스로 전화를 거절하거나 다른 곳으로 돌리는 상황은 관찰되지 않았다. 인간 오퍼레이터가 이런 작업을 수행한 사례는 있는데, 피카드가 "내 방에서 받을게" 하고 수신 통화에서 말한 예다. 그렇지만 대화형 인터페이스 이외에 다른 사례는 발견하지 못했다.

응답

수신자는 통화나 메시지가 온 걸 알면, 전화에 연결하거나 메시지를 열어서 읽는다. 이것이 실제 세계에서 일상적인 것이라면 SF는 해당 패러다임을 따른다. 예를 들어 대부분의 전화는 수화기를 드는 것으로 수신하며, 거의 모든 휴대전화 텍스트 메시지는 디바이스의 버

그림 10.14
「아이언 맨」(2008)

튼을 누르는 것으로 수신한다. 커뮤니케이션 기술이 흔하지 않다면, 영화에서 다른 새로운 방식의 메시지를 받는 방법이 나왔을지도 모른다. 몇몇 사례를 살펴보자.

「스타트렉: 넥스트 제너레이션」에서는 콤배지를 터치하는 것으로 우주선의 컴퓨터를 거쳐 들어온 전화를 수신한다. 콤배지는 이미 언급했듯 녹음 여부는 표시하지 않지만, 전화를 받는 행동은 간단하며 접근이 쉽다. 콤배지는 왼쪽 가슴에 착용하고, 전화가 온 것을 소리로 알리는데 그러면 수신자는 간단히 그것을 접촉하여 전화를 받을 수 있다. 동작이 쉽고 실수도 거의 없다. 영화에서 승무원이 손에 무엇인가를 가득 들고 있어서 전화를 받을 수 없는 상황이 등장하지는 않지만, 이들의 보편적인 해석 능력을 감안할 때 아마도 음성 명령만으로도 전화를 받을 것이다.

「아이언 맨」에서 페퍼가 토니의 전화를 받는 장면에서, 손을 뻗어 태블릿 스크린에 뜬 메시지 통지 부분을 두드린다. 이렇게 하면 이들 사이의 오디오 링크가 열리고 토니의 저장된 사진이 위로 올라오며, 그녀가 보고 있던 「매드 머니」 방송은 더 작게 스크린에 표시된다(그림 10.14).

그림 10.15 「아이언 맨」(2008)

///LESSON 톡 두드려 전화 받기

최근 전화 같은 메시지 등이 개발되면서 연락을 빨리 받으라는 사회적 압력이 등장

한다. 더구나 개인에게 정확히 가기 때문에 회피할 방법이 없다. 동작 컨트롤이 보다

일반화될 때까지는(또는 그와 관련한 기술이 환경에 대부분 도입) 톡 두드려서 받는

것은 아마도 사용자의 반응 속도와 노력 등을 감안할 때 충분히 만족스럽다.

연결 모니터링

녹음과 마찬가지로 호출한 사람은 언제 연결되었는지 알 필요가 있

다. 또한 연결이 끊기거나 지속됨을 알리는 신호가 필요하다. 혼합형

미디어 전화 시스템은 이 전략을 모두 이용한다. 「아이언 맨」에서 페

퍼는 토니와 음성 연결된 것을 자비스 스크린의 라벨을 보고 확인한

다(그림 10.15). 또한 통화가 끝나면 디스플레이에 패널이 사라져 시각

적으로도 연결이 끊긴 걸 알 수 있다. 그리고 디스플레이의 메인 화면

은 다시 페퍼가 보던 「매드 머니」 비디오가 차지한다.

화상통화는 피드백을 지속적으로 주기 때문에 끊어졌다는 것을 매우 명확하게 알 수 있다. 호출자가 사라지거나 영상이 멈춘다. 그에 비해 음성통화는 서로 돌아가면서 이야기하기 때문에 상대방의 소리가 들리지 않으면 끊겼다고 생각할 수도 있고 상대편이 듣고 있다고도 할 수 있다. 호출했을 때 연결을 확인하는 오디오 신호는 소음이 추가된 것처럼 느낄 수 있지만, 통화가 끊겼을 때 오디오 신호를 주는 것은 자연스럽다.

통화 종료

일반적으로 통화하는 당사자는 언제든 자신이 원할 때 통화를 끝낼 수 있다. SF에서도 이런 장면은 많다. 오래된 전화의 패러다임에 나타나는 것처럼 핸드셋을 거치대에 다시 올려놓는 장면은 일상생활에서도 흔히 볼 수 있다. 토큰을 이용해서 수신자를 지정하거나 통화를 시작하는 시스템도 있는데, 이때는 토큰을 제거하면 통화가 끝난다. 「에일리언」에서는 리플리가 버크의 명함을 화상전화에서 꺼내는 것으로 그와 불편한 통화를 끝내는 장면이 있다(그림 10.16).

몇몇 장면은 통화자가 다이얼을 돌리거나 전환 스위치를 이용해서 연결을 관리하는 서버를 컨트롤하는 무선 패러다임도 있다. 최근에는 컴퓨터와 텔레비전의 은유가 보다 명확해서 사용자가 버튼을 누르거나 터치하는 것으로 통화를 끝내는 사례도 많다.

조사 대상 중에는 통화를 끝내기 위해 오퍼레이터나 음성제어 시스템에 음성 명령을 하는 경우는 없었다. 다만 「아이언 맨」에서 토니가 아이언 맨 수트를 입고 비행할 때 손을 움직일 수 없으므로(또한 눈동자 컨트롤도 되지 않는다), 브로디와 통화하다가 통화를 끊기 위해서 음

그림 10.16a – c
「에일리언」(1986)

그림 10.17a, b 「아이언 맨」(2008)

성 명령을 내려야 했을 것이다(그림 10.17).

상당히 독특하게 통화를 끊는 장면은 「코드명 J」에서 다카하시가 당황스러운 화상통화를 하다가 마치 백핸드 스트로크를 하듯이, 손을 수평으로 공기를 가르며 휘두르는 방식으로 통화를 끊는 장면이 있다. 이 장면에서 통화가 끝날 뿐 아니라 디스플레이가 그의 책상 표면으로 돌아온다(그림 10.18).

그림 10.18a - c 「코드명 J」(1995)

LESSON 감성적인 부분의 처리

다카하시가 통화할 때마다 커다랗게 팔을 휘두르는 동작을 시스템이 요구한다고 가정해서는 안 된다. 이 시스템은 실적을 발표할 때 형식적으로 손 흔들기와 화가 나서 침묵하기 위한 손 휘두름을 모두 처리할 수 있다. 기술이 다양한 범위의 입력을 허용하면 사용자는 간혹 감정을 담아서 단지 컨트롤하기 위한 목적 이외에 감성을 표현하기도 한다. 만약 그런 감정의 정도가 적절하게 시스템 반응의 정도에 영향을 줄 수 있다면 더 좋을 것이다. 이는 기술이 컴퓨터끼리 소통할 때처럼 정확도에 초점을 맞춘 것보다 우리가 사람들과 소통하는 방식에 더 가까워진 것이다.

오디오

커뮤니케이션 기술에서 또 한 가지 중요한 부분은 어떤 종류의 미디어나 채널을 이용할 것인지이다. 예를 들어 전화할 때 스피커 컨트롤을 어떻게 해야 오디오 프라이버시를 지킬 것이며, 그리고 다른 사람들도 들을 수 있게 할 것인가?

일부 SF 인터랙션은 그런 컨트롤 없이 지속적으로 신호를 보내기만 한다. 이를 조용하게 만드는 유일한 방법은 마이크를 덮거나 시스템을 꺼버리는 것이다. 이는 주로 군사와 항공우주 분야에 자주 등장

그림 10.19a-d 「벅 로저스」(1939), 「우주대모험 1999」(1975), 「스타워즈 에피소드 4: 새로운 희망」(1977), 「파이어플라이」(에피소드 5: 세이프, 2002)

한다.

더 흔한 것은 오디오 인터페이스가 양방향 라디오나 페이저와 같이 눌러말하기push-to-talk 패러다임을 가질 때다. 이런 인터페이스는 화자가 자신의 목소리가 전달되는 동안 잠시 스위치를 잡고 누르고 있을 때에만 음성이 전달된다. 이런 버튼은 보통 인터페이스 아래에 있어서 다른 부위를 가리지 않고 쉽게 닿을 수 있고, 제어가 가능하다(그림 10.19).

반대는 묵음mute 기능이다. 일부 마이크는 가까워야 동작한다. 숀 코너리의 영화 「자도즈Zardoz」에서 이터널스Eternals가 중앙 인공지능인 데비니클Tabernacle과 커뮤니케이션하기 위해 왼손의 투명한 반지에 대고 이야기한다(그림 10.20a). 반지는 입 근처에 있을 때, 그리고 착용한 사람의 목소리만 전달한다. 「마이너리티 리포트」의 소매 마이

그림 10.20a, b 「자도즈」(1974), 「마이너리티 리포트」(2002)

크도 같은 역할을 한다(그림 10.20b).

비디오폰을 이용할 때에도 묵음 버튼과 유사한 것이 필요해 보이지만, 그런 컨트롤은 조사 대상에서 발견되지 않았다..

시청각화

SF에서 간혹 음성 통화를 할 때 시각적 계층을 추가할 때가 있다. 특히 카메라가 커뮤니케이션 기술에 상당 부분 이용되는데 수신자의 얼굴은 보여 주지 않는다.

LESSON 음성 통화만 한다면 소리 크기는 시각적으로 처리하라

커뮤니케이션 기술이 반대편 사람의 얼굴을 보여 주지 않는다고 해도, SF에서는 소리가 들리는 동안에는 이를 흔히 보여 준다. 그래서 관객은 정지된 이미지만 보고 있지 않다. 일부에서는 페퍼가 토니와 통화할 때처럼 소리의 크기가 레벨미터로 나타나지만(그림 10.21a), 가끔은 「바바렐라」의 컴퓨터 알피Alphie의 작은 셔터 벽처럼 보다 예술적이고 변덕스러운 형태로 나타난다. 그렇지만 일관된 것은 소리가 커지면 시스템 디스플레이의 밝기도 더 밝아진다는 사실이다. 물론 반대의 관계도 가능하지만, SF의 디폴트(기본 설정을 의미)는 소리가 커지면 더욱 밝아진다.

그림 10.21a, b 「아이언 맨」 (2008), 「바바렐라」 (1968)

관찰된 사례가 없는 것

앞에서 언급한 것처럼 물리적인 묵음 컨트롤도 부족하지만, SF에 음량 조절 인터페이스가 등장하는 것도 조사 과정에서 발견되지 않았다. 소리의 크기는 언제나 상황에 맞게 완벽했다. 모두가 들을 수 있게 적당히 크거나, 모두가 편안한 수준으로 알맞게 작았다. 이것은 이야기를 전개할 때 필요한 것으로 음향 엔지니어는 여러 오디오 채널의 균형을 맞추어서 적당하게 들려준다.

비디오

비디오와 관련한 인터페이스 이슈도 있다. 초기에 이슈가 된 것은 보이지 않는 카메라다. 비디오폰은 당연히 카메라가 있어야 화자의 이미지를 캡처할 수 있다. 그런데 묘하게도 SF에서는 카메라를 발견하기가 어렵다. 영화 「스타트렉」의 우주선 함교는 커다란 평면 비디오 스크린, 심지어 볼륨 프로젝션이 가능한 스크린이 있다. 그렇지만 카메라는 잘 보이지 않는다. 그렇다고 SF에 카메라가 등장하지 않는 것도 아니다. 주로 감시용으로 나타나는 비디오폰의 커뮤니케이션 스크린에는 잘 보이지 않는다. 한 가지 가능성은 카메라를 스크린에 숨겨 놓고 이미지를 통과하거나 이미지 사이에서 사진을 찍는 것이다. 다른 가능성은 디스플레이가 보여 주는 것뿐만 아니라 카메라 역할을 겸하는 가정이다.

이런 규칙에서 예외인 것은 「2001: 스페이스 오디세이」다. 여기에서는 렌즈가 명확하게 보인다. 그런데 이 역시도 영상의 한가운데에 다소 놀랍고 편재遍在하면서 깜빡이지 않는 인터페이스로 비인간적인 HAL이 인공지능의 이미지를 풍긴다(그림 10.22).

눈에 보이지 않는 카메라는 눈 맞추기 문제도 발생하지만(4장에서 논의), 그보다 더한 프라이버시에 대한 문제도 있다. 어떻게 카메라 렌즈가 보이지 않는데 녹화되는 것을 알 수 있을까?

LESSON 미디어가 아니라 사람에게 초점을 맞춰라

SF 인터페이스에서 카메라가 잘 보이지 않는 이유는 제작자나 관객이 해당 인터페이스를 별로 생각하지 않기 때문이다. 그들은 대화의 의미와 화자의 얼굴에 나타나

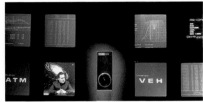

그림 10.22a, b 「2001: 스페이스 오디세이」(1968)

는 감정에 초점을 맞춘다. 달리 말하면 카메라 위치는 아무도 신경을 쓰지 않는다는 이야기다. 인터페이스보다는 사람을 중시하는 것이 사회적 상호작용이다.

관찰된 사례가 없는 것

앞에서 언급한 것처럼 음량 컨트롤도 없지만, 소통하는 것을 중단하는 것을 제외하고 프라이버시를 관리할 수 있는 컨트롤도 관찰되지 않았다.

두 가지 추가 기능

지금까지 언급한 기본 커뮤니케이션 기능 이외에 언급할 만한 추가 SF 커뮤니케이션 기술은 언어 통역과 위장disguise이다.

언어 통역

일부 SF 제작자는 SF 세계의 다중문화(그리고 다중종족) 우주에 등장하는 다양한 캐릭터가 하나의 언어로 말하는데도 관객이 거리낌없이 이해하는 상황을 큰 문제 의식 없이 받아들인다. 자연어를 처리하

그림 10.23a - c

「최후의 스타화이터」(1984), 「스타 트렉 4: 귀환의 항로」(1986), 「은하수를 여행하는 히치하이커를 위한 안내서」(2005)

는 것은 현대 컴퓨터 기술과 관련해서 가장 어려운 문제 중 하나다. 그런데 말하는 기관이나 뇌, 문화가 다른 종족의 언어를 통역한다는 것은 더더욱 어렵다. 텔레비전 드라마나 영화에는 몇몇 장치가 등장하는데, 「최후의 스타화이터」의 번역 칩, 「스타트렉」 시리즈의 유니버설 트랜슬레이터universal translator, 「은하수를 여행하는 히치하이커를 위한 안내서」의 바벨 피시Babel fish 등이 이런 장치다(그림 10.23). 안타깝게도 이런 복잡한 기술을 어떻게 사용하는지를 기술한 내용은 이 장의 레슨 중 하나인 "미디어가 아니라 사람에게 초점을 맞춰라"를 보완하는 것 외에는 거의 없다. 이런 문제에 실제로 도전해야 하는 상황이 되면 「메트로폴리스」의 조의 벽에 달려 있는 전화기처럼 SF 인터페이스를 보다 독특하게 표현할 것이다.

「스타트렉」에 등장하는 컴퓨터 커뮤니케이션에 구축된 유니버설 트랜슬레이션 시스템에 한 가지 이상한 점이 있는데, 이 시스템은 화자가 몇 명이고, 어떤 언어든지 자연스럽게 동시통역을 제공한다. 이 시스템은 문장 구조를 빠르게 해석하고 새로운 언어를 순식간에 해독할 정도로 수준이 높다. 우주선끼리의 커뮤니케이션을 담당하며 동시에 「스타트렉: 넥스트 제너레이션」 시리즈 이후에는 「스타트렉」 승무원 유니폼에 장착된 작은 커뮤니케이터에도 설치되어 있다.

이 기술이 이상한 점은 각각의 화자들이 그들 자신의 언어에 더빙된 통역이나 자막을 제공하는 방식이 아니라 그들 각각의 음성으로 우리의 언어를 말하는 방식으로 통역을 제공한다는 사실이다. 이는 물론 텔레비전 제작자의 편의를 봐준 것이지만, 그와 상관없이 해석을 해보자. 만약 이것이 우주선 사이의 커뮤니케이션 시스템으로서 언어를 처리하는 것과 동시에 화자의 말하는 기관에도 관여하고, 미세한 변화를 일으켜서 입의 움직임도 통역과 유사하게 맞추는 것이라면? 아마도 이는 높은 수준의 증강현실 기술(사실 이에 대한 증거는 시리즈에 등장하지 않는다) 등이 없다면 개인 수준의 유니버설 트랜슬레이션으로는 불가능할 것이다. 그렇지만 우주선끼리의 통역이라면 어느 정도는 가능성이 있으며 유용한 레슨을 제공한다.

LESSON 음성과 해부학적인 말하기를 동시에 처리하기

통역 시스템은 음성뿐만 아니라 말할 때의 물리적인 특징과도 유사한 텍스트 통역이 되어야 듣는 사람의 인지적인 문제를 줄일 수 있다. 주의 깊은 독자는 이것이 시선 맞추기 문제에서 나온 레슨과 유사하다는 것을 알았을 것이다. 말하기는 시선 맞추기 문제에서 머리와 눈을 맞추는 것보다 훨씬 복잡한 수준의 기술이 필요하다.

음성에서는 타이밍과 말씨, 억양, 악센트 등을 콘텐츠와 함께 고려해야 한다. 여기에 문법과 다양한 의미가 있는 단어의 차이를 서로 다른 언어로 이야기할 때 더 적거나 많은 시간이 필요하므로 더욱 복잡한 양상을 띤다. 이런 타이밍을 모두 맞추는 시스템은 실제 말하는 것과 그 의미를 이야기하는 것 사이에 같은 시간을 쓰고, 말하는

속도를 증감시키면서 동시에 같은 시점에 강조해야 하기 때문에 고도의 기술이 필요하다. 또한 화자의 음높이, 숨소리, 음색을 포함한 음성적인 특징도 맞춰야 한다. 여기에 해부학적인 특징을 감안하면 입의 모양, 눈, 얼굴 표정도 고려해야 하며, 이들을 모두 합쳐야 비로소 다른 언어를 유창하게 구사하는 것처럼 보인다.

다른 나라의 대사가 있어서 다른 언어를 배운다면 그 언어를 말하는 사람들에게 관심이 있다는 것을 의미한다. 여기에 시간을 쓴 사람은 그 사실을 쉽게 인지할 것이다. 게다가 통역 소프트웨어가 완벽하지 않다면, 듣는 사람은 언제 잘못되었고, 거짓말일 가능성이 있는지 알 필요가 있다. 이런 이유로 통역을 수행하는 시스템은 누구의 말이 통역되고 있는지 구별할 수 있는 신호를 투명하게 제공해야 한다.

위장

커뮤니케이션 기술은 본질적으로 중개되는 것이기 때문에 언제든 위장하거나 숨길 수 있어서 조사 대상에서는 매우 드물게 나타난다. 「코드명 J」에 나오는 다카하시가 이용하는 전화 시스템을 다시 살펴보자. 사악한 사업가인 다카하시는 동작 인터페이스를 이용해서 조니Johnny가 신뢰하는 친구의 비디오 아바타를 조종한다. 통화가 끝나자 다카하시는 그의 손을 꼭두각시를 조종하는 것처럼 스캐너 위에서 움직이는데, 시스템은 이런 입력을 이용해서 아바타가 정해져 있는 글을 읽고 말한다(그림 10.24a). 조니가 보기에 그는 아바타의 머리 움직임과 비디오 모니터에서 흘러나오는 소리만 듣는다(그림 10.24b). 동작 인터페이스는 5장에서 다루었는데, 통화를 종료할 때의 감성적인 방식에 대해서는 이 장에서도 다룬 바 있다. 여기서는 이 인터페이

그림 10.24a, b 「코드명 J」(1995)

스가 커뮤니케이션을 거의 완벽하게 위장할 수도 있음을 보여 준다.

그렇지만 이 위장이 완벽하지 못한 것은 아바타가 매우 경직되고 과장해서 이야기하기 때문에 듣는 쪽에서 이상하게 생각할 수도 있기 때문이다. 그리고 이것은 입력 방식에 대해 약간의 문제를 제기한다. 컴퓨터가 만약 아바타를 움직이기 위해 물리적인 가이드가 필요하다면, 다카하시의 얼굴 표정을 읽어서 표현하는 것이 그의 손동작을 인식하는 것보다 더 다루기도 쉽고, 진짜에 가깝지 않을까? 이런 영화적인 속임수는 관객이 생각하기에는 뭔가가 진행된다는 것을 알기 쉽지만, 인터페이스라는 측면에서는 약간의 가능성만 묘사했을 뿐이다.

OPPORTUNITY 사용자가 자신의 모습을 교묘하게 바꿀 수 있도록 한다

화상전화를 도입하기 전 한 가지 장애물이 있었다. 그것은 바로 사람들이 아직 사교적으로 보일 준비가 덜 되어 있다고 생각했다는(특히 집에서) 것이다. 기술이 발전하면서 실시간으로 사람을 표현하고 그려내는 것은 큰 문제가 없지만(9장의 의인화 원칙 참조), 실시간으로 약간의 화장이나 성형을 할 수 있다면 어떨까? 디지털 기술로 부스스한 머리를 정리하고, 깨끗한 셔츠를 입히고, 피부와 근육도 관리해주고, 주름도 펼 수 있을 것이다. 사람들이 실제와 거리가 먼 흠이 없는 아바타로 허영심을 고취하는 것을 잘 받아들일 것이라고 상상하는 것은 어렵지 않다. 많은 SF 작가가 이것

을 조정된 자신의 정체성의 자연스러운 진화라고 제시하였고, 이는 포스트휴먼적 자신을 경험하는 좋은 기회가 될 것이다. 아마도 진실성은 올바른 목표가 아닐 수 있다.

물론 위장은 이런 사례에서 보듯이 얼마든지 비양심적인 판단에 따라 이용될 수 있다. 특히 ID를 훔쳐가려 한다면 심각하다. 이는 반대로 SF 기술에서 호출한 사람의 정체를 검증하는 기술에 대한 기회와 필요성을 언급하게 만든다.

커뮤니케이션: 우리는 앞으로 어떻게 말할까?

커뮤니케이션 기술이 크게 발전할 때마다 우리가 시간과 공간을 경험하는 방식도 크게 바뀐다. 기호를 이용하고, 글을 쓰고, 인쇄술이 발전하고, 사진과 라디오와 텔레비전 그리고 인터넷에 이르는 커뮤니케이션 기술은 언제나 커다란 혁신이었다. 그런데 오늘날 이런 기술이 너무나 일상적인 것이 되었기에 별로 체감하지 못한다. 우리는 지구 반대편에서 뜨는 태양을 실시간으로 볼 수 있고, 깊은 바다에서 노래를 부르는 고래들의 아름다운 소리를 들을 수 있으며, 깊은 우주에서 들려오는 신비한 소리도 듣는다. 우리는 수초 만에 전 세계에서 날아오는 수천 명의 사람들이 보내는 메시지를 받고 보낼 수 있으며, 스크린 속에서 전 세계 사람들의 삶을 실시간으로 보고 이들과 함께 기쁨을 느낄 수 있다. 이런 커뮤니케이션은 계속 빠르게 발전하여 쉽게 정지할 것 같지 않다. SF는 이런 기술을 이용해서 미래를 보여 주는 방대한 가능성이 있다. 그리고 우리가 미래에 어떤 식으로 말을 하고, 누구에게 말할지 여러 가능성을 제시한다.

CHAPTER 11

학습

우주선의 요리사 닐릭스Neelix가 방에 들어서자 그의 어린 친구 나오미Naomi가 컴퓨터에 앉아서 열심히 공부를 하고 있다. 그녀는 홀로덱 스토리북에 나오는 물로 만든 친구 플로터Flotter가 홀로덱 「영원의 숲The Forest of Forever」이라고 불리는 시뮬레이션에서 불의 도깨비Ogre of Fire에게 죽임을 당하자 슬퍼하고 있었다. 닐릭스가 물었다.

"지금 뭐하고 있니?"

나오미가 돌아보더니 설명한다.

"물의 증발을 연구하고 있어요."

"왜?"

"글쎄요, 아직 생각하고 있어요. 물은 열을 가한다고 그냥 사라지지 않아요. 그저 눈에 보이지 않는 기체가 될 뿐이지요. 그러니까 우리가 숲을 충분히 식힐 수 있으면, 플로터는 아마 다시 액체가 되어서 나타날 거예요."

닐릭스는 잠시 숨을 고르고 말했다.

"영리하군……."

그는 나오미가 자신의 친구를 구할 수 있는 과학을 방금 터득했음을 알았다.

학습은 인생과 마찬가지로 SF 줄거리에서도 중요하다. 학습은 작가가 이야기하는 캐릭터 아크character arc(보통 캐릭터는 어떤 관점을 가진 줄거리로 시작해서 여러 이벤트를 거쳐서 조금씩 줄거리에 맞추어 변화하는데, 어느 순간 변화하기 어려운 지점을 만난다. 이때 뭔가를 배우거나 어떤 인연 등을 만나서 새로운 전기를 마련하는데, 이런 변화의 양상을 아크의 연속으로 그려내는 것을 캐릭터 아크라고 한다)에 기여하고, 스토리 진행에 따라 캐릭터가 변화하는 것에도 관여한다. 그리고 캐릭터가 새로운 인터페이스나 기술을 학습할 때에는 관객도 특별한 설명 없이 같이 배우는 셈이된다. 그러므로 학습 인터페이스를 자주 발견하는 것은 놀라운 일이아니다. 이런 학습 인터페이스는 크게 여섯 카테고리로 나눌 수 있다.

1. 뇌로 지식을 직접 다운로드
2. 물리적인 기술을 정신운동psychomotor 연습 인터페이스로 쉽게 연습하기
3. 선생님들이 강의할 때 사용하는 프레젠테이션 도구
4. 간단한 정보 질의에 사용하는 레퍼런스
5. 학습자가 자신의 생각을 처리하고, 인지 기술을 발전시키는 것을 돕기 위해 같이 생각하는 기계
6. 지식과 지능을 측정하는 테스트 인터페이스

직접 다운로드

　첫 번째 카테고리는 주인공이 무엇인가 자신의 발달에 중요한 것을 빠르게 배우고 시간을 절약하기 위해 '속임수'를 쓰는 것이다. 이 방법은 이야기를 빠르게 진행할 수 있다. SF 외부에서는 영화제작자가 긴 시간을 짧게 줄이는 작업이 필요할 때가 있다. 이때 SF는 어쨌든 기술을 발명해서 이런 작업을 가능하게 만든다. 가끔은 작가가 주인공이 과거에 몰랐던 어떤 것을 알게 만들고, 관객이 좋아하는 액션을 위해 배우는 상황을 원할 수 있다. 이런 유형의 인터페이스는 뇌에 직접 연결해서 지식이 전달되는 형태로 가장 많이 표현되는데, 실제 세계에서는 이것과 어떤 유사한 것도 존재하지 않는다. 이런 학습을 설명해 주는 기술도 거의 없다.

　직접 다운로드 인터페이스가 처음 등장한 것은 「스타트렉 오리지널 시리즈」다. '스포크의 뇌Spock´s Brain' 에피소드를 보면 외계 종족이 엔터프라이즈호에서 스포크의 뇌를 두개골에서 끄집어낸다. 멀리 떨어진 행성에서 문명의 인프라 구조를 제어하는 컴퓨터에 뇌가 설치되어 있는 것을 발견했는데, 그곳의 시민은 그런 첨단 수술을 할 정도로 발달하지 못했다. 그리고 엔터프라이즈호의 매코이McCoy 박사도 그 수준에는 도달하지 못했다.

　그들은 스승님The Teacher으로 불리는 학습 디바이스를 찾아내어 복잡한 고대의 지식을 빠르게 전수받는다. 그런데 해당 프로세스는 매우 고통스럽고, 지식은 단지 몇 시간 정도만 지속될 뿐이다. 매코이는 디바이스를 사용해서 스포크의 뇌를 어떻게 교체하는지 배운다. 정보를 흡수하기 위해서 그는 막대가 방사형으로 뻗어 있는 투명한

그림 11.2a – c 「스타트렉 오리지널 시리즈」(시즌 3, 에피소드 1: 스포크의 뇌, 1968)

돔에 선다(그림 11.2a). 매코이가 원하는 레슨을 선택하게 하는 방법에 대한 지시사항은 없지만, 그는 단순하게 생각했을 것이다. 약간의 독특한 사운드 효과가 들리고, 머리가 쪼개지는 듯한 두통을 겪지만 매코이는 그가 해야 하는 일을 이해하고 매우 복잡한 뇌수술을 시작한다(그림 11.2b). 지식은 단지 짧은 시간 동안만 지속되지만 그가 스포크의 뇌를 수술하여 다시 몸에 집어넣고 모든 신경을 연결하기에는 충분한 시간이었다(그림 11.2c)

우리는 조사 대상 중에서 손으로 그린 애니메이션은 제외하려고 노력했지만 「판타스틱 플래닛The Fantastic Planet」은 그럴 수 없었다. 이 영화에는 주요 구성요소로 재미있는 디바이스가 나오는데, 이것을 쓰고 있는 사람의 뇌에 비디오 클립을 전송하는 기기다. 내레이터는 이런 학습을 "기억에 영구적으로 새긴다"고 표현한다. 콘텐츠는 레퍼런스 종류와 비슷하지만, 장비는 직접 다운로드하는 디바이스로 비록 언어처럼 느린 속도로 불편하게 진행되지만, 뇌에 수동적이면서도 영구적으로 정보를 기록한다.

거인 외계인인 트라그족의 청소년 티바Tivva는 작은 구슬이 달린 밀빌굽처럼 생긴 디바이스를 헤이벤드처럼 머리에 쓴다. 디바이스가 여러 차례 깜빡이고 소리를 내면, 정보가 그녀의 마음속 눈에 비친다. 관객에게 무엇을 배우고 있는지 보여 주기 위해서 이 디바이스를 쓰

그림 11.3a-c 「판타스틱 플래닛」(1973)

그림 11.4a, b
「판타스틱 플래닛」(1973)

고 있는 당사자의 이마에 해당 학습 내용을 설명하는 비디오가 나타 난다. 그녀가 특별한 주제를 요청하는 장면은 없는 것으로 보아 이것 은 구조화한 강연 시리즈를 순차적으로 길게 보여 주는 것으로 보인 다(그림 11.3).

이 디바이스는 작은 인간 옴스Oms도 이용한다. 이들은 그룹을 이루 어서 밴드 안에 들어가고 동시에 정보를 본다. 밴드는 무선 또는 감성 적인 기술로 동작하여 학습자의 뇌에 가깝게 접근한다. 원시적인 옴 스는 이렇게 해서 얻은 새로운 정보를 이용해서 자신들의 문화를 발 달시키고, 기술을 발전시켜 결국 로켓을 만들고 그 행성을 떠남으로 써 트라그족의 압제에서 벗어난다(그림 11.4).

직접 다운로드 인터페이스로 가장 유명한 작품은 영화 「매트릭스」 다. 네오가 매트릭스에서 풀려난 이후, 그는 콘스트럭트Construct라고 불리는 작은 가상현실 기기를 이용해 수련한다. 여러 격투기 기술이 직접 그의 머리 뒤에 꽂혀 있는 잭을 통해 뇌에 업로드된다. 탱크라는 이름의 파일럿은 터치스크린과 키보드 조작으로 특수 소프트웨어를 이용해서 업로드한다. 업로드가 진행되는 동안 탱크의 스크린에는 현

그림 11.5a, b 「매트릭스」(1999)

재 업로드가 되는 격투기 지식이 레이블 및 그림으로 함께 표시된다.
아래에는 넓은 프로그레스바가 있고, 3D 뇌가 돌아가면서 불투명한
고체가 점점 차올라간다(그림 11.5)

콘스트럭트 내부에서 업로드가 끝나자 네오는 모피우스에게 놀란
듯이 말한다.

"나 쿵후를 알아I know kung fu."

모피우스는 대답한다

"그럼 보여 줘 봐Show me."

그리고 그들은 대련에 들어간다.(직접 다운로드 인터페이스와 잘못된 신
화와 관련해서는 뇌 인터페이스를 다룬 7장에서도 자세히 이야기하였다)

정신운동 연습

일부 시스템은 물리적인 기술을 연습하는 인터페이스를 제공한다.
이를 학습이론에서는 정신운동 학습psychomotor learning이라고 하는
데, 뇌와 몸 사이의 조율과 관련이 있다.

「사구」에서 젊은 왕자 폴 아트레이데스가 '파이터'와 전투 트레이

그림 11.6a - c
「사구」(1984)

닝을 한다. 이 트레이닝에서 '위어딩 모듈'이라는 이상한 무기를 다루는 법을 연습한다(이 이상한 무기는 6장에서도 언급했다). 파이터는 연습 공간의 천장에서 내려오는 기계 장치다. 파이터에 몇 개의 링이 쌓여 있는데, 각각의 링에는 칼, 원반, 금속 다트, 가위와 같은 총검, 날카로운 창 등의 무기가 들어 있다. 파이터는 각각의 무기 링을 독립적으로 회전할 수 있기 때문에 죽음의 기계로 변할 수 있다(그림 11.6).

폴의 하인 투피어 하와Thufir Hawat는 파이터를 구두로 소환한 뒤 전투를 시작하기 직전에 파이터에게 범위를 2미터로 하라는 명령을 전달한다. 그러자 파이터는 일부 내부 프로그램에 따라서 전투를 수행한다. 폴은 위어딩 모듈의 전문가이기 때문에 파이터의 무기를 일대일로 훌륭하게 격파한다.

「스타워즈 에피소드 4: 새로운 희망」에서 루크 스카이워커는 타투인과 얼데란 사이를 여행하는 동안 오비완 케노비가 지켜보는 가운데 라이트세이버를 다루는 방법을 연습한다. 그는 자신의 키 높이에 떠 있는 야구공 크기의 구를 바라보고 서 있다. 구는 공기 사이를 유

그림 11.7 「스타워즈 에피소드 4: 새로운 희망」(1977)

영하고 회전하며 몸을 흔들어 간혹 레이저를 날린다. 루크는 라이트
세이버로 막는 동작을 하고 대부분 성공한다(그림 11.7).

얼데란이 파괴된 순간 벤은 포스에 커다란 장애가 왔다는 것을 느
끼고 그 순간 루크는 그의 라이트세이버를 거둔다. 이 컨텍스트를 이
해한 구는 더 이상 움직이지 않고 공격도 하지 않는다. 오비완이 다
시 회복하고 루크에게 다음 레슨을 진행하는데, 이번에는 보지 않고
자신을 방어하라고 지시한다. 구가 다시 스파링 상대로 나서는데, 특
별한 명시적인 신호 없이 이 디바이스는 멈추었다가 공격하면서 반
응한다.

> **LESSON** 선생님의 입력을 쉽게 전달한다
>
> 사람은 좋은 선생님과 일하는 것을 사회적인 맥락에서 즐긴다. 학습 인터페이스를 디
> 자인할 때, 기술이 한 번에 한 사람의 학습자만 사용하도록 되어 있다고 할지라도 학
> 습자가 발전할수록 선생님이 주시하고, 본보기가 되며, 조언을 하는 등 시스템이 참
> 여할 수 있도록 도와주어야 한다.

「마지막 스타화이터」에서는 주인공 알렉스가 여름 내내 비디오 게

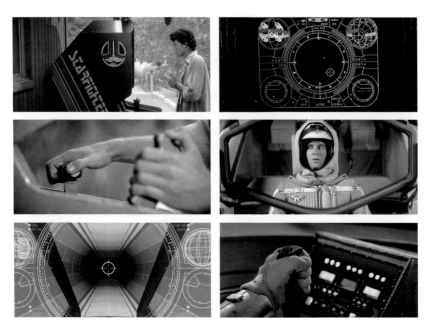

그림 11.8a−f 「마지막 스타화이터」(1984)

임 「스타화이터」를 하면서 보낸다(그림 11.8a-c). 그는 재미있기 때문에 하는 것이지만, 마지막 레벨을 깼을 때 그것이 비밀 트레이닝이었고, 우주에서 라일란 스타리그Rylan Star League에 데려갈 최고의 후보자를 테스트하는 디바이스였다는 것을 알게 된다. 그가 게임을 하면서 이용한 기술은 우주선 건스타Gunstar의 에이스 포대에서 악마 코단 아마다Kodan Armada를 상대로 착한 편을 지키는 데 필요했다(그림 11.8d-f). 이 장면에서 인터페이스는 게임에서의 안전한 도전과 심각한 실세계 상황 사이의 다리가 된다.

LESSON 학습 경험을 실제 상황과 밀접하게 연결하라

만약 학습 인터페이스가 실제 세계의 기술을 발달시켜야 하는 것이라면, 실제와 비

숫할수록 학습자는 실제에 쉽게 적용할 수 있다. 학습 인터페이스는 실제가 아니다. 그렇지만 그렇게 하면 익힌 스킬을 직접 적용할 때 도움이 된다.

LESSON 학습을 게임으로 만들자

게임 모델이 모든 유형의 학습에 어울리는 것은 아니지만, 좋은 게임 디자인은 학습을 매우 지겨운 작업에서 뭔가 재미있고 몰두할 수 있는 것으로 만들 수 있다. 조금씩 도전적이면서 통합적인 스킬을 쌓고 역할극 등을 진행한다(이와 관련한 것은 학습을 위한 게임에 특히 초점을 맞춘 12장 참조).[10]

「스타쉽 트루퍼스」에서는 장교후보생을 팀으로 나눠서 실제 세계와 유사한 게임 레이저 태그를 이용한 모의전투를 벌인다. 이때 이들은 무해한 레이저를 쏜다. 그들이 '적'으로 표시된 방어구를 입은 표적 센서를 맞히면 방어구가 착용자에게 강한 충격을 전달하고, 이들은 훈련에서 탈락한다(그림 11.9).

LESSON 스킬을 축적하여 점차 판을 올려라

「스타쉽 트루퍼스」를 보면 군인이 무기를 다루는 법 등 기본 스킬을 숙지한 후 바로 무서운 쇼크를 접한다. 이렇게 되면 두려움에 주의가 분산되어 역효과가 난다. 이런 컴포넌트 기술을 마스터한 다음에는 쇼크를 조금씩 올려야 한다. 조금씩 그 정도를 숙련도 레벨에 맞춰 올리는 시스템이면 학습자들이 지겨움과 벅참 사이의 균형 상태를 유지하면서 극복할 수 있다.

---

10) Ferrara, J.(2012). Playful design: Creating game experiences in everyday interfaces. Brooklyn, NY: Rosenfeld Media.

그림 11.9a, b
「스타쉽 트루퍼스」
(1997)

비전투 정신운동 인터페이스는 「토탈 리콜Total Recall」의 테니스 트레이너 장면에서 나온다. 집에서 로리Lori가 디바이스를 클릭하자 실제 크기의 3차원 볼륨 형태의 테니스 코치가 거실에 등장한다. 코치는 같은 서브를 반복하여 보여 준다(그림 11.10a). 실체가 없는 여성의 목소리가 반복해서 들려온다

"……그리고 피벗…… 또 서브…… 움직이고…… 스트로크……."

로리는 코치의 뒤에 서서 그녀의 동작을 보고 따라한다(그림 11.10b). 이런 반복을 몇 차례 하고 나면 가상 코치가 붉게 변하며 두 차례 깜빡이면서 소리 높이도 약간 달라진다(그림 11.10c). 그리고 이렇게 로리를 칭찬한다.

"정말 좋아요. 완벽한 동작이에요!"

시스템은 코치의 모습만을 프로젝션한 것이 아니라 로리의 움직임

그림 11.10a - c
「토탈 리콜」(1990)

을 스캔해서 이상적인 동작과 비교도 한 것이다.

이런 정신운동 연습 인터페이스는 경험을 바탕으로 가르친다. 실제 세계의 기술을 비록 가상의 모델이 등장하여 이상적인 폼을 보여주거나 전투 연습을 하는 안전한 공간에서 실제 적과 마주하는 상황을 재현한다.

프레젠테이션 도구

어떤 물체를 학습자에게 가져가거나 학습자가 학습할 물체에 다가가는 것이 실용적이지 않을 때에 교사는 기술을 이용해서 모델을 대신 프레젠테이션할 수 있다. 초기 SF에서 이런 유형의 장면은 대부분 개인이 강의 책상에 서서 학생들에게 말을 하는 식인데, 특별한 디스플레이가 등장하지는 않는다. 심지어 「2001: 스페이스 오디세이」

(1968)에서도 프레젠테이션이 비주얼하게 강화되지 않았다.

이에 대한 첫 번째 예외가 나타난 것은 「스타트렉 오리지널 시리즈」에서 스포크가 커크 선장에게 자신들의 새로운 미션을 천장 근처에 달려 있는 모니터에 나타난 이미지를 보면서 설명한 것이다(그림 11.11).

이 기법이 실제 세계에서도 사용할 수 있게 된 1970년대 중후반에는 SF의 프레젠테이션에 동영상이 등장한다. 이 방법은 스토리를 비주얼하게 이야기하는 것을 도와주고 중요성을 강조하며, 다음으로 해야 할 논리적인 순서를 보여 준다. 조사 대상에서 첫 번째 사례는 「스타워즈 에피소드 4: 새로운 희망」에서 도돈나Dodonna 장군이 데스 스타를 공격하기 위한 계획을 프레젠테이션하는 장면이다. 그 후로는 이런 프레젠테이션이 더욱 정교해지고, 3차원으로 진화하였다(그림 11.13).

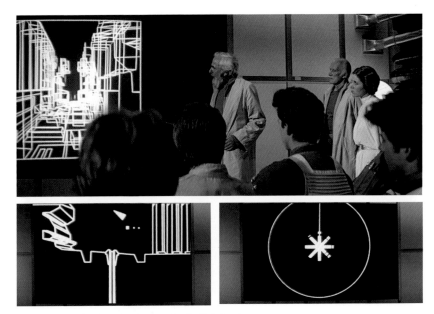

그림 11.12a‐c 「스타워즈 에피소드 4: 새로운 희망」(1977)

그림 11.13a‐c 「스타워즈 에피소드 6: 제다이의 귀환」(1983)

그림 11.14
「스타쉽 트루퍼스」(1997)

LESSON 시간을 극복하는 임무 모델

임무를 프레젠테이션할 때 구성원이 모델을 직접 볼 수 있다면 여러모로 유리하다.

구성원은 직접 본 것을 빠르게 이해하며, 어떻게 진행해야 할지, 무엇을 해야 하며,

시스템이 어떻게 반응할 것인지 등을 알 수 있다. 상호작용의 측면에서는 인터페이

스를 컨트롤하면서 사용자에게 무엇을 어떻게 선택하고 어떤 동작으로 다음으로 넘

어갈 것인지 등을 미리 정의해야 한다.

1990년대 말이 되자 영화제작자들은 좀 더 일상적인 교육 상황

에서도 3D 프레젠테이션을 한다. 「스타쉽 트루퍼스」에서는 생물 강

의에 '버그bug'를 회전시키는 볼륨 디스플레이가 나온다(그림 11.14).

「스타워즈 에피소드 2: 클론의 습격」에서는 오비완이 요다에게 제

다이 아카이브에 누락된 행성의 위치를 찾아달라고 도움을 요청한다.

요다는 제다이 트레이닝 학교에서 학생들에게 라이트세이버 연습을

시키고 있다. 오비완은 그 문제를 설명하려고 작은 구를 얇고 곧은 막

대의 끝에 올려놓는다(그림 11.15a). 이 구는 즉시 빛나면서 천천히 회

전하며 많은 별을 볼륨으로 나타낸다(그림 11.15b). 오비완은 누락된

그림 11.15a - c
「스타워즈 에피소드 2: 클론의 습격」 (2002)

행성이 어디에 있어야 하는지 손으로 지적한다(그림 11.15c). 잠시 후 학생 한 명이 문제를 해결하자 오비완은 염동력으로 소환한 디스플레이를 종료한다. 이 장면은 수업이라고는 볼 수 없지만, 기술이 교실에서 어떤 역할을 할 수 있는지 교육 목적으로 평소에 활용할 수 있는 방안을 보여 준다. 각각의 구가 서로 다른 자료를 가지고 디스플레이한다면 다양한 상황을 보여 줄 수 있을 것이다.

영화 「세레니티」의 아름다운 도입부에는 리버River가 어렸을 때 다닌 학교 장면이 나온다. 이 중 어느 정도가 구성한 것이고, 어느 정도가 환각인지는 모호하다. 학교에서는 '오래된 지구'에서 탈출하는 내용을 강의하고 있다. 이 사건을 그린 애니메이션이 나타나자 교사가 내레이션을 한다(그림 11.16). 애니메이션은 교실을 감싸고 있는 벽 크기의 비디오 디스플레이에서 플레이된다. 프레젠테이션이 끝나고 교사가 학생들과 이야기하고 싶어 하자 디스플레이는 화면 송출을 중단하고 푸른 환경을 보여 준다. 이 과정에서 교사가 디스플레이의 내용을 바꾸기 위해 어떤 인터페이스나 컨트롤도 이용하지 않는다. 아

그림 11.16a-c 「세레니티」(2005)

마도 끝나면 자연스럽게 종료되는 커다랗고 조용한 비디오에 맞춰서 교사가 이야기한 것일 수 있다.

LESSON 다양한 감각을 이용해 다양한 미디어로 학습자를 사로잡아라

음성과 비디오, 애니메이션, 텍스트 등 다양한 미디어를 섞어서 사용하고, 이들을 전체적으로 자연스럽게 활용하면 학습자의 주의를 지속적으로 끌 수 있다. 또한 이렇게 하면 콘텐츠 디자이너가 콘텐츠에 가장 적합한 미디어를 선택할 기회가 있다. 만약 인터페이스가 프레젠테이션을 기획하고 제공하는 교사를 돕는다면, 이는 결국 교사와 학습자를 모두 돕는 셈이다.

교실에서 종종 몰입감 있는 프레젠테이션을 하면 학생은 문제나 새

로운 내용에 흥미를 보인다. 크고 세밀한 동작 그래픽이 영화같이 나타나는 디스플레이는 몇가지 목적을 달성하기에 좋다. 학습자가 새로운 내용을 배우려는 욕구를 만족시키고, 동시에 저자가 해당 내용을 관객에게 설명해야 하는 필요성을 충족하며 학습자와 만나게 한다. 이런 프레젠테이션은 종종 시각적, 청각적으로 관객과 학습자를 모두 자극하기 때문에 새롭거나 높은 수준의 기술을 보여 줄 수 있는 기회가 된다.

레퍼런스 도구

SF에서 레퍼런스 도구는 영화적인 특징이 있다. 예를 들어 주인공이 어떤 사실을 찾거나 질문하면, 답이 애니메이션으로 나오거나 내레이션으로 언급하는 것이다.

첫 레퍼런스 인터페이스는 영화 「다가올 세상」에 등장한다. 엔지니어로 구성된 과학기술 도시의 지도자 존 카벨이 손녀와 위대한 문명의 역사에 대한 이야기를 나눌 때, 그는 손녀에게 자신의 이야기를 설명하는 무음 비디오 클립을 보여 준다. 이 디바이스 컨트롤은 스크린의 왼쪽에 달려 있는 한 쌍의 다이얼이다(그림 11.17). 이렇게 간단한 다이얼이 어떻게 이토록 대단한 가상의 서재에 접근할 수 있는지는 알 수 없다.

또 하나 중요한 레퍼런스는 「사구」에 등장한다. 폴 아트레이데스가 핸드헬드 태블릿 디바이스를 이용해서 공부하는데, 이 디바이스는 책상에 있을 때에는 디스플레이 스탠드에 놔두지만 때에 따라서는 무름에 올려놓고 작업을 하기도 한다(그림 11.18). 작은 타원형 스크린의 콘텐츠는 아래에 있는 네 개의 커다란 버튼으로 조작한다. 폴은 버튼을 눌러서 필요한 주제와 내레이션이 포함된 비디오를 불러낸다. 여기에는 천체도, 다양한 식물에 대한 조사자료, 사회 계급에 대한 정보, 아라키스Arrakis 행성에 있는 거대한 벌레의 행동, 향신료 광산의 산업 프로세스 등 다양한 정보를 포함한다.

이 장면에서 역사적으로 중요한 부분은 디바이스의 정보 아키텍처 information architecture이며 이것은 인쇄된 책과는 달리 효율적 공간에 집착하지 않는다. 폴이 '날씨Weather'라는 주제를 지시했을 때, 스크린에는 날씨를 읽어 주는 흰색 텍스트와 함께 "see Storms(폭풍을 봐라)"라는 레퍼런스가 나온다. 폴은 상호 참조한 주제 '폭풍'을 선

그림 11.17
「다가올 세상」(1936, 채색 버전)

그림 11.18
「사구」(1984)

택하고 다시 내용을 본다. 현대의 관객은 위키피디아 같은 디지털 미디어에 익숙하기 때문에 요구한 키워드에서 실제 콘텐츠로 자동으로 연결되지 않는 이유를 알 수 없을 것이다.

// LESSON 새로운 미디어의 가능성에 맞춘 디자인

새로운 미디어를 이용할 때는 올드 미디어에서 하던 인터페이스를 단순히 그대로 복제하는 것을 피해야 한다. 예를 들어 인쇄 미디어에서 인터랙티브 미디어로 전환했다면, 종이와 같은 수동적 미디어에서 독자가 요구하는 불필요한 일들을 할 필요는 없다.

「슈퍼맨」과 「수퍼맨 리턴즈」에는 만화책 「슈퍼맨」에 나온 레퍼런스 기술이 나온다. 「슈퍼맨」은 그의 솔리튜드 수정 요새Crystalline Fortress of Solitude에 있는 수정이 여러 개 박힌 플랫폼을 이용한다 (그림 11.19a). 여기에 수정을 넣으면 크립톤Kryptonian의 지식 데이터베이스를 활성화할 수 있다(그림 11.19b).

슈퍼맨의 아버지 조엘Jor-El의 이미지가 나타나서 데이터베이스를 소개하며 이렇게 말한다.

"너의 앞에 있는 수정에는 알려진 28개 은하계의 모든 문헌과 과학적 사실 등이 축적되었다"(그림 11.19c).

슈퍼맨이 필요한 주제에 대해 간단하게 명령하거나 수정 벽에 질문하면 조엘이 나타나서 볼륨 프로젝션 디스플레이로 이야기한다(그림 11.19d). 인터페이스는 완벽한 인공지능으로 동작하지만 이후의 대화에서 이것은 단지 크립톤의 자동화된 음성 응답 시스템으로 방대한 양의 데이터베이스에 수천에서 수백만 개의 질의 응답이 축적되어 돌

그림 11.19a-d 「슈퍼맨」(1978)

아가는 것이다(독자는 9장의 의인화한 기술과 관련하여 「타임머신」에 나오는 레퍼런스 기술 내용을 보면 재미있을 것이다).

비슷하지만 스크린 기반의 인터페이스는 「제5원소」에도 나타난다. 외계인 DNA에서 부활한 릴루Leeloo는 그녀가 구해야 하는 인간에 대해서 알아야 했다. 그녀가 사용하는 도구는 스크린 기반의 레퍼런스로 영화에서 특별히 이름을 언급하지 않았다. 이 도구는 여러 곳에서 이용하는데, 코넬리우스Cornelius의 집, 플로스턴 파라다이스가 이동할 때 또는 조그Zorg의 우주선(그림 11.20) 등에 등장한다.

이것을 이용하려면 릴루는 스크린 메뉴에서 알파벳으로 주제를 선택하거나 키보드로 주제를 타이핑해야 한다. 각각의 주제에 따라 그녀는 다양한 사진과 영상을 본다. 전쟁을 주제로 선택했을 때 그녀는 해당 개념을 다룬 수많은 사진을 본다. 이 순서는 릴루가 굉장히 빨리 배운다는 것을 전달하기 위해 영화 편집자가 과장되게 표현한 것이다. 그러나 이것이 관객에게 제대로 전달되었는지는 불확실하다.

그림 11.20a – d 「제5원소」(1997)

이 두 가지 인터페이스는 커맨드 라인 또는 WIMP 인터페이스(3장에서 언급)와 비슷한 장단점이 있다. 크립톤 데이터베이스는 사용하기 쉽다. 슈퍼맨은 단지 큰 소리로 질문하면 된다. 일부 질문에 대한 답변은 시스템에 없지만, 시행착오를 거쳐 답하지 못한 문제도 학습이된다. 그는 가끔 문제를 이해하려고 계속 다른 질문을 해서 시간을 낭비하기도 한다. 간혹 이렇게 해서 명확한 질문을 만들지만 답이 데이터베이스에 없을 때도 있다. 그에 비해 릴루의 인터페이스는 사용하기가 쉽지 않다. 긴 메뉴 옵션을 읽고 내용을 이해하고 선택한다. 만약 그녀가 타이핑을 잘한다면 인터페이스를 이해할 때 지불해야 하는 비용 없이 답을 얻기 위해 열심히 뭔가를 입력해서 버리는 시간을 막을 수 있다. 이런 인터페이스에는 어떤 균형점이 있다. 슈퍼맨의 인터페이스는 사용이 쉽고, 릴루의 인터페이스는 실수를 막아 준다.

사용자가 옵션 리스트 중에서 선택하면 입력에 대한 실수를 줄일 수 있고, 무엇이 가능한지 알 수 있다. 그런데 콘텐츠의 양이 많다면 이는 매우 귀찮은 작업이 될 것이다. 사용자가 자유롭게 뭔가 입력할 수 있다면 아무래도 자신의 의도를 표현하기는 쉽겠지만, 예상하지 못한 입력, 모호한 검색 용어를 이용할 것이며, 무엇이 가능한지 많은 탐색을 해야 한다. 많은 양의 콘텐츠나 옵션을 다뤄야 한다면 디자이너가 검색과 내비게이션 사이의 균형을 잡는 것이 중요하다. 무엇이 일반적으로 가능한지 기대할 수 있도록 설정하고, 자유롭게 입력하여 문맥에 가장 적합한 콘텐츠를 불러서 가능하지 않은 무엇인가를 요구할 때 해당 상황을 이해하거나, 빠져 있는 콘텐츠를 요구했을 때 대안적인 콘텐츠나 목적지를 제시하는 등의 노력을 할 수 있다.

릴루의 인터페이스에서 또 한 가지 주의할 점은 주제가 의미나 연결고리에 따라 묶이지 않고, 알파벳 순서에 따라 묶인다는 사실이다. 흔한 방식이지만, 결합 원칙은 별다른 의미가 없다. 릴루의 레퍼런스 소프트웨어는 인간 종족을 한 번에 배우려는 목적 이외에 레퍼런스 그 자체로도 유용하며, 약간의 정보 계층을 포함한 다양한 정보를 얻을 수 있는 방법으로 이용한다.

LESSON 의미를 추가할 때 정보의 조직 구조를 이용하라

정보 디자이너 리처드 솔 우먼Richard Saul Wuman이 정리한 정보를 조직하는 다섯 가지 방법은 카테고리, 시간, 위치, 연속성(변수에 따라서), 알파벳이다. 앞의 네 가지 는 의미와 관련한 것으로 학습자가 정보에 대해 어느 정도 알 수 있지만, 마지막 것 은 임의적이다. 알파벳 순서는 대부분 영어권 국가에서 암기하는 순서이기 때문에 많이 도입하지만, 현대 검색 방법에서는 잘 이용하지 않는다. 그러므로 학습자가 정

그림 11.21a - c 「은하수를 여행하는 히치하이커를 위한 안내서」(2005)

보를 제공하는 최선의 방법은 재조직화로 알파벳보다는 의미가 있는 다른 방식의 조
직화를 하는 것이 좋다.

또 다른 사례는 「은하수를 여행하는 히치하이커를 위한 안내서」에
나오는 수평 스크린과 금속 프레임으로 책처럼 반으로 접히는 작은
디바이스다. 이것을 이용하려면 사용자가 열고서 어떤 단어나 문구
를 이야기해야 한다. 그러면 애니메이션이나 녹음된 클립이 해당 주
제를 설명하면서 스크린에 나온다. 주인공은 보곤Vogon 외계 종족이
나 언어를 통역하는 바벨 물고기, 또는 복잡해서 악명이 높은 보곤의
서류 형식을 어떻게 완성해 나갈 것인지 등의 실용적인 문제를 해결
하려고 할 때 이 안내서를 사용한다(그림 11.21).

애플의 산업용 비디오 '프로젝트 2000'에 나오는 디바이스는 이런
첨단 기술 인터페이스가 실시간 레퍼런스로 어떻게 활용할 수 있는

그림 11.22a-c 애플의 프로젝트 2000 (1988)

지 영감을 준다. 한 남자가 이 디바이스를 이용해서 뭔가를 읽고 있다. 디바이스는 그의 단어를 듣고, 해당 단어를 읽는 대로 밝게 보여주고, 단어를 제대로 읽지 못하면 정확한 발음을 들려주기도 한다(그림 11.22).

영감 넘치는 프로토타입에는 멘토링과 관련한 또 한 가지 멋진 면이 있다. 레슨을 진행하는 동안 사용자가 자신이 해야 할 교본을 지겹게 생각하고, 신문의 스포츠 섹션에 있는 기사에 동그라미를 치는 장면이 나온다. 이는 사용자가 '그것'을 읽겠다는 것을 디바이스에 말하는 의미로, 그가 스크린 위에 신문을 뒤집어서 놓자 디바이스가 기사를 스캔해서 자동으로 텍스트로 전환한 뒤에 이전과 같은 방식으로 자신의 기기에서 읽을 수 있도록 한다.

> **LESSON** 학습자에게 적합한 콘텐츠를 만들어라
>
> 학습자가 어떤 기술을 습득하고자 관심을 보일 때, 사용자는 해당 작업의 콘텐츠에도 집착한다. 예를 들어 노래 부르는 것을 배운다면 단순히 어떤 노래를 정확하게 부르는 것에만 관심이 있는 것이 아니라 좋아하는 노래도 일부 동기 부여가 된다. 학습자에게 많은 옵션의 선택지를 주고, 가능하다면 적절한 콘텐츠를 직접 제공한다면 학습자는 흥미를 갖고 집중할 수 있다(그림 11.22).

같이 생각하는 기계|Machines to Think With[11]

정보가 지식이 되려면 학습자에게 반드시 내재화해야 한다. 내재화internalization는 간단한 프로세스가 아니다. 학습자에게는 새로운 정보를 다른 방법으로 생각하는 도구가 필요하며, 이것을 그들이 이미 알고 있는 것과 비교하여 새로운 표상을 구축하고 새로운 가정을 고려해야 한다.

기술을 배울 때에는 연습하는 인터페이스에서 앞에 언급한 작업을 할 수 있어야 한다. 이때 필요한 것이 보다 추상적이고 기호화한 정보로 학습자가 기호와 개념 등을 곰곰 생각할 수 있는 장소와 그들이 공부하는 것을 이해하는 시스템이다.

추상적인 학습을 위한 도구와 프로세스는 반드시 열려 있고, 적응할 수 있는 시스템이어야 한다. 연필과 종이, 찰흙, 그림판, 레고 등이 좋은 사례다. 조사 대상 영화 중에서는 이런 도구를 제대로 이용하지 않았거나 의도하지 않은 방향으로 적용했거나 단지 배경으로만 이용하였다.

「스타트렉 오리지널 시리즈」의 '미러, 미러Mirror, Mirror' 에피소드에서 커크 선장은 잘 이해가 안 되는 사고를 컴퓨터에 의도적으로 재현하여 학습하고 컨설팅한다.

커크: 컴퓨터.

컴퓨터: 네Ready.

---

11) 이 섹션의 제목은 하워드 레인골드의 『생각의 도구Tools for Thoughts』, 2000(Cambridge, MA: MIT Press)에서 가져왔다.

커크: 선장이다. 녹음: 보안 연구, 나 또는 스캇Scott의 음성으로 분류된 것.

컴퓨터: 녹음합니다.

커크: 최근의 이온 폭풍과 관련한 모든 데이터를 작성해서, 다음의 가설과 연관성을 찾아라. 그런 수준의 폭풍이 트랜스포터의 회로에 파워 과부하를 일으키고 순간적으로 평행우주에 대한 차원 간 만남을 일으킬 수 있는가?

컴퓨터: 긍정적입니다.

커크: 그런 순간에 각각의 우주에 있는 사람이 반대편 우주의 사람과 빔에 의해 바뀔 수 있는가?

컴퓨터: 긍정적입니다.

커크: 그런 이벤트를 인공적으로 생성할 때 필요한 조건을 우주선의 동력만으로 만들 수 있는가?

컴퓨터: 긍정적입니다.

그림 11.23
「스타트렉 오리지널 시리즈」
(시즌 2, 에피소드 9: 미러, 미러, 1967)

그림 11.24a – c
「스타쉽 트루퍼스」(1997)

　커크는 대화를 하는 동안 아이디어를 생각하기보다는 컴퓨터에 단순히 '예' 또는 '아니오' 로 답변할 수 있는 질문만 한다. 그가 하는 질문은 심리적으로 굉장히 동요할 수 있는 내용으로 「스타트렉」 시리즈의 성격을 마치 「사선을 넘어Quantum Leap」 시리즈처럼 바꾸어 버릴 정도다. 그는 디바이스를 참고자료처럼 활용한다. 이 장면에서 컴퓨터가 즉시 옵션을 모델링하고, 다양한 변수를 테스트해서 답변을 내놓는데, 뭔가 과거에는 한번도 해보지 못한 느낌을 준다. 이는 컴퓨터가 뭔가 같이 생각해야 할 때 좋은 도구라고 느끼게 만든다.

　「스타쉽 트루퍼스」를 보면 리코가 교실에서 자신과 카르멘이 키스하는 모습을 태블릿에 그리는 장면이 나온다. 얼굴 윤곽을 백색 선으로 그리고 색상을 입혀 얼굴을 가까이 다가간다. 또한 둘의 눈을 감기고, 입을 벌린 뒤 키스할 순비를 한다. 그는 이 장면을 학교 메시지 시스템으로 그녀에게 보내는데, 카르멘은 여기에 풍선껌을 붙여서 키스 장면을 망쳐 버린다(그림 11.24).

이 장면은 사회적 방법으로 이용되었지만, 학교에서 제공한 페드페인트FedPaint는 장난을 칠 때 쓰라는 도구가 아니라 그림을 그리고 이벤트를 모델링할 때 이용하는 디자인임을 나타낸다.

이렇게 중요한 도구인데 왜 그렇게 드물게 보이는 걸까? 가장 큰 이유는 현명한 아이디어를 만드는 것보다 스토리의 필요성이 더 중요하기 때문이다. 영화나 텔레비전은 시간 제약이 있기 때문에, 작가는 느리고 무질서해 보이는 실제 세계의 학습 프로세스를 보여 주기보다는, 갑자기 어떤 영감이 떠오르거나 유레카를 외치는 순간eureka moment(아르키메데스가 부력에 대한 아이디어가 떠오르자 유레카를 외치며 목욕 중에 뛰어 나간 사건에서 유래된 말로, 갑자기 아이디어가 떠오르는 순간을 의미)을 보여 주려고 한다. 또한 대화란 선생님과 학생이 나누는 자연스러운 관계이며, 주인공들이 첨단 기술을 통해 상호작용하는 과정에서 학습에 대한 편견을 만들어 내기도 하기 때문이다.

테스트 인터페이스

테스트와 관련한 장면은 조사 대상에 몇 차례 등장하는데 모두 「스타트렉」 영화다. 「스타트렉 4: 귀환의 항로」에서 다시 움직이기 시작한 스포크가 자신의 자아와 세계에 대한 지식 감각을 재구축할 때 그런 종류의 시스템을 볼 수 있다.

테스트하는 셀cell에서 그는 세 개의 투명한 스크린 앞에 다가선다. 그가 "컴퓨터, 테스트를 재개하자"라고 말하자 금속성 음성이 그에게 다양하고 난해한 문제를 제기한다. 예를 들어 "'논리가 혼돈에서

그림 11,25a – c
「스타트렉 4: 귀환의 항로」(1986)

내려와서 추론을 안내삼아 문명과 연결시킨 시멘트'라고 누가 말했나요?"[12]라든가 "자력 엔빌로프의 사인 파형을 적용해서 반중성자는 통과할 수 있지만 반중력자는 통과할 수 없게 해보세요"라고 묻는다. 스포크가 질문에 옳은 답변을 하면, 컴퓨터는 "정답!" 하고 다음으로 넘어간다(그림 11.25).

　텍스트나 그림 등 각각의 문제가 스크린에 나타나고, 스포크가 답할 때까지 남아 있다. 그는 일부 문제에는 말로 답변하고, 일부는 터치 패드로 조작해서 답한다. 세 문제가 동시에 출제되어 있는데도 그가 답변하는 것만 쳐다본다. 그는 이해하지 못해서 어려운 특별한 문제를 만날 때까지 점차 빠르게 답변한다(그림 11.26).

　가장 기억에 남을 만한 테스트 인터페이스 중 하나는 「스타트렉」 리부트 편에서 어린 스포크가 벌칸의 학교에 들어갔을 때 나온다. 그는 오목한 반원형 바닥에 서서 중첩되어 움직이는 프로젝션 이미지, 공식, 그림 들에 둘러싸여 있다(그림 11.27). 스포크는 자신에게 묻는

---

12) 벌칸Vulcan 외계인 종족의 고대 현인인 티플라나 해스가 한 말이다.

그림 11.26a, b 「스타트렉 4 귀환의 항로」(1986)

사실적인 질문에 답한다. 예를 들어 "무엇이 구의 체적에 해당하는 공식인가?" 하는 질문이다. 그가 답변을 제대로 하면, 관련 그림이 시야에서 사라지고 다른 것을 질문한다. 우리는 스포크가 실수하는 장면을 볼 수 없기 때문에 틀리면 어떤 식으로 반응하는지 알 수는 없다.

카메라가 뒤로 물러나서 비슷하게 생긴 수많은 학습 포드pod를 비추는데 각각 중앙에 학생이 서 있다. 이것으로 벌칸에서는 각각 테스트가 이루어진다는 것을 알 수 있으며, 학생은 저마다 자신의 수준에 맞춰서 공부한다고 추측할 수 있다.

두 가지 사례 모두 인터페이스가 학생들에게 질문을 하면서 매우 빠른 속도로 사실인지 테스트한다.

지금까지 언급한 시스템은 지능을 단순하게 기억해 낼 수 있는지의

그림 11.27a - c
「스타트렉」(2009)

여부로 규정한다. 이때 기억력이 핵심이 되는데, 인터넷 시대에 데이터는 중요하지 않은 것으로 취급한다. 더 중요하고 유용한 것은 이런 지식knowledge을 실제 세계에서 만나는 복잡한 문제에 적용하고, 어떤 정보가 적절한 것인지 파악하며, 문제를 해결하기 위해 계획을 만들고 실행하는 것이다. 그런 측면에서 이런 테스트 인터페이스는 스포크 교육의 일부이고 다른 기술을 학습하기 위해 다른 종류의 시스템이 있는지도 모른다. 영화제작자는 그중에서 가능한 학습 요소를 가장 영화적으로 보여 줄 수 있는 것을 원했다고 생각하면 이해가 된다. 이런 테스팅 포드는 긴장되는 시각적 요소와 적절한 속도감, 그리고 어린 나이에 매우 어려운 테스트를 받고 있다는 감성적인 회상의 느낌을 관객에게 전달할 수 있다.

「스타트렉」에 나오는 또 하나의 테스트 인터페이스는 고바야시-마루Kobayashi-Maru 테스트다. 이 테스트는 함대의 사관후보생이 모여 시뮬레이션된 스타십 함교에서 주어진 역할을 수행한다. 테스트를 수행하는 사람은 선장 역할을 맡는다. 승무원은 비디오 스크린과 정보 인터페이스로 다양한 상황을 만나는데 적대적이고 강한 적을 만나서 움직일 수 없는 우주선의 승무원을 구출하려고 애를 쓴다. 이 상황을 해결하려고 노력하지만, 기본적으로 적을 물리칠 수 없도록 설계되어 있기 때문에 이 테스트는 인간성과 창의성, 그리고 스트레스를 처리하는 능력을 본다.

이 테스트는 「스타트렉 2: 칸의 분노Star Trek II: The Wrath of Khan」에 처음 등장한다. 사관후보생 사빅Saavik이 선장의 역할을 맡는다(그림 11.28). 이 테스트는 2009년 「스타트렉」 리부트 편에도 등장하는데, 제임스 T. 커크가 시뮬레이션을 재프로그래밍해서 이 테스트를

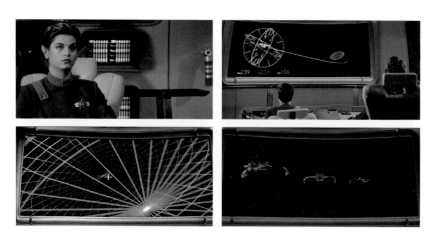

그림 11.28a–d 「스타트렉 2: 칸의 분노」(1982)

그림 11.29a–d 「스타트렉」(2009)

쉽게 통과한다(그림 11.29).

　두 편에 등장하는 테스트 인터페이스는 복잡한 문제를 매우 사실적인 방식으로 시뮬레이션해서 사관후보생에게 상황을 분석하고 계획을 세우며, 결과를 볼 수 있도록 수행하라고 요구한다. 선장 의자에 앉아서 바깥의 상황을 매우 사실적인 시뮬레이션으로 경험하고 이 상황을 돌파하는 것이 유일하게 해야 하는 일이다. 드물기는 하지만, 이 영화의 대화에서 알 수 있는 것은 사관후보생이 이 테스트를 여러 차례 겪어야 한다는 사실이다. 그 이유는 경험을 쌓다 보면 다양한 상황을 만나 어떻게 행동해야 하고, 어떤 점을 고려해야 하는지 특히 감정적인 측면에서 배워야 하기 때문이다.

LESSON 학습할 수 있는 안전한 공간을 제공하라

실패에 대한 두려움과 실패의 결과는 학습자를 위축시킨다. 그들이 자신감을 찾고 새로운 기술을 익히려면 결과가 영구적이지 않아서 성취에 다시 도전할 수 있는 기회를 주고, 이후에 재도전해서 더 나아질 수 있도록 학습할 수 있는 안전한 공간을 제공할 필요가 있다.

사례 분석: 홀로덱

뇌에서 직접 다운로드받는 예외적인 상황을 제외하면 SF의 모든 학습 인터페이스는 「스타트렉」 프랜차이즈의 홀로덱에서 찾아볼 수 있다. 사실 홀로덱은 「스타트렉 애니메이션 시리즈」의 '더 레크 룸the rec room'에서 처음 나타났다고 하는데, 많은 관객에게 유명해진 것은 「스타트렉: 넥스트 제너레이션」부터다.

홀로덱은 첨단 기술의 놀라운 성취가 묻어나는 작품이다. 어떤 시나리오든 환경과 물체, 그리고 정말로 살아 있는 것 같은 캐릭터가 내부에 등장하는 완벽한 볼륨 프로젝션이 가능한 방이 그 정체다. 환경과 물체가 시각적으로 매우 정교하게 나타나며, 캐릭터는 진짜처럼

행동하거나 심지어는 간혹 자신들이 자각함으로써 괴로워하는 모습을 보여 주기도 한다. 또한 힘의 장場(눈에 보이지 않는 힘이 작용하는 장애구역)을 조종해서 사용자에게 마치 진짜와 같은 촉각 피드백을 주고, 다양한 실제 물리학 법칙도 구현한다.

방 외부의 벽에는 터치 인터페이스가 있어서, 누가 홀로덱을 사용하는지 알 수 있고 사용자 자신의 세션을 위해 스케줄을 잡거나 홀로덱 프로그램을 선택할 수도 있다. 일단 방에 들어가면 홀로덱은 음성에 1차적으로 동작한다. 사용자가 크게 소리쳐서 컴퓨터에 "컴퓨터, 프로그램 중단해" 또는 "컴퓨터, 중지freeze" 등을 명령한다. 간단한 음성 컨트롤은 참여에 대한 장벽을 최소화한다. 사용자는 또한 문틀에서 명령 패널을 소환한 뒤에 추가로 컨트롤을 하거나 명령을 내릴 수 있다. 홀로덱에서 사용자는 유명한 가상 인물 또는 역사적인 위인 및 장소 등과 상호작용할 수 있으며, 가상 스포츠를 즐기고, 말을 타고 끝없는 여행을 할 수도 있다. 사용자의 모습도 바뀌어서 옷 색상이 바뀌거나 간단히 옷이 다른 것으로 변하기도 한다. 승무원이 방을 예약하고, 이를 오락과 게임, 수련, 문제 해결, 운동, 섹스 심지어는 홀로덱 소설을 집필하는 등 다양한 용도로 사용한다.

특히 홀로덱은 학습에 다양한 방법으로 이용된다.

정신운동 수련

정신운동 수련Psychomotor Training과 관련하여 홀로덱을 이용한 첫째 사례는 야르 중령이 합기도 프로그램에 관심을 갖고 방문한 고위 인사에게 시연하는 장면이다(그림 11.30). 그녀는 합기도 마스터를 소환해서 몇몇 동작을 보여 주고, 마스터는 이를 평가하고 얼마나 발

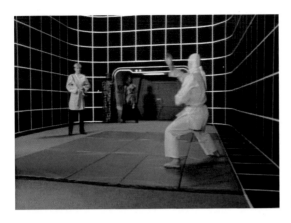

전했는지 이야기하면서 적절한 자극을 주어 사용자의 기술이 발전할 수 있도록 채근한다. 데모가 끝나면 그녀는 음성 명령으로 이 훈련을 끝낸다.

LESSON 전문적인 가이드와 제언을 제공하라

학습자는 주로 자신이 공부할 수 있고, 잘 문서화된 강의를 재발견할 수 있다면 특별히 지식에 대한 문화적인 부분을 심각하게 고민하지 않아도 된다. 학습자가 지식을 익히는 데 도움을 주려면, 요청을 받은 시스템은 몇몇 전문적 가이드를 제시할 수 있어야 한다(9장 대행의 정도: 자율성과 보조 섹션 참조). 이 가이드는 합리적인 목표를 구성할 수 있을 정도로 단순해도 된다. 예를 들어 학생이 컴퓨터에 "나는 알파 쿼드런트(「스타트렉」에 나오는 은하계 지역. 은하계를 4등분하여 각각 알파, 베타, 감마, 델타 쿼드런트로 나누어 지칭한다)에서 최고의 파일럿이 되고 싶어요" 하고 말하면, 컴퓨터는 이 목표를 달성하기 위해 필요한 공부와 수련 과정을 제시할 수 있어야 한다.

시스템 가이드와 보조는 또한 가정에 대한 도전도 할 수 있어야 한다. 이 장의 초기에 예로 든 「스타트렉: 보이저」의 '옛날 옛적에Once

그림 11.31

「스타트렉: 넥스트 제너레이션」
(시즌 6, 에피소드 10: 지휘 계
통, 1992)

Upon a Time' 에피소드에서 나오미는 이렇게 외쳤다.

"안돼! 플로터가 죽었어!"

이때 가이드는 이렇게 물을 수 있다.

"확신하십니까? 다시 한 번 봅시다. 무엇이 보입니까?"

그리고 증기를 가리키며 그녀가 올바른 판단을 할 수 있도록 유도할 수 있다(이에 대해서는 다음 사례를 참조). 이런 유형의 가이드는 주요 내레이션의 외부에 있으면서 열정을 배제하고, 학습자를 혼돈에 빠트리지 말아야 한다.

다른 기술 수련에는 맞춤형 필드 리허설을 포함한다. 에피소드 '지휘 계통(Chain of Command, Part 1)'에서는 방문 팀이 자신의 미션에서 어려운 비밀작전을 수행하기 위해 카다시안 터널을 완벽하게 복제한 뒤 리허설을 한다(그림 11.31). 그들은 복제물 안에서 리허설하며 기억해야 할 지리와 전술을 익힌다. 좀 더 어려운 부분에서는 멈추거나 반복하며, 점차 빠르게 해서 초 단위로 수행할 수 있도록 수련한다.

그림 11.32a–c 「스타트렉: 보이저」(시즌 5, 에피소드 5: 옛날 옛적에, 1999)

프레젠테이션

홀로덱이 가진 무한한 디스플레이 능력은 프레젠테이션 자료가 학습자에게 맞춤형으로 가공될 수 있다는 것을 의미한다. 어떤 장르, 어떤 프레젠테이션 미디어든 청각, 시각, 촉각적으로 시나리오에 최적화한다. 이 장 도입부에서 언급한 「스타트렉: 보이저」에피소드 '옛날 옛적에'에는 어린 소녀가 홀로덱 소설을 마치 학습용 이야기책처럼 여긴다. 나오미는 자연 물질을 의인화한 매력적인 캐릭터의 화려한 세계로 들어간다. 플로터는 물을 대표하고, 트레비스Trevis는 나무다. 이들 캐릭터의 문제를 해결하면서 그녀에게 이들 물질의 특성을 가르쳐 주자 그녀는 빠져들어서 프레젠테이션을 듣는다.

그런데 그녀와 친구들, 플로터와 트레비스에게 큰 문제가 일어난다. 불의 도깨비를 만났는데, 그가 화를 내며 플로터를 증발시켜 버린 것이다(그림 11.32). 해설은 나오미가 무척 풀고 싶어 하는 문제를 만들어 낸다. 바로 어떻게 플로터를 돌아오게 할 것이냐는 문제다. 나오미는 문제를 풀기 위해서 어떻게 액체가 증발해서 기체로 변하며, 기체(수증기)가 응결되어 다시 불이 될 수 있는지 배운다.

홀로덱이 몰입도가 굉장히 높은 레퍼런스 자료로 쓰이는 장면이 나오지 않는 것에는 특별한 이유가 없다. 간혹 캐릭터가 컴퓨터에 사실 여부를 질문하지만, 「은하수를 여행하는 히치하이커를 위한 안내서」에 나오는 것처럼 학습자에게 주된 홀로덱 프로그램이 동작하는 와중에 일부 자료를 참고하고 찾아볼 수 있는 그런 유형의 프로그램은 등장하지 않는다. 그 대신 홀로덱은 시뮬레이션과 경험을 통해 학습을 강화한다.

위 장면에서 나오미는 아직도 그녀의 컴퓨터 터미널을 이용해 레퍼런스 자료에 접근한다. 그녀는 이것을 이용해 증발한 친구 플로터의 문제를 풀려고 한다. 이 레퍼런스 자료가 얼마나 자세한지 알 수는 없지만, 여기에 접근하는 것이 그녀가 학습하고 문제를 해결하는 데 무척 중요한 과정으로 묘사된다.

같이 생각하는 기계

'옛날 옛적에' 에피소드의 스토리북 프레젠테이션은 그 자체로 생각하는 방식에 접근하는 것이다. 캐릭터가 "어디에서 불이 시작되었다고 생각하니?" 물었다. 그러자 나오미는 잠시 생각을 한 뒤 가설을 제시한다.

홀로덱에 현재의 생각을 표현하고 이를 평가하는 다른 방식도 물론 나온 적이 있다. 「스타트렉: 넥스트 제너레이션」의 'N차원Nth Degree' 에피소드에서 바클레이 중위가 알 수 없는 힘의 영향으로 뇌의 능력이 크게 증폭된다. 잠을 잘 수도 없어서, 그는 홀로덱에서 밤을 지새우며 홀로덱이 만든 아인슈타인 디스플레이와 아이디어를 토론한

그림 11.33a, b 「스타트렉: 넥스트 제너레이션」(시즌 4, 에피소드 19: N차원, 1990)

그림 11.34a – c 「스타트렉: 넥스트 제너레이션」(시즌 3, 에피소드 6: 부비트랩, 1989)

다. 그들은 칠판에 많은 공식을 쓰고, 토론하고, 수정한다(그림 11.33).

가설을 평가한다는 것은 여러 옵션을 고려한다는 의미다. 「스타트렉: 넥스트 제너레이션」의 '부비트랩' 에피소드에서는 조르디 라 포지Geordi La Forge가 홀로덱을 단지 이런 목적으로만 이용한다. 생명이 위태로운 상황이 되자, 그는 오리지널 엔터프라이즈호의 엔진을 설계한 디자이너의 가상 캐릭터를 불러서 여러 가능성을 탐색하며 같이 일을 한다. 그리고 자신들의 아이디어를 시뮬레이션하며 최선의 해결책을 찾는다(그림 11.34).

라 포르지는 시뮬레이션을 이용해 구체적인 성공 또는 실패hit-or-miss 전략을 펼친다. 예를 들어 그는 이렇게 묻는다.

"에너지가 유출되는 상황에서 추진력을 추가로 4퍼센트 감소할 때 나타나는 효과는 무엇이고, 이를 보완할 수 있는 궤적을 접목할 수 있는 방법은 무엇인가?"

아마도 이것이 그의 개인적인 탐색 스타일인지는 모르지만, 다양한 옵션을 테스트하고 이를 공유하여 자신이 생각한 범주에 잘 맞는 것을 선택하는 방식으로 접근하는 것이 더 효과적인 인터랙션이 아니었을까 싶다.

LESSON 묻지 말고 최고의 옵션을 제시하라

가설을 테스트하기 위한 성공—또는—실패 방법은 사용자의 시간을 낭비할 수 있다. 컴퓨팅 파워가 충분하다면, 컴퓨터가 최대한 앞서서 여러 옵션을 검토하도록 한 뒤에 결과를 보여 주고 사용자가 최고의 옵션을 선택할 수 있도록 예방적으로 가이드를 제시하는 것이 좋다.

이 사례는 또 하나의 교훈을 준다. 인식recognition은 회고recall보다 쉽다. 라 포르지는 수평 막대로 나타나서 시뮬레이션하는 동안 변하는 변수를 봐야 했다. 그렇지만 언제 그 변화의 크기가 가장 높게 올라갔을까? 그리고 언제 가장 낮아졌을까? 이 디스플레이는 이런 것을 기억하게 한다. 만약 시간과 함께 변수의 현재 상태를 꺾은선그래프로 보여 줄 수 있다면, 그는 변수가 어떻게 변화해 왔는지 기억할 필요가 없고 전반적인 맥락도 추가로 쉽게 이해할 수 있었을 것이다.

이 원칙으로 인터페이스를 발전시킬 수 있는 또 하나의 방안은 라 포르지가 하나의 모델을 다른 모델과 시각적으로 비교하는 것을 돕는 것이다. 현재 사용하는 같은 변수가 다른 시뮬레이션에서는 어떻게 나타나는가? 더 나아졌는가 아니면 나빠졌는가? 복수 시뮬레이션 결과는 무엇인가? 어떻게 이 시뮬레이션을 변형된 네 개의 다른 시뮬레이션과 비교할 수 있는가? 시뮬레이션을 실시간으로 비교하고, 그 결과를 시각적으로 보여 준다면 기억에 대한 부담도 덜어 주고, 어떤 것이 최고의 솔루션인지도 금방 인지할 것이다.

홀로덱은 공식을 다차원 그래프로 그리는 등의 추상적인 가설을 보여 주는 훨씬 복잡한 방법도 처리할 수 있을지 모르지만, 이런 것은 영상에서는 나타나지 않았다.

LESSON 사용자의 회고보다는 인식에 의존하라

회고는 사용자의 단기 기억에 부담을 준다. 그렇기 때문에 눈에 보이는 여러 옵션의 세트 중에서 선택하는 것보다 실수할 가능성이 높다. 가능하면 스플레이 옵션을 활용하거나 사용자가 쉽게 리뷰할 수 있는 데이터를 표시할 공간을 확보해서 사용자가 선택할 수 있는 옵션을 정확히 확인하고 자신감을 느낄 수 있도록 해야 한다.

홀로덱과 관련한 고유한 레슨

홀로덱이 가진 고유한 능력은 다른 영화에서는 볼 수 없던 학습 시스템과 관련한 독특한 레슨을 제시한다.

'옛날 옛적에'의 마지막 부분에서 플로터는 나오미의 엄마인 서맨사Samantha가 자신이 마지막 봤을 때에 비해 훌쩍 자란 것을 보고 감탄한다. 이런 사회적인 상호작용은 홀로덱의 캐릭터가 각각의 학습자를 기억하고, 이들의 변화에 반응한다는 것을 의미한다.

LESSON 진도進度를 느낄 수 있도록 하라

학습은 단순히 소규모 강의를 시리즈로 엮는다고 되는 것은 아니다. 때때로 물러서서 맥락을 짚고, 이들을 엮어서 전반적으로 이해할 수 있도록 작업해야 한다. 추가로 진도를 인식하면 성취감을 느낄 수 있다. 이를 위해서는 시스템이 개별 학습자를 기억하고 인지해야 한다. 비록 대화형으로 다루더라도 개별적인 프로그램이 개별 사용자를 기억하고, 이들이 마지막 떠난 곳에서 시작할 수 있도록 하는 것이 좋다.

「스타트렉: 보이저」의 '작가, 작가Author, Author' 에피소드에서는 승무원이 홀로덱을 이용해서 홀로그램으로 기록한 소설을 읽고, 다양한 시나리오에 따라 마치 주인공처럼 행동하는 장면이 나온다. 각각의 시나리오는 해당 캐릭터의 강압적인 상황을 보고 공감대를 형성한다. 주인공은 닥터의 실제 경험을 기반으로 하였기 때문에 스토리가 그의 전망을 이해할 수 있는 인터페이스가 된다.

> **LESSON** 학습자가 서로 다른 전망을 이해하도록 도와라
>
> 시스템이 개별 사용자를 인지한다면, 덩어리로 뭉쳐서(예: "당신 친구의 대부분은 좌회전을 했다. 나오미, 어떻게 생각하나?") 또는 다른 사람의 시각에서 익숙한 상황을 직접 관찰하는 등 각각의 경험에 따라서 학습할 수 있어야 한다.

홀로덱의 또 다른 응용 사례는 치료를 하거나 사회적 연습으로 실제 세계에 일종의 '시험 버전trial version'을 만드는 것이다. 「스타트렉: 넥스트 제너레이션」의 '헛된 추격Hollow Pursuits' 에피소드에서 바클레이 중위가 홀로덱을 이용해서 승무원의 과장된 버전을 모델링하고, 이를 이용해서 로맨스에 대한 판타지를 충족하거나 지배하는 등 다양한 개인적인 이슈를 처리하는 장면이 나온다. 승무원이 이 시뮬레이션을 발견하자, 그들은 모두 당황한다. 그렇지만 카운셀러인 트로이는 이 프로그램을 삭제하지 말라고 주장하고, 바클레이에게 이

를 사용할 것을 권장하여 궁극적으로 치료에 성공한다.

■■■LESSON 감성적인 학습을 지원하라

인간은 감성적인 창조물이다. 그리고 인생에서 배우는 많은 교훈은 우리의 감정을 이
해하고 다루는 방법에 대한 것들이다. 많은 기술이나 지식이 개인적이지 않고 '외향
적extrospective'이지만 미래의 학습 기술은 비록 지시나 롤플레잉, 그리고 반복 학
습이 기대한 만큼의 성과를 내지 못하더라도 반드시 보다 내성적이고 사람들 간의
회자되는 주제에도 대비해야 한다.

관찰된 사례가 없는 것

홀로덱이 가장 뛰어난 학습 인터페이스를 대표한다고 하지만, 우리
가 관찰하지 못한 일부 도구나 기능 중에서 학습자를 더 잘 도울 수
있는 것들이 있다.

■■■LESSON 물리적으로 정교한 도구를 제공하라

사용자가 물리적으로 어려운 기술을 연마할 때, 홀로덱은 부드럽게 힘의 장force
field을 만들어서 가벼운 물리적인 도구로 활용할 수 있게 한다. 물론 트레이너가 어
려운 동작을 도와주는 것처럼 캐릭터를 이용할 수도 있지만, 인간의 물리적인 한계
에 대한 제약이 없이 서비스를 제공하지는 못한다. 예를 들어, 뒤로 한 바퀴 반을 돌
고, 네 바퀴 반 비틀어서 뛰어드는 다이빙을 연습한다면 실제 트레이너가 학습자의
포지션을 정확하게 잡고 뛰어드는 과정을 익힐 수 있도록 도와줄 수는 없을 것이다.
그렇지만 홀로덱은 다이빙을 하는 동안 촉각 등이 피드백을 주어서 이를 익힐 수 있
도록 도울 수 있다. 심지어는 시간을 느리게 해서 다이버가 자신의 동작에 집중하도
록 시뮬레이션할 수도 있다.

실제 세계에서는 선생님이 리뷰하면서 자세하게 지적한다. 홀로덱은 HUDhead-up display와 유사하게 유용한 정보나 합리적인 지표를 3D 증강현실 오버레이로 제공해서 이를 비슷하게 모방할 수 있다. 예를 들어 나오미가 플루터의 사건을 검토할 때 (그림 11.1), 그녀는 물의 사이클 도식을 참고했는데, 해당 스크린 컴포넌트에는 '열원', '물', '수증기' 등과 같은 라벨이 붙어 있었다(8장 증강현실 참조).

OPPORTUNITY 그룹으로 학습하라

홀로덱이 사용자와 관련된 것을 기억하고 있지만, 사회적 학습을 도와주는 도구는 어디에 있는가? 우리는 여러 명의 사용자가 분리된 홀로덱에서 협업을 하거나 서로 다른 배에 타고 협업하여 학생들이 같이 공부하거나, 서로 돕는 것을 허용하는 것을 본 적이 없다. 마찬가지로 사용자 사이에 인기가 있는 프로그램을 이용한 경쟁도 보이지 않는다. 예를 들어 산을 오르는데 얼마나 빨리 오르고, 얼마나 안전 프로토콜을 잘 지키는지와 같은 경쟁을 리더보드에 보여 준다거나 하는 사례는 발견되지 않았다. 학습자는 가족이나 친구, 선생님, 카운셀러처럼 직접 학습하지 않는 사람들에게 둘러싸여 있다. 그리고 이들은 일이 어떻게 진척되고 있는지 알고 싶어 한다. 서맨사는 나오미의 성취와 도전을 보기 위해 어디로 갔을까?

학습: 홀로덱을 목표로

실제 세계의 사람들은 끊임없이 배우고, 기술은 점점 진보해서 학습자가 물리적이고 정신적인 것을 모두 보고, 이해하고, 모델을 만들고, 자신의 기술을 테스트하도록 인터페이스가 도와줄 수 있다.

그러나 학습 기술은 스크린 기반의 SF와는 잘 맞지 않는 듯하다. 분명히 캐릭터는 다양한 줄거리상의 이벤트나 학생–선생님 관계에서 뭔가를 배운다. 그렇지만 순수하게 기술적인 도구는 그렇게 영화적으로 보여 줄 만하지 않다.

그렇기 때문에 SF의 학습 인터페이스는 다소 부족한 느낌이다. 인지 모델링이나 테스트를 경시하고(기계와 같이 생각), 실제 학습에서 복잡한 프로세스를 가로지르는 간단한 숏컷을 제공하며(직접 다운로드), 물리적 기술을 익힐 수 있는 쇼케이스(정신운동 연습), 또는 실제로는 사용성이 제한적이거나 의심스러운(테스트, 프레젠테이션, 레퍼런스 도구들) 이야기 도구 역할을 강하게 수행한다. 아마도 실제 세계에서 학습 인터페이스가 보다 영화와 비슷해진다면, 이를 쉽게 SF에 접목할 수 있을 것이고, 나아가 더 많은 것을 배울 수 있을 것이다.

CHAPTER 12

의학

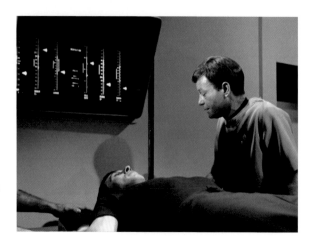

매코이 박사는 선내 의무실에서 손바닥을 펴고 손짓으로 스포크를 불러서 근처의 수직 바이오베드에서 쉬라고 한다. 간호사 채플Chapel이 침대 머리맡을 누르자 침대가 수평으로 자리를 잡는다. 침대 위의 패널이 빛나더니 환자의 활력징후vital sign가 정상 범위를 넘는지 표시하였다(그림 12.1). 매코이는 패널을 쳐다보더니 머리를 흔들며 스포크에게 이야기한다.

"당신 맥박이 242회입니다. 혈압은 사실상 잡히지 않고요. ……당신이 말한 그 녹색 물질이 당신 정맥에 있을지도 모릅니다."

큰 동요 없이 스포크가 앉아서 답한다.

"저는 이것이 정상입니다. 의사 선생님, 고맙습니다. 제 해부학적 구조가 당신들과는 다르기 때문입니다. 기분 좋습니다."

검사를 마친 후 간호사는 바이오베드를 다시 거의 수직으로 돌려서 스포크가 쉽게 일어설 수 있도록 도와준다.

의학은 복잡하고 연결되며 중첩되어 있는 다양한 생물학적 시스템이다. 즉 골격, 소화, 근육, 림프절, 내분비, 신경, 순환, 생식비뇨기, 정신을 다루는 복잡한 영역이다. 이들 중 하나라도 잘못되었을 때 나타날 수 있는 상황은 무수히 많다. 의사는 그들이 선택한 전문성을 마스터하기 위해 의과대학 공부를 몇 년 동안이나 해야 한다. 하지만 할리우드나 관객에겐 그런 정도의 시간이 없기 때문에 SF에서 의학 인터페이스를 구성하려면 애로사항이 많다.

SF에 등장하는 의학 관련 스토리가 언제 나타나야 만족스러울까? 그것은 관객의 의학 지식에 달렸다. 목표는 지루함과 무지 사이에서 이야기의 균형을 잘 맞추는 것이다. 하버드 대학교의 심리학자 스티븐 핑커에 따르면, 모든 사람은 생명과 관련한 기본적인 생물학 지식을 가지고 있다.

"모든 살아 있는 것은 그들에게 힘을 주고, 성장하게 만들며, 조상에게서 물려받은 어떤 눈에 보이지 않는 요체를 가지고 있어요. 죽은 것은 이런 요체가 더 이상 발견되지 않습니다."[13]

현대의 SF 관객은 아마도 영화나 드라마를 볼 때 이보다 약간 더 많은 정도의 의학 지식을 가지고 있을 것이다. 그러나 일반적으로 할리우드는 긴장을 조성하거나 최종 결과를 설명하는 데 도움이 되는 장면의 인터페이스를 만들어 현재의 의학적 문제를 단순하게 '비참한 상황'으로 표현하는 실수를 저지른다.

이 장에서는 기본적으로 사람이 의료 행위를 도와주는 것과 모든 것을 자동으로 하는 두 가지 유형의 의학 인터페이스를 다룬다.

---

13) Pinker, S.(2002). The blank slate: The modern denial of human nature(pp. 220-21). New York: Viking.

보조형 의학 인터페이스

SF에 나타나는 의학 기술의 대부분은 사람들이 치료할 때 이를 돕거나 의료적 상황을 피하는 것과 관련이 있다.

약간의 예방An Ounce of Prevention

서양 의학은 예방보다 치료에 훨씬 더 초점을 맞추고 있다. 그러나 예방은 통증이나 스트레스를 먼저 피하게 도와준다. 이와 관련한 사례가 「배틀스타 갤럭티카」의 새로운 텔레비전 시리즈에 나온다. 시즌 3에서 파일럿은 식량을 구하기 위해 많은 양의 방사선이 있는 지역을 우주선으로 통과해야 한다. 이들은 자신이 받은 방사선의 양을 측정하기 위해 손목에 배지를 착용하는데, 방사선 피폭이 많아질수록 배지가 점점 검게 변한다(그림 12.2). 배지가 완전히 검게 변하면 파일럿에게 허용된 최대량이 피폭된 것이다.

예방과 관련한 사례는 거의 발견되지 않는다. 백신이나 해독제 등이 등장하지만 대체로 예방보다는 치료 형태로 제공된다(아래의 주사와 관련한 섹션 참고).

OPPORTUNITY 예방 인터페이스를 디자인하라

예방 인터페이스는 사용자가 의학적 문제를 일으킬 수 있는 행동이나 상황을 피하도록 정확한 때에 통지하거나 결과를 쉽게 비교하도록 경고한다. 현재 이와 같은 형태의 프로젝트를 전 세계에서 많이 개발하고 있지만, SF에서는 이런 기술에 별로 관심이 없는 듯하다.

그림 12.2a, b 「배틀스타 갤럭티카」(시즌 3, 에피소드 10: 항로, 2007)

평가

의료진이 맞닥뜨려서 해결해야 할 최우선 작업은 무엇이 문제인지 이해하는 것이다. 환자를 평가하는 인터페이스는 크게 모니터링, 스캐닝, 테스팅으로 나눌 수 있다. 이들 각각을 구별 짓는 특징은 뭘까? 모니터링은 심박수와 같은 특정한 생리적 데이터를 실시간으로 측정하여 디스플레이하는 것이고, 스캔은 MRIMagnetic Resonance Image 나 X-레이 등과 같이 넓은 영역의 생리적 데이터를 시각화하는 것이며, 테스트는 어떤 항체가 있는지 알아보는 것과 같이 특정한 생리적 데이터를 측정하는 것을 말한다. 이런 작업은 환자를 진단하고 치료하는 과정 전반에서 반복적으로 수행한다.

모니터링

의학 인터페이스는 대부분 환자의 건강을 모니터링하는 첫 번째 카테고리에 속한다. 이런 인터페이스는 주인공 내부의 건강 상태 스토리를 시각화한다. 이 작업은 주인공이 피를 흘리거나, 위독한 상태가 아니면서 어딘가 문제가 있다고 나타날 때 제작자에게 매우 유용하다.

그렇다면 무엇을 모니터링할까? 현대 의학에서는 일곱 가지 생체지표를 가장 많이 모니터링한다. 이것은 심박수, 동맥혈압, 중앙정맥혈압, 폐동맥혈압, 호흡수 그리고 다소 차이가 있지만 혈중 산소와 체온이다. 이렇게 일곱 가지 지표는 의사나 간호사가 질병에 대한 맥락내에서 환자의 현재 건강상태를 이해할 때 중요하다.

대부분의 SF 영화에서도 모니터링 인터페이스는 언제나 약간의 변형은 있어도 이런 기초적인 활력징후가 왼쪽에서 오른쪽으로 스크롤되면서 나타난다. 모니터링 인터페이스의 두 가지 특징은 대부분 보편적이다. 첫째, 하나의 파형만 나타나면 그것은 거의 틀림없이 심박수다. 둘째, 뭔가 상황이 안 좋아지면 인터페이스의 요소가 붉게 변하고 알람이 울려서 의사(그리고 관객)의 주의를 끈다. 이렇게 두 가지 공통점을 제외하면, 인터페이스는 상당 부분 다양하다.

「스타트렉 오리지널 시리즈」에서는 환자의 활력징후가 의무실 바이오베드의 위쪽 벽에 있는 스크린에 모니터링된다. 이 스크린에는 여섯 개의 신호에 하얀색 삼각형으로 현재 수치를 보여 주어 안정적인지, 걱정되는 수준인지 아니면 위험한 영역인지 알 수 있다. 각각의 막대에는 체온, 혈중 Q3 레벨, 세포율cell rate 등과 같은 라벨이 붙어 있고, 정상은 가운데를 중심으로 좁은 영역의 녹색인데, 여기에서 위쪽이나 아래쪽으로 진행되면서 노란색과 빨간색으로 표시한다(그림 12.3).

이 모니터는 환자의 현재 상태를 보여 줄 때 유용하다. 그렇지만 트렌드 전반을 나타내지는 못한다. 이 디자인은 그 밖에도 여러 문제점이 있는데, 몇 가지만 이야기하면 라벨의 종류와 데이터 필드가 다들 너무 비슷하다. 맥박과 호흡은 적절한 척도조차 표시하지 않고, 수치

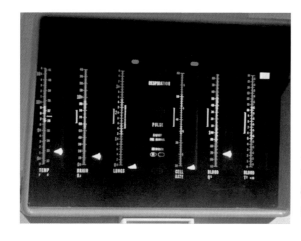

그림 12.3
「스타트렉 오리지널 시리즈」
(시즌 1, 에피소드 22: 스페
이스 시드, 1967)

는 멀리서 읽기에 너무 작다.

이 인터페이스의 가장 좋은 기능 중 하나는 의무실 바이오베드에 단 한 명의 환자만 있다면 그 사람의 심박이 소리로도 표현된다는 사실이다. 이는 관객에게도 도움이 되지만, 주변에 있는 의사나 간호사에게도 도움이 되는 정보다. 특히나 수술 같은 위험한 상황에서는 더욱 그렇다. 청각적인 지시자는 의료진의 눈과 손이 다른 일을 하면서도 가장 중요한 징후를 알 수 있게 한다. 그런데 이런 청각 신호가 의무실에 환자가 한 명 이상 있을 때에는 없어지는데, 이는 시스템 디자인과 관련하여 훌륭한 교훈을 준다.

LESSON 하나는 특별하다

시스템은 대부분 여러 아이템을 동시에 처리할 수 있도록 만든다. 시스템에 아이템이 하나도 없다면 인터페이스를 모니터링하거나 무엇인가를 고를 수 있는 도구로 전환할 수 있다. 시스템에 아이템이 여러 개가 있다면 인터페이스는 현재 사용자가 어떤 아이템을 선택했는지 알려 주어 다른 선택을 하거나 행동할 수 있도록 허락해야 한다. 배경 색상이나 소리 등의 주변 신호를 특정한 하나의 아이템과 연계하기는 어렵다. 만약 하나의 아이템만 있다면, 그에 맞게 대응해야 한다. 이때 선택을 위한 옵션을 줄 필요가 없다. 간단한 언어로도 선택할 수 있다. 또한 주요 물체를 선택할 도구도 더 이상 필요하지 않고, 주변 신호도 연결성이 명확하기 때문에 사용하기가 쉽다. 디자이너는 시스템 디자인이 단 하나의 아이템만 있는 특별한 경우라면 이에 맞게 적응해야 한다.

심박 소리가 의사나 간호사에게 미치는 영향을 안다면, 같은 신호가 의무실에 있는 환자에게 어떤 영향을 미칠지 그에 관한 특별 지시가 없다는 것도 생각해 볼 문제다. 이 신호가 환자에게 스트레스를 주거나, 자신이 아프다는 신호를 보내고 알리는 것은 아닌가? 주변 신호가 증강현실 시스템 등으로 의료진에게만 전달되는 것이 아니라면 디자인할 때에는 모든 이해당사자를 고려할 필요가 있다.

움직이는 파형: 시간에 따른 데이터

가장 친숙한 파형은 심전도electrocardiography, EKG다. 심전도는 빌럼 에인트호번Willem Einthoven이 1903년 디바이스를 발명한 이래 의학 분야에 이용되었다. 이 기술을 널리 사용하기 시작한 것은 사진의 형태가 아니라 펜과 종이의 형식으로 기록하게 된 1932년부터다. 1940년대에 들어서자 사람들은 디스플레이를 이용하기 시작했지만, SF에 등장한 것은 1968년 「2001: 스페이스 오디세이」부터다. 이 영화에서 컴퓨터 스크린에 HAL 9000이 동면 중인 승무원을 모니터링하는 장면에 활력징후를 나타내는 파형이 등장한다(그림 12.4). 파형은 당시 세계에서는 일상이었지만, 컴퓨터 스크린에 동적인 디스플레

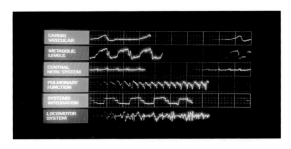

그림 12.4
「2001: 스페이스 오디세이」(1968)

이가 나오고 문제가 생기면 경고하는 패턴은 컴퓨터가 환자를 모니터
링한다는 미래 지향적인 느낌을 준다.

그 후 대부분의 SF는 활력징후가 어떤 종류의 그래픽인지 관객에
게 알려 주는 커다란 레이블을 함께 제시했다. 이런 데이터에 익숙한
의사는 같은 인터페이스이기 때문에 그래픽에서 무엇이 빠졌는지 한
눈에 해석할 수 있다.

LESSON 파형으로 활력징후를 표시하라

사람들은 파형을 보자마자 활력징후라고 금방 알아차린다. 그뿐 아니라 파형은 간단
한 변수를 시간에 따라 정해진 범위 안에서 표현하므로 의사는 현재의 상황변화와
문제를 빠르게 파악한다. 디자이너는 이런 두 가지 이유 때문에 표준에서 벗어날 만
한 특별히 아주 좋은 이유가 있지 않다면 활력징후를 파형으로 표현하는 것이 좋다.

이후 등장한 수많은 SF 영화의 의학 모니터는 비주얼 스타일만 조
금 다르지 형태가 매우 유사하다(그림 12.5). 일부 SF 영화의 의학 모
니터링 인터페이스는 매우 복잡하나. 관객은 주인공이 그렇게 복잡
한 인터페이스를 자유자재로 쓰는 것을 보면서 감탄할 수도 있다. 그
러나 그런 시스템은 실제 세계에서는 유용하지 않다. 「스타트렉」에

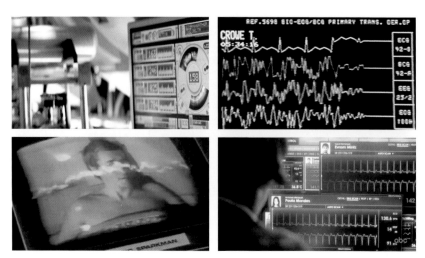

그림 12.5a–d 「아일랜드」(2005), 「에일리언」(1986), 「우주대모험 1999」(1975), 「디파잉 그래비티」(2009)

등장하는 다중으로 중첩된 계층을 가진 디스플레이는 중요한 데이터를 강조하기보다는 되레 불분명하게 만들어 버린다(그림 12.6). 이런 경우에는 좀 더 밝은 오버레이를 쓰거나 대화상자 등으로 뒤의 배경을 만드는 노이즈에 잘 대처해서 관객이 어떤 일이 진행되고 있는지 알 수 있도록 해야 한다.

> **LESSON** 유용하게 만드는 것이 멋지게 보이는 것보다 중요하다
>
> SF 영화에 나오는 많은 의학 모니터링 인터페이스가 빠른 움직임과 복잡성 때문에 보기에는 무척이나 인상적이지만 사용성이나 가독성 원칙에서는 엉망일 때가 많다. 그런 시스템이 현실에 있다면, 복잡하고 화려한 디스플레이는 일종의 노이즈로 취급하고 사용자의 주의와 집중을 방해하는 것으로 여길 것이다. 따라서 디자이너는 맥락에 맞는 적절한 정보만 표시하고, 의사가 문제에 쉽게 주의를 집중할 수 있는 비주얼 디자인을 해야 한다.

그림 12.6
「스타트렉」(2009)

텔레비전 시리즈 「우주대모험 1999」에는 당시로서는 상당히 진보한 의학 모니터링 개념이 나온다. 'X5 컴퓨터 유닛'은 우주정거장에 있는 각각의 거주자를 지속적으로 모니터링한다. 이들에게 어떤 의학적 문제가 생기면 시스템은 스크린에 텍스트를 표시하고 경고음을 보내 자동적으로 러셀 박사와 스태프에게 알린다. 시스템은 동시에 음성인식을 입력하고, 텍스트 출력과 음성 출력도 지원했는데 이 두 가지 개념이 같이 동작하는 것은 당시로서는 신선한 것이었다.

이런 유비쿼터스ubiquitous(여러 군데 산재했다는 의미로, 네트워크에 연결된 다양한 디바이스가 있는 환경을 의미한다) 모니터링과 경고 시스템은 테크니션인 도미닉Dominix의 죽음이 워낙 순간적이어서 X5가 응급팀을 소환할 때 필요한 경고를 제대로 발송할 시간이 없었다. 그러나 이런 시스템이 있다면 안전에 상당한 도움이 될 것이라는 사실은 알수 있다.

또한 X5는 실제 진단에는 미치지 못하지만 데이터에 기반한 의학적 '결론Conclusions'을 내릴 수 있다. 이 에피소드에서 러셀 박사는 X5에게 음성으로 그녀가 모니터링한 특정 환자에 대한 의견을 물었다. 그녀는 가지고 다니는 컴록comlock(그녀가 가지고 다니는 커뮤니케이션 디바이스)에 대고 다음과 같이 말한다.

"컴퓨터, 마지막 리포트를 확인해."

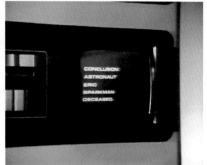

그림 12.7a, b 「우주대모험 1999」, (파일럿 에피소드: 탈출, 1975)

X5는 이렇게 답한다.

"5단계 돌연변이가 종료되었습니다. 모든 뇌의 활동이 멈추었습니다. 세포의 삶은 인공생명 유지장치로만 유지되고 있습니다. 결론, 우주인 에릭 스파크만은 사망했습니다"(그림 12.7).

가사 상태

가사 상태는 SF에 꽤 자주 등장한다. 흔히 모니터링하는 사람을 위한 특수 인터페이스를 포함하기도 한다. 「스타워즈 에피소드 5: 제국의 역습」을 보면 바운티 헌터인 보바 페트Boba Fett가 '카보나이트'에 굳어 버린 한 솔로를 이송하는 장면이 나온다. 한을 아래로 내려서 케이스로 만드는데, 이 케이스는 넓은 고체 물질 판에 작은 제어판이 달려 있어서 그의 건강을 모니터할 수 있다. 다음 편에서 그는 몇 개의 버튼만 누르는 것으로 되살아난다(그림 12.8).

최근의 작품에 유사한 인터페이스가 등장한 것은 실시간 3D 장기의 렌더링을 보여 주는 「마이너리티 리포트」와 「팬도럼Pandorum」의 멋진 흑백 시스템 등이다(그림 12.9).

그림 12.8a, b 「스타워즈 에피소드 5: 제국의 역습」(1980)

그림 12.9a, b 「마이너리티 리포트」(2002), 「팬도럼」(2009)

스캐닝

가끔 의사들은 스캔 기술을 이용해서 환자 몸 안의 상태를 그려낸다. 이런 종류의 스캔은 보기에는 X-레이와 유사하다. 보통은 정적이고 고정된 그림의 형태지만, 일부에서는 실시간으로 변화하는 '라이브' 데이터를 보여 주기도 한다. 대부분의 환자는 기기에 편안하게 눕고 내부를 읽는 기기가 커버를 씌운 형태로 있다(그림 12.10).

「사구」에는 조금 독특한 인터페이스가 등장한다. 이 장비는 실시간으로 실제 크기의 이미지를 찍는데, 스크린은 환자의 몸보다 훨씬 작다. 의사는 환자의 다른 부위를 검사하기 위해서 스크린을 왼쪽에서 오른쪽으로 움직이고, 스크린은 ㄱ 아래의 몸에 해당하는 파트를 보여 준다(그림 12.11).

그림 12.10a – c
「우주대모험 1999」 (1975),
「스타트렉: 보이저」 (1995),
「에일리언」 (1979)

그림 12.11 「사구」 (1984)

LESSON 물리적으로 조작할 수 있도록 하라

사용자는 물리적인 세계에서 물체를 직접 조작한 경험이 많다. 물리적 컨트롤로 시스템을 조작할 수 있으면 트레이닝에 필요한 시간을 줄일 수 있고, 사용하면서 인지적으로도 큰 부담이 없다. 이는 사용자가 보다 어려운 문제를 해결하는 데 집중할 수 있도록 한다. 이런 효과는 컨트롤과 직접 매핑되면 더욱 증가하는데, 디스플레이 스크린을 왼쪽에서 오른쪽으로 옮길 때 X-레이 카메라도 유사하게 동작하는 것이 좋은 사례다(물리적 컨트롤과 관련해서는 2장 참조).

3D 시각화

모니터에 나타나는 시각화의 유형은 1990년대 컴퓨터 그래픽의 발전과 그 궤를 같이한다. 컴퓨터 그래픽이 발전하면서 뼈나 신경, 기관 등 인체 내부시스템을 디스플레이하고 애니메이션으로 표시할 수 있었다. 이런 시각화는 물리적으로 골절, 종양, 내출혈 등과 같은 다양한 문제를 즉시 알 수 있으며, 의사에게도 매우 유용한 기술이다.

어쨌든 3D 시각화는 여전히 2D 모니터링 그래픽 또는 파형의 증강적인 의미에서 필요하다. EKG와 같은 정보의 시각화는 눈에 보이지 않는 핵심 정보를 정확히 보여 주기 때문이다. 예를 들어 당신이 정말 근사하고 전체가 컬러이며 선택하는 대로 보여 주는 새로운 X-레이 영상을 갖고 있다고 하자. 이 장치로 어떤 장기를 볼 때, 환자의 혈압과 같은 중요한 정보를 파악해서 보여 줄 것이며, 지난 2분간의 상태변화를 알려 줄 수 있을까?

의사에게 유용할 뿐만 아니라 이런 '투명한 인간' 유형의 시각화는 매우 영화적이다. 이 역시 최근 들어 이런 장면이 자주 나타나는 이유다.

좋은 사례가 「스타트렉: 넥스트 제너레이션」에 나온다. '윤리Ethics'라는 에피소드에서 크러셔 박사는 러셀 박사에게 워프Worf에 대한 실험적인 척추수술에 대해 조언을 구한다. 이들은 그의 척추에 대한 볼륨 디스플레이를 보면서 토론한다(그림 12.12). 영화 「로스트 인 스페이스」에서는 가사상태에 빠져 있는 주디의 튜브에 문제가 생겨 그녀를 되살리지 못하는 장면이 나온다. 그녀를 의료 침상에 눕힌 뒤 투명한 실시간 볼륨 프로젝션으로 내부 장기를 투영하고 이를 그녀의 몸 위에 천천히 올려서 살펴본다(그림 12.13). 분리된 다른 스크린에 활력

그림 12.12

「스타트렉: 넥스트 제너레이션」,
(시즌 5, 에피소드 16: 윤리, 1992)

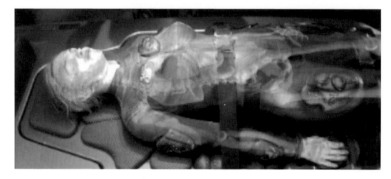

그림 12.13 「로스트 인 스페이스」 (1998)

징후가 표시된다. 스미스 박사가 침상의 인터페이스를 이용해 그녀
를 되살리려고 노력한다.

　영화에서 주디에게 사용한 볼륨 프로젝션은 그녀의 피부를 통해 내
부 시스템을 그대로 볼 수 있다. 이것이 좋은 점은 무엇이 잘못되었는
지 비침습적이고 물리적인 방식으로 보여 주기 때문이다. 그렇지만
첫눈에 이런 방식으로 동작할 수 없다는 것을 알 수 있다. 한번 생각
해 보자. 어떻게 모린Maureen과 페니Penny, 스미스 박사가 모두 침상
의 다른 쪽에 서 있는데, 이들 모두가 잘 볼 수 있을까? 또한 그녀의

그림 12.14a, b 에드가 뮐러의 초크 아트Chalk art

심장이 그녀의 가슴 속에서 나타나는 것처럼 프로젝션되어 있는데, 이는 실제로 보이지 않으므로 착시 현상을 이용해 특정 관찰자에게만 내부에 있는 것처럼 보여야 한다. 만약에 침대 주위를 돌아다닌다면, 마치 거리의 3D 예술작품sidewalk chalk illustrations(평면인 도로에 입체적인 느낌이 나도록 그린 그림)이 거리를 돌아다닐 때 시야가 달라지면 제대로 보이지 않는 것처럼 왜곡된 영상으로 보일 것이다(그림 12.14)

그렇다면 이 아이디어는 가망이 없는 것일까? 꼭 그렇지는 않다. 만약 시스템이 환자를 보고 있는 모든 사람에게 최적화한 렌더링을 수행한다면 가능하다. 그러므로 이것은 볼륨 프로젝션처럼 보이지만(실제로 해당 장면의 연출을 보면 영화제작자는 그렇게 의도를 한 듯하다), 실제로는 관찰자들마다 다른 시야를 가지는 증강현실이다. 이 장면에서 누구도 오버레이를 디스플레이할 수 있는 특수한 안경을 쓰고 있지 않기 때문에, 증강은 아마도 수술 테이블에서 바로 주변에 있는 사람들의 망막으로 투사되어 이루어져야 할 것이다(카메라도 마찬가지). 어떤 경우라도 우리가 처음 생각했던 가정은 무너졌지만, 실제 세계에서 이루어지도록 유용한 영감을 제시한다.

텔레비전 시리즈 「파이어플라이」에는 「로스트 인 스페이스」에서

그림 12.15a, b 「파이어플라이」, (에피소드 9: 아리엘, 2002)

나오는 것과 유사한 디스플레이 장면이 나온다. 해당 장면에서 우주선의 의사인 사이먼 탬Simon Tam은 그의 여동생의 뇌를 첨단 의료시설이 있는 곳에서 홀로이미저holoimager를 이용해 비침습적으로 탐색한다. 이 도구를 이용하면 그는 투명한 볼륨 프로젝션 영상을 그녀의 뇌 스캔을 실시간으로 가져와서 볼 수 있으며, 동작 컨트롤을 조정해 내부를 보기 위해 방향 등을 바꿀 수 있다. 뇌의 활동을 애니메이션 그래픽으로 나타내고 다른 활력징후 등은 빠르게 참고할 수 있도록 측면 디스플레이에 표시한다(그림 12.15).

이것은 여러 사례 중에서 특기할 만한데, 그 이유는 첫째로 의사가 문제를 찾기 위해 디스플레이와 상호작용하고, 둘째로 동작과 볼륨 프로젝션의 흥미 있는 콤비네이션이라는 점이다. 그의 직접적인 동작은 여동생 뇌의 이미지를 확인하면서, 나머지 디스플레이를 무시하고 프로젝션을 돌려서 탐색을 계속한다.

이런 SF 영화에서 3D 시각화는 다분히 영화적인데도 실제로 문제를 찾아내려고 스캔할 때 필요한 핵심 도구는 부족하다. 「로스트 인 스페이스」의 인터페이스는 자동으로 문제를 찾아내서(그녀의 멈춘 심장), 스미스 박사에게 이를 하이라이트로 알려 준다. 이는 시스템의 신뢰도가 높다면 유용하지만, 찾기 힘든 문제가 있는 어려운 작업에는

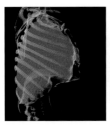
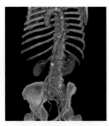
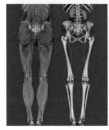
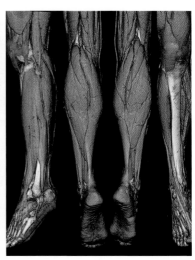

그림 12.16a - d
스탠퍼드 대학교 영상의
학과의 3D 정량적 영상연
구실의 기술은 우리가 SF
에서 보는 사례의 수준을
넘어선다.

적절하지 않다. 「파이어플라이」의 인터페이스는 조금 낫다. 이 시스템은 탬 박사가 뇌를 몸의 다른 부위에서 떼어내도록 자유롭게 돌려서 표면의 문제를 찾아볼 수 있다. 디스플레이가 조금 더 진화한다면, 그에게 흉터나 상처 등의 문제 영역을 세심하게 알려 주어 접근하기 쉽게 도와줄 것이다. 이 인터페이스에는 MRI와 X-레이 촬영 등을 비교하기 위한 서로 다른 스펙트럼 필터, 슬라이스 단면을 접근해서 볼 수 있는 횡단면 컨트롤, 크기를 조절해서 더 자세하고 접근해서 볼 수 있는 몇몇 컨트롤도 추가할 수 있다(확대와 관련해서는 이 장 후반부에 등장하는 「크리살리스」의 수술 장면 참조).

아마도 현실 세계의 디자이너가 SF 인터페이스만 참고한다면 우려할 만한 내용이 많다. 그렇지만 다행히도 이와 관련해서는 할리우드보다 디자이너들이 앞서 있다. 예를 들어 스탠피드 대학교 의과대학의 3D 정량적 영상연구실Stanford Radiology 3D and Quantitative Imaging Lab에서는 다양한 의학영상을 3D 렌더링 이미지로 만들고,

진행하는 문제와 관련이 없는 기관이나 조직은 숨기는 기술을 개발하였다(그림 12.16). 상당한 데이터 처리 능력이 필요하지만 현대의 워크스테이션이나 노트북은 이들을 실시간으로 상호작용하고 시각화할 수 있다. 물론 일부 영상은 수분이 걸리지만 말이다.

테스팅

조사 대상에서 의료 테스팅 인터페이스는 많이 관찰되지 않았다. 두 가지 사례가 왜 그런지를 설명한다. 첫 번째 사례는 「스타트렉」의 트리코더tricorder다. 무선으로 만능 센서를 가진 포터블 박스로 매코이가 바깥으로 나가는 미션에 이용된다. 두 번째 사례는 유비쿼터스 DNA 테스트 디바이스로 영화 「가타카」에 등장한다. 혈액이나 피부, 머리카락 등 아주 작은 양의 샘플로 주인이 누구인지 밝혀 준다(그림 12.17).

실제 세계에서 테스팅은 뭔가 불확실하거나("음, 이게 용종일 수도 있고 담석일 수도 있어."), 반복적이거나("이번 테스트에서는 아무것도 알 수가 없군. 다른 테스트를 해보자."), 특이한 것(어떤 목적에 맞도록 측정 가능한 디바이스)이 있을 때 중요한 의학적 프로시저다. 불확실함이나 반복적인 것은 영화적이거나 흥분이 되지 않고 심지어 줄거리도 산만하다. 의학 미스터리 포맷에서는 이런 불확실함이 무척 중요한 줄거리의 요소이므로 예외다.

SF에서도 이런 요소가 있는데, 특히 텔레비전 시리즈에서 간혹 발견된다. 「스타트렉 오리지널 시리즈」와 「스타트렉: 보이저」의 의사, 「파이어플라이」의 탬 박사 등은 우주선에서 각각 여러 의학적 문제로 고심한다. 특정 에피소드는 아예 이들 주인공에 초점을 맞추고, 미

그림 12.17a, b 「가타카」(1997)

스터리한 의학적 문제를 해결하는 것이 주된 줄거리다. 그러나 이때에도 특이성specificity 문제는 발생한다.

특이성이 다루기 어려운 것은 테스트가 특정한 센서를 가진 특정 디바이스를 요구하는데, 이런 상황을 설명하고 이에 맞는 디바이스나 도구 등을 새로 만들기 위해서는 시간이 걸리기 때문이다. 「스타트렉」에서는 이 문제를 트리코더로 해결했는데, 이 장비는 다목적 장비여서 가능했다. 물론 테스트의 현실감과는 거리가 멀어졌지만 말이다.

또한 스토리를 지나치게 특정 테스트에 한정하여 진행하면, 의학 전문가 수준의 이해도가 없는 많은 관객은 흥미를 잃을 수 있다. 그래서 SF에서는 간혹 테스트 결과보다 진단이 중요하다. 대부분의 SF 의료시스템은 테스트 결과로 진단을 이야기하지 어떤 수치화한 데이터를 알려 주지 않는다. 이때에는 테스트 기기라기보다는 이후에 다룰 진단 인터페이스로 분류한다. 이것이 「가타카」의 DNA 테스터가 약간의 문제가 있는 이유다. 이들은 해석이 가능한 수치나 데이터를 제공하는 것이 아니라 그냥 사람을 확인한 정보만 제공한다.

OPPORTUNITY 미래에 가능한 의료 테스트 장비 디자인

완벽한 진단 기계가 등장하기 전에 중요한 것은 더 좋은 테스팅 인터페이스를 만들

어 의사가 일하기 좋은 환경을 만드는 것이다. SF에서는 규칙적이거나 이런 테스트가 정확하게 나오지 않기 때문에, 이 작업은 많은 디자이너가 상상할 분야로 남아 있다. 즉 다음과 같은 문제를 해결해야 한다.

- 수천 개의 가능한 테스트 중 상황에 맞는 테스트를 골라서 수행할 수 있다.
- 테스트를 정확하게 수행한다.
- 결과를 이해한다.
- 결과를 가지고 환자와 잘 커뮤니케이션한다.
- 치료를 시작할 것인지 아니면 다음 테스트를 진행할 것인지 단계를 결정한다.

진단

평가는 진단을 지원한다. 다시 말해 환자에게 어떤 문제가 있는지 각종 도구로 측정하고 증상을 관찰하여 가설을 세운다는 뜻이다. 그러나 진단 도구는 실세계나 SF 양쪽에 약간 문제가 있다. 그래서 진단 기술은 그렇게 많이 관찰되지 않는다.

실제 세계에서 진단은 여러모로 쉽지 않다. 일단 어떤 증상이 있는지 알아야 하는데, 이는 의사의 지식에 따라 좌우되므로 전문 영역에 따른 편견이 있을 수 있다. 가능한 문제의 세트는 상당히 많다. 진단을 확정하기 위한 테스트는 비침습적이라 할지라도 완결적이지 못할 뿐만 아니라 부정확할 때가 많고 추가로 후유증을 남길 수도 있으며 비용도 많이 든다. 마지막에 최고로 신뢰할 수 있는 데이터 세트가 주어져 단일한 뿌리의 문제점을 해결한다고 해도 문제가 쉽게 해결되는 것은 아니다.

진단 기술은 SF에서도 문제가 많다. 이것은 주인공이 외계 종족을 다루거나 낯선 환경에 있기 때문만은 아니다. 스토리가 SF 의학 드라마라면 가장 흔한 구조가 미스터리 퍼즐을 푸는 것이다. 그러므로 장면마다 주어지는 증상은 진짜 원인에 따라 관객을 헷갈리게 만드는 것들이 많으며, 결국 주인공이 극적인 순간에 문제를 해결하는데, 관객은 과거를 생각하며 "아…… 정말 그렇다. 저것은 내내 우리 눈앞에 있었던 것이잖아"라고 말한다. 이런 서사적 구조 속에서, 컴퓨터가 해당 장면의 정확한 답을 말해 버린다면 얼마나 맥이 빠지겠는가? 진단 기술은 이런 스토리의 목적을 완전히 배반하는 것이다.

의학 드라마가 아닌 스토리에서 진단이 필요한 상황이라도 문제는 여전히 남아 있다. 왜냐하면 스토리에 복잡하고 정확한 설명이 없기 때문이다. 다행히 SF에는 하이테크이면서 비침습적인 센서와 작가의 상상력을 반영하는 컴퓨팅 파워가 있다. 작가는 간단하게 진단하는 기술을 집어넣어서 빠르고 명확하게 진단하며 줄거리를 진행할 수 있다.

「스타트렉 오리지널 시리즈」에는 가지고 다니며 빠르게 진단하는 의학 트리코더가 등장한다. 우주선의 의사 레너드 본즈 매코이는 환자에게 이 디바이스로 스캐닝을 하고 스크린을 쳐다보면서 진단한다(그림 12.18). 이 시리즈에서 그가 보는 것이 무엇인지 정확히 나타나지는 않지만, 스크린을 잠시 쳐다보고 그는 환자가 무엇이 잘못되었는지 정확하게 설명한다. 놀랍게도 환자의 상태가 모호하거나 외계 종족이라도 문제가 없다. 매코이는 스크린을 마치 진료실 모니터링 스크린을 쳐다보듯이 한다(그림 12.3). 이것은 읽은 것을 바탕으로 진단을 제공하는 디바이스처럼 보인다. 다른 「스타트렉」 시리즈에서도 트리코더는 등장하는데, 형태가 다소 발전했고 크기도 작아졌다

(그림 12.19).

　다른 SF에 등장한 소품들 중에서 이렇게 휴대가 편리한 의료진단 도구로 속도가 뛰어난 것은 매우 드물었다. 트리코더는 진단을 도와주는 첨단 기술을 갖춘 뛰어난 기능이라기보다는 전반적으로 설명을 해주는 도구에 가까워서 휴대하여 즉각 진단할 수 있다는 면에서 최

그림 12.18a, b 「스타트렉 오리지널 시리즈」(1966) 스튜디오에 있는 소품 사진

그림 12.19 「스타트렉: 보이저」(1995)

근 많은 의료기술 발명가에게 좋은 영감을 준다. 이는 우연이 아니다. 「스타트렉」을 창조한 진 로덴베리Gene Roddenberry는 데실루Desilu, 파라마운트Paramount와 계약하면서 메디컬 트리코더처럼 동작할 수 있는 기기를 만들 수 있는 사람이라면 누구나 이미 유명해진 이 이름을 쓸 수 있도록 하였다. 이런 비전이 있는 사람이라면 누구나 드라마를 통해 50년 가까이 알려진 마케팅 수단을 사용할 수 있는 셈이다.

진단에 필요한 중요한 도구 중 하나가 환자의 병력이다. 그렇지만 이와 관련한 것은 조사 대상에 거의 등장하지 않는다. 하나의 사례는 「스타트렉: 보이저」에 나타나는데, '수수께끼Riddles'라는 에피소드에서 의사가 이등항해사인 튜복Tuvok을 치료해야 할 때 잠시 스쳐가듯이 등장한다(그림 12.20).

치료

의사들은 증상을 진단하고 나서 환자를 치유하거나 또는 증상을 완화하는 치료를 시작한다. 치료 인터페이스는 SF에서 가장 쉽게 묘사된다. 왜냐하면 물리적인 디바이스를 이용한 명확한 액션을 취할 수

그림 12.20a, b 「스타트렉: 보이저」(시즌 6, 에피소드 6: 수수께끼, 1999), 「스타트렉: 보이저」(시즌 6, 에피소드 24: 구명 밧줄, 2000)

있기 때문이다. 크게 세 가지 카테고리의 치료 방법이 있는데, 약을 주사하기 위한 디바이스, 창의적인 수술 인터페이스, 그리고 일부에서는 죽은 몸을 다시 살리는 시스템 등이다.

주사

진정제, 백신, 해독제, 진통제를 비롯한 모든 주사는 SF에서 주인공이 스토리를 진척시킬 때 이벤트로 작용하며 중요한 역할을 한다. 아마도 가장 유명한 주사 디바이스는 「스타트렉」의 하이포스프레이 hypospray일 것이다(그림 12.21). 이 디바이스는 바늘로 피부를 뚫지 않고 약물을 바로 체내에 주입한다. 1947년 비슷한 디바이스를 라디오 연극인 「쉐도우The Shadow」에서 언급한 적이 있다. 1960년 에런 이스마크Aaron Ismach가 유사한 디바이스를 특허 내어 미국 정부에서 주는 금메달을 1964년에 받은 적이 있는데, 이는 「스타트렉」이 방송되기 2년 전이다. 그러나 「스타트렉」에 나오는 기기는 실세계의 것보다 훨씬 낫다. 손바닥에 잘 맞고, 옷을 입어도 쓸 수 있으며, 사람

그림 12.21
「스타트렉 오리지널 시리즈」
(두 번째 파일럿: 미지의 세상,
1966)

이 전혀 다치지 않는다. 1969년 『스타트렉의 제작The Making of Star Trek』이라는 책에서 진 로덴베리는 NBC 방송사가 바늘로 피부를 찌르는 장면을 내보내지 못하게 했기 때문에 이를 우회하기 위한 방편으로 하이포스프레이가 발명된 것이라고 설명하였다. 나중에 「스타트렉」에서 이 기기가 좀 더 발전하여 약도 고를 수 있고 중간에 용량 조절도 할 수 있다.

이 시리즈에서 발명한 것은 아니지만 「스타트렉」에 나오는 하이포스프레이는 세대를 거듭하며 팬들이 SF 의학의 가장 중요한 상징으로 여겼다. 하이포스프레이라는 용어를 직접 사용한 사례도 많은데, 1967년의 텔레비전 시리즈 「미션 임파서블」에서도 언급하였고, 심지어는 제트 주사기jet injector와 함께 과학 논문에서도 같이 인용하였다.

SF에서는 다른 주사기가 많이 등장하지만, 특별히 다른 문제점을 풀어낸 것은 없다. 다른 디자인은 3차원의 산업 디자인석인 세부 사항이 조금 다를 뿐이다. 컴포넌트의 재료, 어떻게 들고, 내부의 약이 보이거나 보이지 않거나 정도의 차이다(그림 12.22).

그림 12.22a - e

「슬리퍼」(1973), 「가타카」(1997),
「맨 인 블랙 2」(2002), 「토탈 리콜」(1990),
「파이어플라이」(에피소드 1: 세레니티, 2002)

수술

수술적 치료는 많은 장르에서 매우 익숙한 상징이다. 의식이 없는 환자 주변을 매우 밝은 조명이 둘러싸고 삐삐거리는 기계 속에서 외과의사는 손을 씻으며 소리친다.

"10cc, 스탯!"

이마에는 땀이 배어 나오고 목숨은 경각에 달려 있다. SF도 예외는 아니다. 수술 인터페이스는 매우 흔하게 나타나고 그 다양성도 많다. 간단한 패널부터 보다 복잡한 로봇, 동작인식, 원격지 접속, 그리고 볼륨 프로젝션 기술의 접목까지 등장한다.

「스타트렉 오리지널 시리즈」의 '바벨로의 여행Journey to Babel' 에

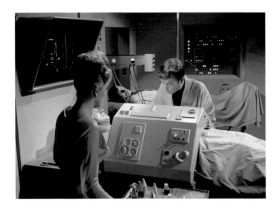

피소드에서 매코이 박사는 스포크와 그의 아버지 사렉Sarek 사이의 수혈을 시행한다. 사렉이 수술을 받는 동안 몸을 수술용 덮개로 덮는데, 매코이는 간호채플nurse chapel만을 이용해서 사렉에게 접근할 수 있다(그림 12.23). NBC는 당시 프라임 타임 방송에서 수술 장면을 나가지 못하도록 했기 때문에 그에 대한 배려로 디자인된 방식이지만, 사용자 입장에서 이런 디자인이 어떤 의미가 있을까?

아마도 덮개는 감염을 막고, 의사가 수술을 편하게 하도록 돕는 역할을 할 것이다. 여기에 로봇 팔을 이용하여 봉합사를 제거하거나, 혈액을 빨아낼 수도 있다. 또한 원격지의 의사가 카메라로 이를 관찰하고 도울 수도 있다. 녹화 장비를 설치해서 이후 문제가 생겼을 때 연구를 하거나, 잘못된 진료 사례가 발생하면 이를 밝힐 수도 있다. 이 장면에서 이와 같은 목적으로 이용한다는 증거는 없지만, 우리는 여러 가지를 상상할 수 있다.

또 다른 사례로 「로거의 탈출」이 있다. 영화 전반에서 비판한 뉴유New You의 성형수술 부티크에서는 과도한 사회적 집착이 만들어낸 기술로 젊은 모습이 악화되는 장면이 나온다. 어떤 고객이든 부티크

에 들어가서 새로운 얼굴을 고른 뒤 버튼을 누르면 간단히 수술을 받을 수 있다(그림 12.24).

유리로 된 방 위에는 거미처럼 무섭게 생긴 샹들리에 기계가 있고 그 아래에 조명으로 빛나는 둥근 테이블이 있는데 그곳에 환자가 눕는다(그림 12.25a). 샹들리에에 붙어 있는 팔에는 레이저가 나오고 치료약을 분사하는 노즐이 있다. 시스템은 자동으로 절개가 필요한 부위를 계산하고 이를 효율적으로 수행한다. 영화에서는 의사가 수술 기계의 안전 프로토콜을 무시하고 설정을 '랜덤random'으로 해서 주인공 로건 5를 죽이려고 한다(그림 12.25b). 의사의 제어 인터페이스는 사실 버튼도 어설프고 불명확한 디스플레이와 레버 등도 수동으로 정확한 조작을 하기에는 부적절한 것으로 보인다.

자동화된 수술은 영화 「아일랜드」에도 등장한다. 클론은 장기를 제공하기 위해 길러지며, 어떤 장면에서는 수술대 위에서 클론의 심장을 꺼내기도 한다. 인터페이스는 꽤 복잡하다. 의사는 빛이 나는 펜을 이용해서 영상의학 뷰에 환자의 몸을 그림으로 그리고, 다른 컨트롤과 함께 어떻게 수술을 진행할지 결정한다. 그 뒤 수술은 로봇 팔이 자동으로 수행한다(그림 12.26).

펜을 이용한 수술 인터페이스는 「마이너리티 리포트」에도 등장한

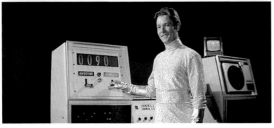

그림 12.25a, b
「로건의 탈출」(1976)

그림 12.26a - c
「아일랜드」(2005)

다. 존 앤더턴은 유비쿼터스 망막 인식 시스템에 인식되지 않으려고
눈 수술을 해야 했다. 지하 클리닉에서 에디Eddie 박사는 네스그놉 컴
퓨터를 이용해서 실시간으로 눈을 보면서 수술한다. 에디 박사는 펜
으로 스크린에 파라미터를 입력하고, 장갑의 손끝에서 나오는 빛을

그림 12.27a, b
「마이너리티 리포트」(2002)

이용한 동작 인터페이스로 실제 수술 계획을 세운다(그림 12.27). 수술
은 앤더턴의 얼굴 위에 있는 복잡한 작동기가 수행한다.

「스타워즈 에피소드 5: 제국의 역습」과 「스타쉽 트루퍼스」에서는
추락한 병사가 액체가 차 있는 풀에서 건강을 회복하는 장면이 나온
다. 「스타쉽 트루퍼스」에서는 기계 팔이 앞뒤로 움직이면서 조니 리
코Johnny Rico의 다리 상처에 새로운 조직을 붙여 주는 치료를 한다.
이들 장면이 나올 때 치료하는 체임버의 벽이 투명해서 의료진과 친
한 사람이 관찰하는 정도의 인터페이스는 될지 몰라도, 두 영화에서
치료를 제어하는 구체적인 인터페이스는 등장하지는 않는다.

영화 「크리살리스」에서는 브뤼겐 박사가 수술방에 서서 자신의 앞
에 놓인 테이블 위에 나타나는 환자의 투명한 볼륨 프로젝션을 보면
서 수술한다(그림 12.28a). 그녀는 또한 작은 로봇 팔이 실제로 원격지
에서 절개하는 것을 바라본다.

그림 12.28a – c
「크리살리스」(2007)

그녀는 동작과 음성을 같이 활용하면서 수술만 하는 것이 아니라 프로젝션을 잘 볼 수 있도록 확대하거나 시야를 움직이는 작업을 한다. 그녀는 큰 동작으로 미세하게 컨트롤할 수 있다. 게다가 그녀는 프로젝션을 바꿔서 디스플레이에서 데이터와 이미지 중에서 적절한 심혈관 시스템만 보이도록 한다(그림 12.28b). 그녀는 단면을 임의적으로 잘라서 설명할 수 있다(그림 12.28c). 저자들의 의견으로는 이런 순서가 조사 대상 중에서 가장 수준이 높고 신뢰성이 있으며, 정보가 많았다. 확신을 줄 수 있는 좋은 프로토타입이었고 동시에 스토리와도 매우 잘 어울린다.

OPPORTUNITY 볼륨 원격수술을 구축하라

저자는 이 영역이 디자이너가 심각하게 고민해야 하는 정말로 제대로 실체화된 미래의 인터페이스로 본다. 가까운 미래에 일부 기술은 부분직으로라노 쉽게 실현될 것으로 보는데, 특히 볼륨 프로젝션을 볼 수 있는 3D 안경을 이용하면 디자인의 장점을 많이 잃지 않고 구현할 수 있다.

시간이 갈수록 SF에 의료서비스를 처리하는 기술이 많이 등장한다. 대부분 로봇이나 인공지능의 형태인데,「스타트렉: 보이저」에 볼륨 프로젝션 형태로 나오는 의사가 대표적이다. 기본적으로 이 의사는 정확하며 감성적인 부분은 적다. 그리고 쉽게 의료정보에 접근하여 기본적으로 인간 의사와 동일한 서비스를 제공한다.

자동화된 에이전트이기 때문에 이런 경우 대화나 터치 정도의 인터페이스보다 그다지 많은 것이 필요하지 않다.「스타워즈 에피소드 5: 제국의 역습」에 나오는 의사는 로봇이다(그림 12.29). 비록 엄격하고 군인 느낌이지만 휴머노이드에 가깝다. 이 로봇은 민첩한 팔을 가진 외과 의사이자 간병인이기도 하다. 로봇의 몸통 아래에 다리 이외의 무엇이 있는지는 명확하지 않다. 그리고 루크가 말을 걸어도 대답하지 않는다.

이 로봇과 대비되는 것은「스타워즈 에피소드 3: 시스의 복수」에 등장하는 파드메Padme의 아기를 받는 로봇이다. 아줌마 같은 이 로봇은 모습만 보아도 확실히 간병을 위해 디자인한 것이 명확한 의료 로봇이다.

이 로봇의 형태는 모서리를 비롯해 전반적으로 둥글다. 인간의 느낌이 나는 것은 머리, 눈, 유방, 그리고 둥근 복부 등이다. 색상도 따뜻한 것을 선택했고, 매트matte(광택이 없는 표면 처리로 지나치게 반짝거리지 않고 자연스러운 느낌을 선사한다) 질감은 편안함과 안전함을 표현한다. 얼굴은 인간과 유사한 구조지만 어쩐지 인간 같지 않은 느낌도 든다. 크기가 서로 다른 보석 같은 눈이 네 개인데, 두 개의 큰 눈은

그림 12.29 「스타워즈 에피소드 5: 제국의 역습」(1980)

인간의 얼굴과 비슷하게 위치하며, 다른 두 개의 작은 눈은 비대칭적인 그룹으로 존재한다. 이 디자인은 어느 정도 프로페셔널하면서 적절하게 부드럽다.

LESSON 사람처럼 느껴야 한다

이미 상당수의 산업 디자이너에게는 익숙한 개념이지만, 「스타워즈」에 등장하는 로봇 형태를 보면 의료기술의 표면 디자인이 얼마나 환자에게 서로 다른 감성과 느낌을 전달하는지 알 수 있다. 따뜻한 돌봄을 위한 것과 멋진 기능성을 가진 것은 모두 나름의 장점이 있지만, 디자이너는 이들이 가진 가장 중요한 효용성이 무엇인지 반드시 고려해야 한다.

사례 분석: 의사

궁극의 의학 기술은 「스타트렉: 보이저」(그림 12.30)에 나오는 볼륨 프로젝션 의사일 것이다. 우주선의 인간 의사기 시리즈의 파일럿 에피소드에서 죽자 우주선의 응급 의료 프로그램은 우주선에서 유일한 의사가 된다. 인간의 형상이지만, 이름이 없고 승무원도 이름을 부르

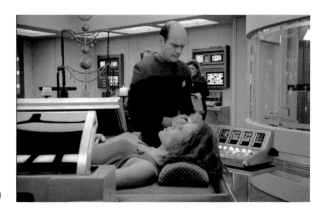

그림 12.30

「스타트렉: 보이저」(1995)

지 않는다. 그냥 그 역할에 충실하게 닥터로 불린다. 닥터의 프로그램
은 오리지널 프로그래밍 수준을 넘어서서 자동으로 성장하고 학습한
다. 인간처럼 말할 수 있는 기능과 우주선이 가진 홀로덱 기술을 이
용해서 닥터는 진짜처럼 나타나기도 하며, 사람들을 터치하고 기구
도 활용한다. 그런 측면에서 병상에서 보이는 매너는 가끔 거북한 느
낌이 있지만, 인간처럼 느껴지기도 하고, 환자와 친숙하고 편안하게
이야기할 수 있다.

　어쨌든 닥터는 인간이 아니기 때문에 인간에게 없는 능력도 일부
가지고 있다. 닥터는 우주선의 컴퓨터와 연결되어 있어서, 의학과 관
련한 전례나 작업, 그리고 모든 승무원의 병력에 관한 백과사전 같은
지식도 있다. 또한 피부 힘의 장force field(홀로덱은 힘의 장을 시뮬레이션
할 수 있어서 실제 힘도 느끼고, 물리적인 접촉 등도 가능하다. 이것을 끄면 볼륨
프로젝션된 실체를 만질 수 없다)을 끌 수 있어서, 형체가 없어지면서 격
리된 환자에게도 접근할 수 있다. 닥터는 프로그램이기 때문에 다른
위치에 압축한 데이터 신호로 은하계를 넘어서 전송이 되고, 그곳에
나타나서 경험과 기억을 가지고 일을 할 수 있다. 보이저가 분리되지

않았더라면 닥터가 연합 전반에서 주된 의료 패러다임을 바꾸는 기술로 채용되었을지도 모를 일이다.

OPPORTUNITY 작업에 맞도록 의사의 형태를 바꿀 수 있도록 하자

보이저의 닥터가 인간의 모습인 것은 환자가 느끼는 선입견에 맞추기 위해서라고 생각하면, 다른 목적으로 활용할 때 다른 형태를 보일 수 있지 않을까? 아이를 받을 때에는 경험 많은 아줌마로 변하고, 음식 복제기에 접근할 때에는 유모가 되며, 나이팅게일이나 테레사 수녀와 같은 모습을 한다면? 현실 세계의 디자이너가 원격 진료 인터페이스나 아바타를 만든다면 이런 질문은 상당한 의미가 있다.

LESSON 사람은 사람이 필요하다

인간은 사회적 동물이다. 우리는 다른 사람과 일하는 것에 매우 익숙하다. 보이저의 닥터는 기술이 무한대의 의학 데이터베이스와 연결되고, 환자의 의무 기록에 바로 접근할 수 있으며, 형태를 무한하게 바꿀 수 있다 할지라도 이런 비인간적인 능력을 인간의 형태로 감쌀 때 편안하게 느낀다.

삶과 죽음

일부 인터페이스는 의학의 가장 본질적인 순간인 생명의 탄생, 부활, 그리고 죽음과 관련한 것들이다.

생명 탄생의 보조

태어나는 것과 관련한 기술은 조사 대상에서 매우 드물었다. SF 전

그림 12.31 「스타워즈 에피소드 3: 시스의 복수」 (2005)

반에서도 발견하기가 쉽지 않았다. 인터넷 영화 데이터베이스, IMDb 검색에서 SF 장르의 줄거리 요약에서 '탄생birth'으로 검색하면 단 50개의 목록만 나온다. 그리고 이들 대부분이 잘 모르는 작품이다. SF에서 탄생의 장면은 대체로 인간의 드라마에 초점을 맞출 뿐 그와 관련한 의학적 인터페이스에는 매우 소홀하다. 우리가 발견한 유일한 사례는 「스타워즈 에피소드 3: 시스의 복수」에서 파드메가 루크와 레이아를 낳는 장면이다(그림 12.31). 이 장면에서 모니터링 정보가 볼륨 디스플레이에 나오는 것을 볼 수 있다. 이 디스플레이는 산모에게는 보이지 않고, 파드메에 대한 정보만 담고 있으며, 쌍둥이에 대한 정보가 모니터링되고 있는지는 불명확하다. 해당 장면에 다른 의사는 등장하지 않으며, 이런 디스플레이의 존재와 기능은 설명하기가 어렵다. 또 한 가지, 탄생과 관련하여 특별한 다른 기술은 아줌마 로봇이다(자동 의학 인터페이스 관련 부분 참조).

OPPORTUNITY 산모를 위해 아이를 실시간 보여 주자

많은 산모가 자연분만을 선택하지만 신생아가 건강한지, 진통 중에 아이를 낳는 과

정이 어떻게 진행되는지 알 수 있는 새로운 기술이 나오면 관심을 가질 것이다. 산도에서 아이가 나오는 것을 실시간으로 보여 준다면 산모가 아이를 낳는 동안 감당해야 하는 물리적인 노력에 초점을 맞출 수 있도록 도와줄 수 있을까? 산모에게 특별한 합병증 없이 출산의 중요한 단계가 지났다는 것을 확인해 주면 안심할까? 심박을 들을 수 있다면, 의사가 자연스럽게 신생아의 스트레스 정도를 알 수 있을까? 산모가 병원에 오기 전에 집이나 택시 등에서 출산과 관련하여 여러 가지를 도와줄 수 있다면 어떨까?

부활

간혹 죽음에서 부활하거나 거의 죽음 직전에 되살아나는 것을 SF에서 볼 수 있는데 이것은 이런 장면이 극적이고, 강렬한 인상을 심어주며, 이것이 현재의 기술 수준에서는 할 수 없는 영역이기 때문이다. 이런 기술 트렌드와 관련하여 특별히 부상하는 기술이나 인터페이스는 없다. 그리고 당연하지만 이런 기술은 매우 수준이 높다.

「지구 최후의 날」에서 인간을 닮은 외계인 클라투가 살해되자, 그의 로봇 그롯은 그의 시신을 우주선으로 가져와서 특별한 테이블에 눕힌다. 그롯은 광선에 손을 흔들고, 벽에 있는 스위치를 전환한다(그림 12.32a). 그러자 클라투의 머리 쪽에 있는 요람이 밝은 빛으로 반짝이기 시작하더니, 그가 잠에서 깨어나듯 되살아난다. 이와 관련한 유일한 인터페이스는 반짝이는 요람과 클라투의 머리를 향하던 투명한 막대기밖에 없다(그림 12.32b). 진단이나 약을 주는 장면도 등장하지 않는다. 우주선이 매우 작기 때문에, 우리는 이 의학 데이블이 일반적인 목적으로 사용된다고 생각하지, 죽은 몸을 부활시키는 목적으로만 쓴다고는 생각하기 어렵다.

그림 12.32a, b 「지구 최후의 날」(1951)

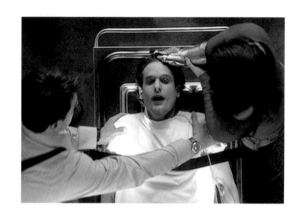

그림 12.33

「토치우드」(2009)

　영국의 텔레비전 시리즈 「토치우드」에는 부활 건틀렛resurrection gauntlet(팔꿈치까지 오는 긴 장갑)이라는 외계인 장갑이 등장한다. 이 장갑으로 죽은 사람을 몇 초나마 잠시 살려서 살인범이 누구인지 알아내는 데 필요한 질문을 할 수 있다. 건틀렛을 팔에 착용하고, 죽은 사람의 머리에 간단히 손만 대면 된다(그림 12.33). 되살아난 사람은 매우 혼란스러워하는데(이들은 자신이 죽었다는 것도 자각하지 못한다), 되살아난 짧은 시간도 대부분 무슨 일이 일어났는지 설명하는 정도로만 사용된다. 이런 물체는 「토치우드」의 직공이 간혹 발견하지만, 건틀렛을 사용하는 방법 등도 없고, 에이전트도 사용하는 방법을 잘 모른

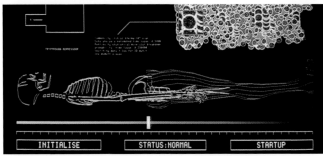

다. 그렇지만 이런 사례는 직접적이고 물리적인 상호작용으로 단순하면서도 인체공학적인 산업 디자인의 요소를 잘 보여 준다.

부활과 관련한 보다 극단적인 사례는 「제5원소」에 나온다. 유일하게 남은 손을 체임버 내부에서 여주인공의 DNA에서 새구성한 몸의 다른 부위와 연결하자 되살아나는 장면이다(그림 12.34). 시스템은 완전 자동화여서 만약 만든 것이 위험하면 이를 취소하는 기능도 있다.

난폭한 괴물이 등장인물을 잡아먹었다면 SF 제작자는 굳이 관객에게 이들의 죽음을 알리려고 따로 노력할 필요가 없다. 그런데 가끔 등장인물의 죽음을 알려야 할 필요가 있는데, 「스타트렉」 리부트에서는 커다란 텍스트 라벨로 이를 알렸다(그림 12.35).

그렇지만 매코이 박사가 "그는 죽었어요, 짐" 하고 말하듯 기술을 이용해서 신호를 보내는 것처럼 더 조용하고 보다 품위 있는 죽음을 알리는 방법도 필요하다. 빛이 사그라지는 것은 가장 단순하고 흔하게 이용하는 신호다. 이는 SF에 자주 등장하는 방법으로 빛으로 상징되는 생명이 죽었을 때 빛이 지는 형태로 표현한다.

지는 불빛과 관련한 인터페이스는 「매트릭스」에서 네오가 트리니티에게서 끄집어낸 바이오기술로 만든 '벌레bug'의 죽음에 잘 나타난다. 이것을 트리니티에게서 제거한 후 비가 내리는 바닥에 던지는데, 붉은 불빛이 천천히 꺼진다(그림 12.36). 관객은 이것을 보면서 어떤 일이 일어난 것인지 굳이 추가 설명을 들을 필요가 없다.

「맨 인 블랙」에서는 이 개념을 보다 세밀하게 적용한다. 로봇에 탑

그림 12.35 「스타트렉」(2009)

그림 12.36a - c
「매트릭스」(1999)

승한 작은 외계인 아퀼란Arquillian은 빛이 사그라지자 동시에 죽음을
맞이한다. 만약 이것이 생명 유지 장치였다면 외계인의 죽음 이전에
불빛이 먼저 꺼졌을 것이다. 그러나 불빛이 사라지는 것과 죽음이 동
시에 일어났기 때문에, 그보다 몇 배나 큰 로봇과 함께 그의 몸이 죽
었다는 것을 알리는 사회적으로 민감하고 맥락적인 인디페이스라고
해석할 수 있다(그림 12.37).

　등장인물의 죽음을 관객에게 알리는 또 하나의 흔한 방법은 의학

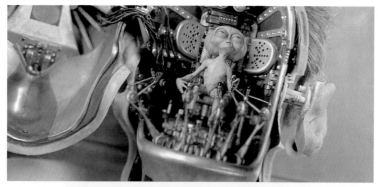

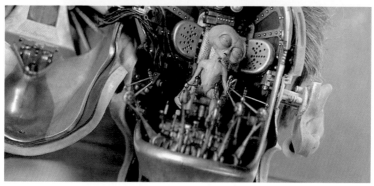

그림 12.37a, b 「맨 인 블랙」(1997)

드라마에서 가져온 것으로 모니터링 시스템의 파형이 평탄하게 변하면서, 알람이 울리고 이를 주변 사람들이 끄는 장면이다. 모니터링 시각화의 디자인이 어떻게 죽음을 신호할 것인지 결정한다. 파형이 나타나는 동안에는 이 파형이 평탄해지는 것이 가장 나쁜 뉴스라는 것을 알고 있다(그림 12.38).

LESSON 되살아날 기회가 사라졌다면 죽음을 조용하게 존중하라

현실 세계의 의료 기술은 가끔 환자나 보호자, 그리고 이들이 사랑하는 사람들의 감

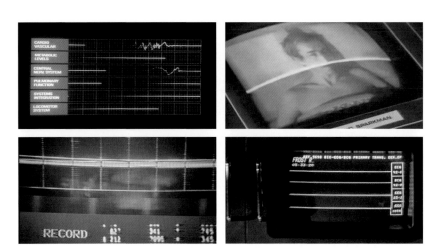

그림 12.38a – d

「2001: 스페이스 오디세이」(1968), 「우주대모험 1999」(1975), 「브레인스톰」(1983), 「에일리언」(1986).

성에 무심하다. 되살아날 기회를 놓치고 나서 도대체 얼마나 경보를 지속하는 것이 좋을까? 의료 기술이 이런 상황을 고려하고 신호를 끈다면 현재 다른 사람들은 스트레스를 받을까?

SF 의학 인터페이스는 주로 치명적인 상황에 초점을 맞춘다

우리를 둘러싼 기술의 진화는 기하급수적으로 빠르게 발전한다. 그에 비해 생리적인 진화의 속도는 실질적으로는 거의 없는 것처럼 느껴진다. 우리가 은하계를 빛보다 빠른 속도로 여행할 수 있다고 하더라도, 우리의 육체는 현재 우리가 가진 것과 비슷한 것을 가지고 해내야 한다. SF에서 의학은 우리 몸을 모두 이해했다고 가정하고 미래의 이야기를 적어 나간다.

아마도 이것이 조사 대상 영화에서 의학 기술을 거의 제대로 언급하지 않은 이유라고 생각한다. SF 제작자는 뭔가 굉장히 빨리 바뀌는 환상적인 것에 관심을 가진다. 결국 SF를 가장 중요한 위치에 놓고 스토리를 뽑아낸 것이다.

그러나 SF는 지나치게 먼 것을 상상할 수는 없다. 결국 현대의 패러다임을 연장하는 정도로 표현한다. 의학 인터페이스는 이런 가까운 미래에 초점을 맞추어 좋은 디자인 사고는 새로우면서도 가능하고 현실세계의 혁신을 일으킬 수 있는 문제 해결형 기술을 제안한다. 이런 방식으로 SF에서 의학은 지구상에서 삶을 더 낫게 만드는 실질적인 가능성을 높일 수 있다.

CHAPTER 13

섹스

그림 13.1 「휴머노이드의 창조」(1962)

에스메Esme는 오빠에게 피부가 파란 하인 로봇이자 애인인 팍스Pax에 대해 설명한다.

"이 친구는 모든 열정을 바쳐 내가 행복하기를 원해요. 그리고 저는 정말 행복해요."

그러자 크레이그는 역겹다는 듯 답한다.

"네가, 그…… 그 기계를 사랑한다고?"

에스메는 앞으로 기대면서 강하게 말한다.

"저는 팍스를 사랑해요"(그림 13.1).

섹스는 인간이 경험하는 가장 중요한 부분이다. 그러므로 SF에서 중요한 부분을 차지한다고 해서 그리 놀라운 일은 아니다. 우리는 섹스와 연관된 인터페이스를 조사한 결과 사람과의 관계 또는 사람이 섹스하는 기술 등에 따라 크게 세 가지 카테고리로 분류할 수 있었다.

- 매치메이킹Matchmaking: 섹스할 사람을 만나게 해주는 기술

- 기술과 섹스Sex with technology: 다른 사람이 관여하지 않고, 사람이 기술과 섹스하는 것

- 커플링Coupling: 사람이 섹스할 때 기술이 이 경험을 증진시키거나 매개하는 것

매치메이킹

매치메이킹 기술은 사람이 사랑하거나 섹스할 대상을 찾도록 도와준다. 사용자가 자신이 짝짓기를 원하는 대상을 지정하거나, 섹스에 관심 있는 사람을 만날 수 있다. 조사 대상 영화 중에는 네 가지 사례가 있었다.

「로건의 탈출」에서는 제시카 6가 자신에게 맞는 파트너를 찾을 때까지 고르고, 결정하면 그곳으로 트랜스포트를 시키는 서킷Circuit 시스템에 자신을 위치시킨다. 이 시스템은 라디오와 「스타트렉」 트랜스포터의 중간 정도에 해당한다. 로건 5가 자신과 저녁을 함께 보낼 파트너를 찾을 때, 그는 리모트 컨트롤과 비슷한 디바이스를 쥐고 서킷을 돌린다. 몇 초가 지나자 '튜닝'을 통해 체임버에 후보자가 나타나는데, 첫 번째는 남성이 나왔지만 그는 로건이 찾는 대상이 아니었다(그림 13.2a). 그러지 그는 '디튠detune'을 해서 선택하지 않고, 새롭게 튜닝하자 이번에는 제시카가 나왔다. 그는 제시카가 마음에 들어서 손을 뻗어서 그녀가 체임버에서 나올 수 있도록 도왔다(그림 13.2b, c).

이러한 SF 초기에 섹스와 연관된 기술은 디바이스가 서킷을 켜고,

그림 13.2a – c

「로건의 탈출」(1976)

후보를 고르는 기능을 하지만 구체적으로 어떻게 동작하는지 자세히 볼 수 없기 때문에 인터페이스로 평가하기는 힘들다. 우리가 보는 것은 로건이 리모트컨트롤처럼 생긴 물체 위에 달린 다이얼을 돌려서 튜닝하는 것 정도도. 그는 어떤 변수를 이용해서 천천히 놀 수 있는 것일까? 어떤 설정을 한 것일까? 또는 제공자가 자신의 몸을 서로 다른 주파수의 형태로 수신하고 방송할 수 있도록 다이얼을 제공하고, 로건은 단지 채널을 스캐닝한 것일까? 제공자는 한 번에 여러 장소에 있을 수는 없으니, 챗룰렛Chatroulette과 같은 비디오 채팅 서비스와 유사하게 랜덤으로 일대일로 연결하는 것일 수도 있다. 챗룰렛과 다른 점은 제시카 6가 자신이 컨트롤하는 인터페이스가 없어서 교환을 결정하는 권한이 없다는 점이다. 이는 그녀의 시점에서 볼 때 경험에 의문을 제기한다.

게다가 로건이 관심이 없는 사람과 처음 연결되었을 때, 특별히 선호도를 입력하거나 로건의 특별한 감정이나 선호도가 바뀌는 것을 걸러내는 장치도 없다. 이상적인 필터링 시스템이라면 아마도 로건이 경찰관과 비슷한 샌드맨Sandman이기 때문에 제시카에겐 관심이

그림 13.3a, b 「신비의 체험」(1985)

없었을 것이고, 아마도 제시카가 로건의 아파트에 나타나는 일은 없었을 것이다.

「신비의 체험Weird Science」에는 두 명의 십대 주인공 게리Gary와 와이어트Wyatt가 나온다. 이들은 이상형인 여성의 특징을 구체적으로 지정하는데, 이를 위해서 자신이 좋아하는 정신적 육체적 특징을 가진 모델이 나오는 잡지를 스크랩한 사진을 스캔한다(그림 13.3a). 이 영화에서는 시스템이 『플레이보이』 모델의 다리와 아인슈타인의 지성을 흉내 내는 방법을 알려 주지 않지만, 해당 장면에서는 가벼운 몽타주를 그릴 수 있도록 하여 여러 단계의 프로세스를 거쳐서 관객의 상상을 자극한다. 이들은 이상적으로 생각하는 여성의 가슴 크기 등의 특징을 키보드로 입력한다(그림 13.3b).

「토탈 리콜」에는 존이 자신의 기억 여행을 떠날 때 같이 갈 사람의 유형을 머리 색, 몸의 유형, 섹스의 공격적 성향 등을 선택하면 해당 여성의 유형이 압축되어 나온다. 최근 온라인 매치메이킹 시스템은 이처럼 이상적인 사랑의 성향을 지정하는 것을 부적절하게 생각할 것이다. 그렇지만 다른 변수를 정해서 존이 뇌에 입력할 휴가와 인터랙션할 수 있을 것이다(그림 13.4).

텔레비전 시리즈 「파이어플라이」의 주인공 이나라Inara는 고객이

그림 13.4a, b 「토탈 리콜」(1990)

불러낼 때 고도의 훈련을 받아 섹스를 포함한 다양한 서비스를 제공하는 창녀이자 컴패니언companion으로 등장한다. 그녀는 자신이 어떤 장소에 있어서 먼저 자신이 서비스할 수 있다고 공지하면, 해당 위치 근처에 있는 잠재 고객이 그녀에게 영상을 보내서 자신을 선택하도록 어필한다. 그녀의 터치스크린 인터페이스는 그녀가 비디오로 접수한 사람을 리뷰하고, 거절할 사람은 무시하여 원하는 사람과 직접 화면으로 연결해서 이야기한다(그림 13.5). 이 시스템은 이런 일을 하는 컴패니언들과 네트워크하여 협력적 필터링을 하기 때문에 위험한 고객은 배제된다.

그런데 SF에서 매치메이킹을 제공하는 사례는 왜 드문 것일까? 「파이어플라이」를 제외한 나머지 사례는 실제 세계에서 온라인 데이트 사이트가 일반화하기 이전이었다. 이런 시스템을 직접 경험한 관객은 이런 기술이 미래 지향적이지 않다는 느낌을 받는다. 또한 관객은 좋은 상대를 만나기 위해서는 자신의 정보를 많이 제공해야 한다는 것을 안다. 그리고 이런 프로세스는 그다지 영화적이지 않다.

그림 13.5
「파이어플라이」 (에피소드
4: 떠들썩한 파티, 2002)

OPPORTUNITY 매치메이킹을 현대적으로 만들기

최근 기술의 발달을 감안할 때 매치메이킹 기술은 아직도 다양한 발전 가능성이 있다. 예를 들어 선호도를 소셜 미디어 스트림이나 공공의 데이터세트에서 추출한 내용을 바탕으로 조정할 수 있을까? 사용자가 과거에 건강이 좋지 않던 파트너를 찾는 습관을 시스템이 해결할 수 있을까? 시스템이 미리 친구들의 경험이나 평가를 바탕으로 사람들을 걸러낼 수 있을까? 유비쿼터스 센서와 미세한 작동기를 이용해서 훨씬 더 마술적이고 섬세한 매치메이킹을 어떻게 수행할 수 있을까? 두 사람이 맺어졌을 때, 중앙 컴퓨터가 주변부 기술ambient technology이나 증강현실 기술 등을 이용해서 사람들이 붐비는 바에서 그녀의 미소를 확대하거나, 그의 머리 위의 조명을 살짝 더 밝게 해서 서로가 서로를 발견할 수 있도록 할 수 있을까?

기술을 이용한 섹스

섹스와 연관한 또 다른 인터페이스 기술은 특정 유형의 섹스에 기술을 이용하는 것이다. 이런 기술이 물리적이라면 실제 사람과 하는 섹스와 거의 구별이 되지 않는 기계적인 디바이스가 등장할 수 있다.

섹스 디바이스는 거의 등장하지 않는다. 두 가지 사례가 있는데, 모두 디스토피아를 그린 작품이다. 첫 번째 사례는 「THX-1138」에 나오는데, 이 작품은 시민의 가장 기본적인 성적 욕망을 기술이 제어하고 관리하는 시대를 배경으로 한다.

힘든 일을 마치고 집에 돌아온 THX-1138은 소파에 누워서 어떤 여성이 음악에 맞추어 관능적으로 춤을 추는 볼륨 프로젝션 영상을 튼다. 천장에서 기계가 내려와서 그의 성기에 자리를 잡고 그가 사정할 때까지 정확히 30초 정도를 기계적으로 위아래로 움직인다. 그리고 작고 붉은 스위치가 녹색으로 바뀌면 기계는 다시 천장으로 올라가고 그는 채널을 돌려서 다른 엔터테인먼트 거리를 찾는다.

코미디 작품인 「슬리퍼Sleeper」에서는 섹스가 미래에 얼마나 일회적이고 의미가 없는지를 보여 준다. 루나와 그녀의 손님이 '섹스를 하겠다'고 마음을 먹은 뒤에 오르가즈마트론orgasmatron이라는 디바이스에 가는데, 이 디바이스는 마치 전화 부스처럼 생겼다. 이 기기를 활성화하는 것은 안으로 같이 들어가서 문을 밀어서 닫으면 된다. 붉

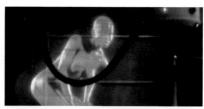

그림 13.6a - c
「THX-1138」 (1971)

그림 13.7a, b 「슬리퍼」(1973)

은빛이 상단을 비추고, 신음소리가 들리는데, 6초 뒤에 녹색 불이 들어오면 이들의 섹스가 끝난 것이다(그림 13.7). 이들은 이 작업(?)이 끝난 후 마치 아무 일도 없었다는 듯 대화를 이어간다. 여기에서 인터페이스는 문을 열고 닫는 것이 전부다.

LESSON 작은 인터페이스는 작은 가치의 경험을 광고한다

「THX-1138」과 「슬리퍼」에 나오는 섹스 기계는 모두 작고 붉은 불빛으로 이 디바이스가 동작한다는 것을 보여 주고 작업이 끝나면 조용하게 녹색으로 변한다. 「슬리퍼」에서는 약간 희극적인 효과로 이용하였다면, 「THX-1138」에서는 디스토피아적인 이미지를 전달한다. 그런데 메시지의 인터페이스는 동일하다. 어찌 보면 섹스라는 가장 깊이 마음을 사로잡는 경험이 별것이 아닐 정도로 작고 버려도 되는 간단한 경험처럼 축소된 것이다. 이런 인터페이스가 만약 풍부한 비주얼과 멋진 음악과 연결되었다면 그런 느낌을 주지 않았을 것이다. 실세계 제품이나 서비스 디자이너는 이런 미스매치를 피해야 한다. 인터페이스는 단지 사용자가 경험할 수 있도록 하는 것뿐만 아니라 전체 경험을 알려 주는 역할을 같이한다. 기능적이면서도 냉정한 것이 어떤 사례에는 적절하겠지만, 어떤 경우에는 풍부하고 매력적인 것은 인터페이스가 그에 맞게 잘 녹아 있어야 한다.

실세계에서 이와 유사한 섹스 인터페이스 사례는 SF에서 표현된 것보다 훨씬 많다. 섹스 기술을 표현하였음에도 SF에서는 잘 나타나지 않지만, 현실 세계에는 매우 낮은 수준의 자위 기계인 플레시라이트Fleshlight나 플레시잭Fleshjack과 같은 디바이스부터 훨씬 복잡한 디바이스인 리얼 터치Real Touch나 섹스 기계 등에 이르기까지 매우 다양한 제품을 섹스와 관련해서 사용한다.

섹스봇

섹스봇Sexbot은 인간과 성교할 수 있는 안드로이드다. 섹스봇은 섹스 기술과 관련하여 가장 흔히 등장하는 사례다(그림 13.8). 그 이유는 많다. 일단 관련 스토리를 기술하기 쉽고 특수효과 예산도 줄일 수 있으며, 섹스봇의 섹스어필에 대해서 관객에게 많이 설명할 필요가 없다. 또한 섹스봇은 관객에게 기계적인 디바이스보다 혐오감을 덜 일으킨다. 왜냐하면 섹스와 관련한 기술의 가장 많은 부분이 음성이나 동작, 터치가 일정 수준의 인공지능이 조절하는 사회적 인터페이스로 접근하며 비주얼 인터페이스로 접근하지 않는 것과 일맥상통한다. 하나의 예외가 「세레니티」에서 미스터 유니버스와 결혼한 러브봇LoveBot이다. 이 사례에서 러브봇을 위한 리모트컨트롤이 지나면서 잠시 보인다(그림 13.8h).

「뱀파이어 해결사Buffy the Vampire Slayer」 텔레비전 시리즈에서는 실연한 뱀파이어 스파이크Spike가 자신이 생각하는 섹스와 정복의 판타지 대상인 버피를 닮은 섹스봇을 만든다(그림 13.8f). 한 장면에서 전희를 하는 와중에 버피봇Buffybot이 그에게 이렇게 말한다.

"스파이크, 나도 나를 어쩔 수가 없어요. 당신을 사랑해요."

그림 13.8a–h 「골드풋 박사와 비키니 여신」 (1965), 「이색지대」 (1973), 「오스틴 파워: 제로」 (1997), 「에이 아이」 (2001), 「스텝포드 와이프」 (1975), 「뱀파이어 해결사 5」 (에피소드 18, 2001), 「배틀스타 갤럭티카」 (시즌 1, 에피소드 1: 33, 2004), 「세레니티」 (2005)

고백에 의기양양해진 스파이크는 이렇게 말한다.

"너는 내거야, 버피."

잠시 정적이 흐른 후 버피봇이 묻는다.

"이 프로그램을 다시 시작할까요?"

당황한 스파이크가 이렇게 말한다.

"쉿. 너는 프로그램이 아니야. 그 단어를 쓰지만, 그냥 버피야."

LESSON 사람들이 시뮬레이션이라는 생각이 들지 않게 하라

기술은 실제에서 불가능한 것을 보여 줄 때 빛이 난다. 그런데 시뮬레이션의 핵심은 진짜인 것처럼 보이게 하고 보는 사람으로 하여금 자신의 의심을 잠시 잊게 만드는 것이다. 기술적인 진실을 잘못된 시점에 노출하고, 이를 다시 실제처럼 돌리는 것은 매우 어렵다. 왜냐하면 감성은 매우 민감하기 때문에 분위기를 망칠 수 있다. 디자이너는 섹스 기술과 관련해서도 그렇지만 가상현실 기술 전반에 대해서 사회적 중요성의 파고가 어떻게 흘러가는지 충실하게 이해하고 이를 잘 다루어야 한다. 그리고 부적절한 시점에 기술을 노출하는 것은 금기다.

가상의 파트너

섹스봇은 물리적이지만, 섹스 파트너는 가상일 수 있다. 「스타트렉: 보이저」의 '피의 열기Blood Fever' 에피소드를 보면 의사가 벌칸 승무원인 보릭Vorik의 짝짓기에 대해 몇 광년 내에는 여성 벌칸이 없었기 때문에 그의 성적인 욕구를 충족시키기 위해 홀로덱 처방을 한다. 줄거리가 비슷한 '몸과 영혼Body and Soul' 에피소드에서는 벌칸과 투복Tuvok이 자신의 짝짓기 욕구를 만족시키기 위해 홀로덱에서 은하계 반대편에 있는 자신의 아내와 섹스한다(그림 13.9). 「스타트렉: 딥 스페이스 9」에서는 페렝기의 상인 쿼크Quark가 가끔 섹스를 목적으로 홀로스위트holosuite를 빌린다. 이런 가상 파트너는 모두 섹스봇과

그림 13.9
「스타트렉: 보이저」(시즌 7, 에피
소드 7: 몸과 영혼, 2000)

그림 13.10
「매트릭스」(1999)

마찬가지로 사용자는 감각적 차이를 못 느낀다.

　「매트릭스」에서는 마우스가 네오에게 다가가 당신이 가상현실 트레이닝 프로그램에서 만난 빨간 드레스를 입은 여성과 보다 '친밀한' 경험을 하게 조율할 수 있다고 음탕하게 말한다(그림 13.10). 이 제의는 받아들이지도 않았고, 이루어지지도 않았지만 영화 속의 가상현실이 실제 세계와 거의 구별할 수 없으므로 섹스봇이나 홀로덱에서 한 경험이 같은 것이라고 가정할 수 있다.

OPPORTUNITY 꿈꾸지 말고 현실이 되어라

「스타트렉」의 홀로덱이나 「매트릭스」와 같은 가상현실에서 콘스트럭트Construct(매

트릭스에 등장하는 가상 워크스페이스로 가상의 물체를 업로드하거나 시뮬레이션 할 수 있다. 레지스탕스 멤버가 만든 것으로 처음에는 아무것도 없는 빈 흰색 공간으로 비쳐진다)라고 불리는 기술처럼 SF의 섹스 기술이 가상일 때에는 인간을 대체하는 가상의 어떤 것만을 보게 된다. 이런 시스템은 무한하게 변신할 수 있으며, 매우 넓은 범위의 성적인 경험과 표현이 가능하다. 어떤 사람은 백조나 켄타우로스(상반신은 인간, 하반신은 말의 형태를 가진 반인반수의 일족), 로봇 등을 선택할 수도 있지 않을까? 당신이 원하는 당신의 동물 아바타의 모습은 정확히 어떤 모습인가?

커플링

커플링Coupling 기술은 사람들이 다른 방법으로 섹스하는 것이다. 커플링에는 크게 두 가지 카테고리가 있다. 첫 번째는 기술을 이용해서 증강 커플링augmented coupling 사례와 같이 무드를 조성하는 등의 역할을 하는 것이고, 두 번째는 사람들이 기술을 중간적인 기능의 형태로 활용해서 섹스를 하는 중재 커플링mediated coupling이다.

증강 커플링

증강 커플링 기술은 생물학적인 행위를 더 증진시킨다. 재미있는 것은 그 사례가 포르노에서 나왔다는 사실이다. SF에서 「이색 지대 Westworld」를 포르노로 바꾼 「섹스월드Sexworld」라는 작품이 있다. 여기에서 랄프가 파트너 섹스봇과 침대에서 수작을 하며 대화를 나눌 때 갑자기 섹시한 음악이 들려 놀라는 장면이 있다(그림 13.11).

그는 섹스봇에게 물었다.

그림 13.11
「섹스월드」(1978).

"이 음악이 어디서 나오는 거지? 당신이 한 건가?"

그녀는 이렇게 답한다.

"무엇이 다르죠? 그것은 여기에 있어요. 저를 잡으세요."

랄프는 음악 나오는 곳이 어디인지 자꾸만 신경 쓰다 보니 산만해진다. 랄프가 보고 행동하려는 것과 느끼는 것이 일치하지 않고 도움도 되지 않는 것이다.

LESSON 미묘한 신호들

컴퓨터로 조절이 되는 조명이나 소리 등의 변화를 이용해 공간 분위기를 바꿀 때에는 천천히 이루어져 지나치게 주의를 끌지 않도록 해야 한다. 갑작스러운 변화는 의도하는 작업의 초점을 방해하며 사용자가 자신의 목적에 접근할 때 의식을 분산시킨다.

OPPORTUNITY 모든 것을 증강하라

성적 욕구를 고조하기 위해 음악이나 온도, 색상과 조명, 향기에 이르기까지 컴퓨터가 컨트롤할 수 있는 다양한 자극이 존재한다. 얼마나 정교하게 이런 것을 조작할 수 있고, 효과적으로 할 수 있을까? 이들 중에 얼마나 많은 자극을 시스템이 컨트롤할 수 있고, 어느 정도나 제어할 수 있을까? 먼 미래에는 유혹하는 사람이 공간을 변하게 하고, 날씨를 제어하며, 자신의 목표를 달성하기 위해 풍경을 바꾸게 하는 것도 가능하게 될까?

사이보그

사이보그Cyborgs는 인간의 몸에 상당한 기계적인 증강을 설치한 것이다. 섹스와 관련하여 조사한 결과 사이보그 기술이 등장한 사례는 하나 있다.

코미디 「스페이스 트러커Space Truckers」에서 신디는 사이보그 악당 마카누도의 섹스 인공기관에 흥분과 공포를 동시에 느낀다. 인공기관을 작동하기 위해 마카누도는 마치 잔디 깎는 기계에 시동을 걸 듯이 코드를 잡아당긴다. 그러자 웅웅 하는 소리가 나면서 그의 가랑이와 얼굴에서 차가운 빛이 난다(그림 13.12). 불행하게도 이 디바이스는 다시 동작을 중지하고, 몇 분에 걸쳐서 수리를 한다. SF에 등장하는 많은 섹스 인터페이스와 마찬가지로 이 디바이스는 바람직하지 않고 비인간적으로 그려진다.

그림 13.12a, b 「스페이스 트러커」 (1996)

중재된 커플링

중재된 커플링에서는 두 사람이 기술을 이용해서 섹스를 한다. 가끔은 물리적인 접촉을 방해하기도 한다. 이런 서브 카테고리는 재미있고 미래 지향적인 사례이지만 가장 방해가 되는 형태이기도 하다.

「데몰리션 맨」에 나오는 섹스 헬멧은 뇌 인터페이스의 형태로 기술된다. 하이테크 예방 기술로 발명된 간단한 텔레파시 헬멧인데 연인에게 비접촉식으로 관능적 환각을 보여 준다(그림 7.36). 이것은 중재된 커플링의 공감적인 한 사례다. 그다음으로「제3의 눈The Outer Limits」과「론머 맨」에는 훨씬 강제적인 사례가 등장한다.

「론머 맨」에서는 조브Jobe가 마니Marnie를 사이버섹스의 세계로 초대하는 장면이 나온다. 그는 사람이 들어갈 수 있는 자이로스코프의 가상현실 수트에 그녀를 매달고 자신도 비슷한 디바이스에 매단다. 마니는 가상의 세계에서 마주친 새로운 형상과 이상하고 신기한 경험을 처음에는 좋아하지만(그림 13.13), 조브가 이상한 장면을 정신병적으로 만들어 내자 점점 관능적이라기보다 권위적인 나쁜 느낌을 경험한다.

LESSON 사용자에게 안전과 관련한 단어를 알려줄 것

이미 본디지나 사디즘, 마조히즘 등의 커뮤니티에 등장하는 사례를 몰입형 섹스 기술에도 적용할 수 있다. 새로운 극단의 섹스를 경험하는 것은 즐거울 수 있다. 그렇지만 그것이 일정 정도 선을 넘어서서 안전하지 않거나 무섭거나 공간을 불러일으키지 못한다면 사람은 그 경험을 중단하고 자신이 컨트롤할 수 있는 느낌을 얻는 것이 중요하다. 이것은 다양한 유형으로 나타나는데, 시스템의 기술에 따라 음성 명령 시스템을 도입해서 어떤 단어나 구절을 외치면 동작하도록 할 수 있다. 이상적으로 이

그림 13.13a – c
「론머 맨」(1992)

런 안전어safeword는 즉각적으로 인지할 수 있고, 쉽게 외울 수 있으면서 어떤 장면

에서 참여자가 우발적으로 이야기할 가능성이 적은 것으로 정한다. 새로운 안전어는

사실 외우기도 어렵기 때문에 이미 일부 표준어가 생겼다. 세라 스멜리Sarah Smellie

의 2011년 투표에서 많은 표를 얻은 안전어의 순서는 세이프워드safeword, 바나나,

파인애플, 그리고 레드red 등이었다.[14]

이 레슨은 섹스와 관련이 없는 인터페이스에도 적용할 수 있다. 사
용자가 지속적이고 쉽게 접근할 수 있으면서도 원래의 초기 상태로
간단히 회복할 수 있는 상태를 제공한다면 되레 두려움이 없는 탐색
을 할 수 있다. 웹사이트에는 오래전부터 홈 버튼을 만들어 이런 안전
함을 제공했고, 애플의 아이폰도 하나의 하드웨어 버튼을 전면에 배

---

14) Smellie, S.(2011). 2011 sex survey: Safewords. Retrieved from http://thescope.ca/
sex/ 2011-sex-survey-safewords

그림 13.14
「제3의 눈」(시즌 6, 에피
소드 3: 스킨 딥, 2000)

치해서 똑같은 목적으로 이용한다.

또 하나의 부도덕한 중재된 커플링 사례는 「제3의 눈」이라는 텔레비전 시리즈에 등장한다. '스킨 딥Skin Deep'이라는 에피소드에서 매우 못생긴 컴퓨터 프로그래머 시드는 3D 기술로 변신을 시도한다(그림 13.14). 그와 룸메이트는 훔친 ID를 이용해서 이들의 진짜 모습을 모르는 다른 사람을 유혹하려고 한다.

듀란듀란의 음악 기계는 소리 인터페이스와 관련한 장에서도 소개했다. 이 기계의 주요 목적은 성적인 고문이다. 그는 발가벗겨진 바바렐라를 기계 안에 넣고(그림 13.15a), 오르간처럼 생긴 키보드를 연주하여 눈에 보이지 않는 기전으로 기계 안의 바바렐라를 자극해서 고통스러울 정도의 절정을 맛보게 한다(그림 13.15b).

최초의 동작 인터페이스이기도 하고 섹스 기술이기도 한 것이 「제국의 종말Flash Gordon」에 등장하는데, 매우 드문 웨어러블 섹스 디바이스이기도 하다. 영화에서 밍Ming은 반지를 써서 데일Dale을 유혹한다. 그리고 그녀가 반지 최면의 영향력에 들어오자, 손짓으로 그녀를 자극한다. 그녀의 성적 반응을 결혼의 전제조건으로 삼고 시험하

그림 13.15a, b

「바바렐라」(1968)

기도 한다. 이 인터페이스는 꽤 직관적으로 보인다. 밍은 자신의 손으로 그녀의 실루엣을 움직이고, 원근법을 이용해 자신의 손에 그녀가 들어오는 착시현상을 보여 주어 거인이 작은 사람을 다루는 듯한 느낌을 준다(그림 13.16).

LESSON 실세계 물체의 선택을 위해 정해진 시야를 이용하라

사람은 자신의 손을 이용해서 물리적인 조작을 한다. 디자이너는 동작 인터페이스를 이용해 환경 내에서 특정한 물체를 확인하거나 지칭할 때 활용한다. 예를 들어 사용자가 정해진 시야에서 공중을 살짝 두드리는 방식으로 문자 메시지를 군중 속에 있는 한 수신자를 지정하여 보낼 수 있다. 이런 인터랙션은 매우 구체적이고, 이해하기 쉬우며, 사람들이 자연스럽게 해낼 수 있다. 이때 시스템은 사용자의 시야와 손의 위치를 감안해서 누구를 지정했는지 알아내야 하는데, 아마도 이런 일을 하는 데에는 웨어러블 증강현실 장치를 가장 적절한 위치에 착용하는 것이 필요할 것이다.

그림 13.16a – c
「제국의 종말」(1980)

밍의 인터페이스는 영화에서처럼 실제로 동작할 수는 없을 것이다. 정해진 시야가 카메라에 나타나면 밍의 시야와 달라지기 때문이다. 밍의 시야에서 손이 약간 옆으로 치우쳐 있으므로 데일을 유혹하는 위치가 아닐 것이다. 또한 정해진 시야는 양쪽 눈을 뜬 양안시에도 문제가 있다. 당장 독자가 시험을 해보면 알 수 있는데, 자신의 눈 근처에 어떤 물체가 있으면 그것을 똑바로 바라보지 말고 좀 멀리서 바라보면 두 개로 보인다. 이것은 정확한 경계를 알 수 없다. 물체를 가까이 가져오면 각각의 눈 사이에 생기는 격차는 커진다. 1장에서 언급한 변증학적인 설명을 밍의 인터페이스에 대해서 한다면, 밍의 원격 유혹 시스템은 매우 앞선 기술이라서 사실 정해진 시야라는 것 자체가 필요가 없거나, 시스템이 워낙 스마트해서 밍의 눈을 보고 그의 목표물을 확인한 뒤에 그의 동작을 그녀의 모습과 매치하고, 밍의 손이 어디를 향하든, 그리고 그녀의 외모와 얼마나 정확히 매칭되는지와 상관없이 동작하는 것이다. 이런 개념의 인터페이스라면 밍의 정면에 반지를 들고 기술이 자신의 눈과 동작을 따라가게 하면 그만이다.

LESSON 동작 입력에 만족하라

사용자가 정확한 형태를 공중에 그리는 것은 어렵다. 특히 시간을 들여서 하기에는 더욱 어렵다. 동작의 독특한 형태를 정의해서 정확성에 대한 압박을 줄이는 것이 중요하다. 이렇게 하면 시스템은 조금 덜 정확한 입력이라도 어느 정도 사용자의 의도를 자신 있게 알아서 동작할 수 있다.

중재된 커플링의 마지막 두 가지 사례는 사용자가 다른 사람과 미리 녹화한 섹스를 경험하는 것이다. 「브레인스톰」에서는 감각을 녹화하고 재생할 수 있는 시스템을 개발하고 상업화한다. 머리에 쓰는 방식의 컴포넌트를 '더햇The Hat'이라고 부르는데, 연구실 조교가 더햇을 쓴 뒤에 섹스를 녹화하면 연구실 실장이 이것을 가지고 집으로 돌아가서 무한루프를 돌면서, 과도한 감각을 경험하며 한계를 넘는 장면이 나온다(그림 13.17).

「스트레인지 데이즈」에서 레니는 섹스를 포함해서 온몸의 감각을 기록해서 판매하는 취미가 있다. 「브레인스톰」에서처럼 사람들은 섹

그림 13.17a – c

「브레인스톰」 (1983)

그림 13.18a – c
「스트레인지 데이즈」(1995)

스 경험을 기록하거나 플레이하기 위해서는 디바이스를 써야 한다. 이 디바이스는 SQUID라고 불리는데, 기능은 「스트레인지 데이즈」의 것이 10년 정도 뒤에 만들어졌기 때문에 훨씬 작게 디자인된 것을 제외하면 「브레인스톰」의 그것과 유사하다(그림 13.18).

이들 인터페이스는 모두 최소화되어 있다. 녹화와 재생은 머리에 쓴 디바이스에서 대부분 인터페이스 없이 실행된다. 재생은 표준적인 미디어 컨트롤을 이용하여 이루어지는데, 릴 필름이나 CD 패러다임과 유사하다. 비동기적인 섹스의 대표적인 사례로서 이들 두 영화는 일 대 다의 성적인 표현이나 성 역할의 전환 등에 대한 가능성을 알려 준다.

인터페이스는 섹스가 아니다

섹스와 연관된 기술을 조사하면서, 가장 재미있었던 사실은 인터페이스에 대한 부분이 적었다는 점이다. 일부 원격 조종이나 매치메이킹을 위한 파라미터를 입력하는 도구, 하나 또는 두 개의 헬멧, 그리고 일부 기계가 등장하지만 섹스 기술에 대한 내용은 섹스봇이 많이 등장하는 것에서 알 수 있듯이 결국 다른 사람들이었다. 이는 성적인 욕구가 기본적으로 동물의 번식 가능성을 높이는 것에서 진화했다는 사실을 감안하면 어찌 보면 당연하다.

인간의 성욕은 다른 사람과 커넥션하기 위해 최적화되었다는 사실은 이해하기 쉬울 것이다. 인터페이스 디자이너는 이런 내용을 고려해야 한다. 그렇다면 섹스 관련 기술에서 인터페이스는 쾌락의 목적을 위한 불편한 수단에 불과할 수 있다. 인터페이스는 사용하기 쉽고 통합적이며 별개의 것이어서 사용자가 보다 중요한 일(섹스)에 집중할 수 있도록 한다.

결론적으로 섹스라는 주제 자체가 다른 주제에는 없는 어려움이 있다. 이 책에서 디자인과 SF가 서로 영향을 주는 관계라고 여러 차례 밝혔듯이 섹스 기술과 인터페이스의 관계도 그렇게 바라보아야 한다. SF에서 섹스는 관객이 줄거리에 몰입하지 못하게 방해하는 경향이 있지만, 실제 세계에서 섹스 기술은 섹스 그 자체가 줄거리 또는 중요한 행위다. 이것은 영화나 텔레비전 드라마 속에서 섹스를 항상 가볍게 다루고, 흥미를 돋우는 수준에서 끝나는 이유이기도 하다. 작가나 감독은 줄거리에서 크게 벗어나지 않으면서도 관객이 기대하지 못했거나, 재미있고, 놀라운 장면을 보여 줌으로써 흥분을 시키고 싶어 한다. 그에 비해 섹스 기술 개발자는 반대로 정직하게 섹스의 경험을 증강하거나 변형할 수 있도록 노력해야 한다. 그래야 그들의 탐구가 보다 재미있고 현실적인 결과를 가져올 것이다.

CHAPTER 14

다음은 무엇인가

이 책의 마지막까지 왔다. 우리는 가장 잘 알려지고, 사랑받았으며, 영향력 있는 영화와 텔레비전 드라마를 무성영화 시대부터 시작해서 오늘날 초현실적이고 컴퓨터가 그려내는 멋진 장면을 대상으로 구성과 줄거리는 조금 젖혀두고, 과하다 싶게 멋진 인터페이스에 흠뻑 빠져서 분석하였다.

우리는 SF 인터페이스를 여러 가지 렌즈를 이용해 들여다보았다. 물리적 컨트롤이나 다양한 입력과 출력 장치, 의인화의 심리학적인 측면과 같은 익숙한 인터페이스와 뇌 인터페이스 같은 첨단 기술, 학습이나 커뮤니케이션 인터페이스같이 다양하게 응용할 수 있는 기술을 다루었다.

그 과정에서 100개가 넘는 레슨을 발견했는데, 당장 적용할 수 있는 자세한 것부터 미래에 기회 요인으로 생각할 수 있는 높은 수준의 원리에 이르기까지 다양하다. 모든 것을 다루지는 못했다. 분량에 제약이 있어서 몇몇 주제는 빼야 했는데, 화학적 인터페이스, 무기, 우주선과 우주복 등이 대표적인 사례다. 또한 일부 영화나 드라마는 우리가 정리한 범주에 가두기에는 모호하고 외부에 속하는 것도 있었다. 물론 이런 내용을 모두 다루기에는 시간도 부족했다.

그렇지만 우리는 지금 여기에 와 있다. 이제 하이퍼스페이스(직역한 문장으로, 하이퍼스페이스는 보통 빛의 속도로도 많은 시간이 걸리는 성단 간 여행을 할 때 공간을 압축해서 건너뛰는 워프 항법을 하면서 들어가는 공간을 의미한다. 여기에서 빠져나오면 실제 우주 공간이 다시 나온다. 즉 이 문장은 영화의 세계에서 빠져나와 현실을 바라보자는 것으로 해석할 수 있다)에서 벗어나서 우리 주변에 떠 있는 별들을 쳐다보고 이것들이 의미하는 것이 무엇인지 생각해 보자.

SF의 활용

우리는 SF에서 많은 레슨을 얻었다. 그러나 1장에서 처음으로 이야기한 것이 제일 중요하다. 우리는 SF를 즐긴다. 그러나 우리는 이것을 이용해서 실제 인터페이스와 인터랙션, 경험 디자인을 발전시키고자 한다. 우리는 이 레슨이 지닌 현실적인 한계를 알고 있다. SF는 인터랙션 디자인 교육의 교과서로는 다소 불완전하다. SF가 우리에게 이야기하는 것만큼, 모든 것을 우리에게 가르치기에는 현실성이 부족하다. 우리는 SF에서 만든 인터페이스가 일종의 부산물이라는 것을 명심해야 한다. SF는 오락을 위한 것이다. 그렇지만 그것은 미래에 우리가 만날 인터페이스에 영향을 미친다. SF의 모험적 인터페이스가 현실 세계 사용자에게 적용될 수 있는지 고민하는 예는 매우 드물다.

우리는 이 모든 것을 감안하여 인터페이스가 관객에게 수용되는 것과 이것이 사용자에게 일으킬지도 모를 문제 여부를 반복적으로 검토하였다. 우리 작업에서 이런 모험적 인터페이스의 무엇을 그리고 어떻게 쓸 수 있는지 영감을 찾아내는 것 또한 중요한 작업이다.

LESSON 관객에게 먹힌다면, 그중 일부는 사용자에게도 적용할 수 있다

SF 인터페이스 중에서 일관성이 있고, 관객도 이해한다면 이것은 현실화할 수 있다. 그런 측면에서 본다면 관객도 사용자 집단의 일부로 봐야 한다. 또한 모험적 인터페이스에 대한 테스트는 즐거리를 따라가는 관객의 능력과도 연계된다. 실세 시스템 사용자도 비슷한 일관성을 가진 줄거리에서 해당 시스템을 쓰기 때문이다. 이런 유사성은 비록 경험의 목적은 달라도 스크린상에 나타나는 것에서 뭔가 배울 수 있다. 조심해야 할 것은 줄거리에는 유용하지만, 현실 세계에는 적용되지 않는 것을 분리하는

것이다. 그런데 이 부분에는 디자이너로서 경험이 중요한 역할을 한다.

SF를 넘어서……

비전통적인 미디어를 이용해 인터페이스 디자인을 탐구할 때 실제 세계의 일과 연결되도록 '외부' 인터페이스를 분석하는 프로세스가 있다. SF가 그런 유일한 분야는 아니다. 비록 특별한 연구가 필요한 것은 맞지만 말이다. 독자는 우리가 1장에서 기술한 프로세스를 다른 장르나 미디어에 적용할 수 있을 것이다. 우리는 이 책에서 수행한 방식과 분석 방법(변증학 등의 기술을 포함)이 모험적 기술의 다른 도메인을 연구할 때도 유용할 것이라고 확신한다. SF에 집중하는 것이 가장 명확하고 직접적인 인터페이스를 보여 주지만, 탐구 대상은 훨씬 많다.

예를 들어 슈퍼히어로나 스파이 장르는 「미션 임파서블: 고스트 프로토콜」에 나오는 보행자를 추적하는 동작인식 헤드업 디스플레이 head-up display에서 보듯이 일반적으로 기술적인 기기gadget가 많이 등장한다(그림 14.1a). 스팀펑크 장르도 「셜록 홈스」에서 보듯이 비록 다른 시대를 배경으로 하지만, 모험적 기술을 보통 포함한다(그림 14.1b). 「스페이스볼spaceballs」과 같은 SF 코미디 장르도 있다. 기술보다는 유머를 추가로 가미한 작품인데(그림 14.1c), 이런 장르에도 모험적 기술을 접목한 인터페이스가 있다면 검토해 볼 만하다. 모험적 기술을 묘사한 다른 도메인으로는 비디오 게임이나 수많은 SF 소설 등을 들 수 있다.

그림 14.1a – c
「미션 임파서블: 고스트 프로토콜」(2011),
「셜록 홈스」(2009), 「스페이스볼」(1987)

엔터테인먼트 세계에만 너무 집착할 필요는 없다. 산업용 영상이나 디자인 작업 중에서도 모험적 기술을 찾아볼 수 있다. 예를 들어 제너럴 모터스의 1956년 모토라마 오토쇼는 기업이 모험적인 기술의 상상력으로 브랜드를 프로모션하고 미래에 대한 시각을 보여 주는 첫 번째 사례라고 할 수 있다. 여기에는 프리지데어Frigidaire(프리지데어는 미국의 소비자 가전 브랜드인데 냉장고 브랜드로 이름을 떨쳤다. GM의 창업자인 듀란트가 이 회사에 투자해서 1919년부터 1979년까지는 GM의 소유였다가, 1979년 다른 회사로 매각된 이후 현재는 일렉트로룩스Electrolux의 소유 기업이 되었다)의 멋진 멜로드라마 스타일의 산업 영상 「꿈의 디자인」을 소개하였는데, 여기에 대해서는 2장에서도 다룬 바 있다. 이 영상은 실제 부엌을 소재로 한 상상력을 기반으로 미래를 표현하였다. 물론 이런 영상에서도 배울 수 있는 레슨은 많다.

최근의 사례는 1980년대 애플에서 만든 「지식 내비게이터」 영상이다. 당시 애플의 CEO 존 스컬리는 20년 뒤 미래 기술이 어떤 비전이 있는지 보여 주기 위해 제작했는데 애플의 연구 개발을 담당하는 연구실의 아이디어가 기반이다(그림 14.2a). 이 영상에 등장하는 인터페이스와 기술로는 음성 인식과 반응, 하이퍼미디어(테드 넬슨이 만든 용어로 연결고리가 있는 확장 텍스트인 하이퍼텍스트에 그래픽과 오디오, 영상 등의 멀티미디어 데이터를 합친 미래의 미디어 개념이다. 월드와이드웹이 하이퍼미디어의 전형적인 사례이며, 최초의 하이퍼미디어 시스템은 매킨토시에서 구현되었다), 온라인 미디어, 온라인 협업과 화상회의, 에이전트(글자 그대로 해석하면 대리인을 뜻하는 것으로 계약 등을 대신하는 사람들을 일컫는다. 그러나 이 문맥에서는 지능형 에이전트를 뜻한다. 외부 환경과 센서, 그리고 사용자 사이에서 상호작용을 담당하며, 사용자를 도울 목적으로 다양한 작업을 자동으로 수행하는 컴퓨터 프로그램을 말한다) 등 여러 가지가 있다. 이 프로젝트는 자사의 비전을 만들고 표준을 설정하는 역할도 한다. 썬 마이크로시스템즈는 그로부터 7년 뒤에 이와 유사한 「스타파이어Starfire」란 영상을 제작하였다(그림 14.2b).

그런데 이렇게 현실 세계를 대상으로 하는 디자인도 SF와 마찬가지로 진실은 소설이나 마찬가지다. 아무리 실제 제품과 서비스의 형태로 인터페이스를 디자인했다고 하더라도 본질적으로 모험적인 것은 마찬가지다. 디자이너로서 우리는 실제 연구결과를 바탕으로 사용자 페르소나를 구축하지만, 이들도 모두 영화에 나오는 캐릭터와 마찬가지다. 우리는 일을 대상으로 시나리오를 만드는데, 이 역시도 소설이다. 영화나 텔레비전 시리즈에 나오는 이야기나 크게 다를 바 없다. 그리고 프로토타입 솔루션을 만들고, 실제 사용자에게 적용할 솔루션을 개발해 나간다. 이 과정은 작가와 제작자가 화면을 보면서 여러 차례 재작업하는 것이나 마찬가지다.

그림 14.2a, b 애플에서 만든 「지식 내비게이터」 (1987), 썬 마이크로시스템즈의 「스타파이어」 (1994)

그림 14.3a - c 애플 II 제품군에 적용된 디자인 언어인 '백설공주Snow White'가 적용된 프로토타입들. 프로그 디자인Frog Design 제작 (1983-85)

프로그 디자인이 애플의 하드웨어를 위해 1980년대 초반에 적용한 유명한 '백설공주' 디자인 언어와 같은 프로토타입은 가능성과 기회라는 측면에서 영향력 있는 이야기를 만들어냈다(그림 14.3). 비록 이런 특정 프로토타입이 직접 시장에 나타난 것은 아니지만, 수많은 제품과 서비스 개발에 중요한 영향을 미쳤다. 이들은 디자인 프로세스 전반에서 핵심인 일종의 디자인 소설이라고 할 수 있다. 우리 모두 현실을 직시해서 말해 보자. 우리가 창조한 것은 대부분 제품화되지 않는다. 간혹 행운이 따라서 그런 수많은 반복을 거치다가 그중 하나가 시장에 출시되어 고객의 손에 들어갈 뿐이다. 이때 비로소 우리가 그린 소설 중 하나가 실제가 된 것이며, 실제와 상상한 것이 합쳐져서 무엇인가 멋지고 새로운 것을 창출한 것이다.

앞으로 다가올 SF는?

여러분이 이 책을 읽는 동안에도 새로운 SF 스토리나 비전, 그리고 인터페이스가 떠오르거나 만들어졌을 것이다. 일부에서는 우리가 지금까지 찾아낸 것과는 정반대의 것을 떠올렸을지도 모른다. 우리가 꿈꾸었던 일부는 희망했던 대로 수행할 것이다. 그리고 많은 사람이 과거에 했던 것을 바탕으로 뭔가를 구축할 것이다. 분명히 이런 새로운 스토리는 우리에게 뭔가 고민할 새로운 사례와 따라야 할 새로운 트렌드, 그리고 배워야 할 새로운 교훈을 던져 준다. 이렇게 항상 우리의 정신을 깨우고, 분석적인 눈으로 주시하며, 질문하는 자세를 가진다면 함정에 빠지지 않고, 교훈에서 배우며 실제로 그것을 만들 수 있을 것이다.

레슨Lesson과 기회Opportunity 목록

Chapter 11 학습

Chapter 12 의학

지은이

네이선 셰드로프

Nathan Shedroff

네이선 셰드로프는 샌프란시스코의 캘리포니아예술대학California College of the Arts 디자인 전략Design Strategy 프로그램의 MBA 과정 책임자다. 이 프로그램은 디자인을 통해 비즈니스 전략을 제공한다는 독특한 원칙으로 운영되며, 수익성을 고려하면서 의미 있고 혁신적인 미래 비즈니스 전략을 제시한다.

경험 디자인 분야의 개척자로 인터랙션 디자인과 정보 디자인 분야에서 활동하고 있는 네이선은 다양한 분야에서의 창업 경험과, 여러 미디어에서 일한 경험을 바탕으로 의미 있는 고객 경험을 제공하려는 기업에게 전략 컨설팅을 제공한다.

디자인과 비즈니스에 관한 글을 쓰면서 국제적인 발표와 교육을 병행하고 있는 네이선은 『경험디자인 1.1Experience Design 1.1』을 저술했고, 실리콘 밸리의 전략 컨설턴트 기업 체스킨Cheskin의 두 멤버와 함께 『메이킹 미닝Making Meaning』을 공동 저술했다. 원래 웹사이트였다가 책으로 출간된 『지속가능한 관리에 대한 사전Dictionary of Sustainable Management』의 편집자이기도 한 그는 자신의 웹사이트 www.nathan.com/ed에 방대한 양의 경험 디자인 관련 내용을 공개하기도 했다.

네이선은 패서디나Pasadena의 아트센터칼리지Art Center College of Design에서 자동차 관련 산업디자인으로 학위를 취득했으며, 정보디자인에 대한 남다른 열정으로 The Understanding Business의 리처드 솔 워먼Richard Saul Wurman과 협업하였고, 인터랙티브 미디어 회사이자 최초의 웹서비스 기업인 비비드 스튜디오를 공동으로 창업하기도 했다. 네이선은 1994년과 1999년 크라이슬러 혁신 디자인상Chrysler Innovation in Design Award, 2001년에는 전미 디자인 대상National Design Award을 받았다. 2006년 샌프란시스코 프리시디오경영대학Presidio School of Management에서 MBA 학위를 취득했다.

지은이

크리스토퍼 노에셀

Christopher Noessel

크리스토퍼 노에셀은 선구적인 인터랙션 디자인 기업 쿠퍼Cooper에서 제품과 서비스 디자인, 건강, 의료, 금융, 소비자 등과 관련된 전략을 책임지는 디렉터다. 항상 실무를 주도하는 그는 '창조자generator' 유형의 인터랙션 디자이너가 훌륭한 기술을 개발하고 고객 프로젝트를 원활하게 이끌도록 돕는다.

크리스토퍼는 20년 넘게 인터랙션 디자인을 해왔다(이는 우리가 인터랙션 디자인을 제대로 부르기 이전부터라는 의미다). 작은 인터랙션 디자인 에이전시를 공동으로 창업하여 다양한 인터랙티브 전시와 박물관의 환경 변화 프로젝트를 주도했으며, 세계적인 웹 컨설턴트 기업 마치퍼스트marchFIRST에서 정보 디자인 디렉터로 일하며 내부에 우수인터랙션디자인센터Interaction Design Center of Excellence를 설립하기도 하였다.

크리스토퍼는 이 분야에서 거의 전설이라고 일컫는 이탈리아 이브레아 인터랙션디자인연구소Interaction Design Institutue Ivera in Ivera의 1회 졸업생으로 프레시Fresh라 불리는 평생학습 관련 서비스 디자인 프로젝트로 학위를 받았다. 이 프로젝트는 2003년 런던의 MLearn 콘퍼런스에서 발표되면서 큰 반향을 일으켰다. 그때부터 프리랜서로서 테러리즘 대항과 관한 미래 프로젝트, 마이크로소프트의 미래 기술 프로토타입 제작 프로젝트에 참여하였고, 쿠퍼에서는 원격의료 장비와 미래 의료 관련 프로젝트에 참여했다.

온라인에서도 저술 활동을 했던 크리스토퍼는 맨 처음 심슨 가핑클Simson Garfinkel이 편집한 교과서 『RFID 응용 기술과 보안, 그리고 프라이버시 보호 기술RFID: Applications, Security, and Privacy』의 공저자로 참여하여 인터랙션 디자인 패턴 부분을 기술했다. 그의 본능적인 감각은 매우 다양한 주제에서 힘을 발휘하고 있다. 인터랙티브 내레티브interactive narrative, 다인종 사용자 연구, 인터랙션 디자인, 성과 관련한 인터랙티브 기술, 범위를 뛰어넘는 학습, 인터랙션 디자인의 미래, SF와 인터페이스 디자인의 관계 등 매우 넓은 범위의 주제에 관한 연구 결과를 콘퍼런스 등에서 발표하고 있다.

옮긴이

정지훈

대한민국을 대표하는 미래전략가이자 IT전문가, 융합지식인이다. 현재 경희사이버대학 IT디자인융합학부 교수인 그는 정부기관이나 여러 기업체에서 미래 트렌드와 전략에 관한 강연과 자문을 겸하고 있다.

한양대 의대를 졸업한 후 서울대 보건정책관리학 석사, 미국 남가주대학USC에서 의공학 박사학위를 취득했고, 명지병원 IT융합연구소장을 지냈다.

대표 저서인 『거의 모든 IT의 역사』, 『거의 모든 인터넷의 역사』 외에도 『내 아이가 만날 미래』, 『무엇이 세상을 바꿀 것인가』, 『제4의 불』, 『오프라인 비즈니스 혁명』 등의 저서가 있으며, 『오픈리더십』, 『굿컴퍼니』 등의 역서도 있다.

SF 영화의 상상력을 실질적인 기술개발로 연결하고자 하는 여러 프로젝트를 진행하고 있으며, SF 영화와 미래라는 주제로 강의도 하고 있다.

스타워즈에서 미래 사용자를 예측하라

SF 영화에서 배우는 UI · UX 디자인

지은이　네이선 셰드로프 · 크리스토퍼 노에셀
옮긴이　정지훈

이 책의 편집과 교정은 임인기, 디자인은 노영현, 출력과 인쇄는 꽃피는청춘
임형준, 종이는 대현제지 이병로, 제본은 은정문화사 양현식이 진행해 주셨
습니다. 이 책의 성공적인 발행을 위해 애써주신 다른 모든 분들께도 감사드
립니다. 틔움출판의 발행인은 장인형입니다.

초판 1쇄 인쇄 2015년 12월 28일
초판 1쇄 발행 2016년 1월 11일

펴낸 곳　틔움출판
출판등록　제313-2010-141호
주소　　　서울특별시 마포구 월드컵북로4길 77, 3층
전화　　　02-6409-9585
팩스　　　0505-508-0248
홈페이지 www.tiumbooks.com　www.facebook.com/tiumbooks

ISBN 978-89-98171-24-7 03320

잘못된 책은 구입한 곳에서 바꾸실 수 있습니다.

틔움은 책을 사랑하는 독자, 콘텐츠 창조자, 제작과 유통에 참여하고 있는 모든 파트너들과 함께 성장합니다.